投資心理學

目錄

Contents

作者序

本書是《投資心理學》的修訂版。第一版於一九八〇年出版，之後我又寫了十六本專論股票及期貨投資的書，但一直爲廣大投資界交口稱讚，並激發出各種思考及評論的還是非《投資心理學》莫屬，理由是本書並不難懂。

成千上萬的交易員及投資人，體認到一項重要的事實：想在投資市場上獲得成功，其關鍵在於心理因素。正因爲他們遇上這樣的問題，所以認眞地去尋求答案，也因而有機會研讀《投資心理學》這本書，從中得到解答、安慰、了解、指引及洞見。

然而現存的各種答案，不論是否足以提供投資人更穩當的賺錢方法，或者是更新、更有意義的了解自我之道，仍然無法完全滿足認眞探索的交易員及投資人，他們還在追求更好的解答。

由於股票和期貨市場的波動幅度比以前大，於是許多甫進入市場的參與者，也忙不迭地加入這場智識的探求。一直以來，我認爲交易員扮演著比交易系統更爲吃重的角色，自律及自我管理是他們成功的關鍵。但就整體投資市場而言，交易員卻也是最脆弱的一環。關於這些論點，在第一版《投資心理學》出版後，都一一獲得印證。察諸一九八〇年代和一九九〇年代初期的狀況，我們更加肯定先前的觀察和思考是正確的。如果我們用心研讀如：利佛蒙

（Jesse Livermore）、列伯（Gerald Loeb）、甘氏（W. D. Gann）或者是巴洛克（Bernard Baruch）等投資大師的著作，定可得到一個結論：在股票及期貨市場，散戶投資人成功的不二法門不外乎兩種，一是非常幸運；一是非常自律。不過這當中，非常幸運的人少之又少。因此，所謂的成功交易員、投資人甚至投機客，絕大多數都是高度自律的。

「紀律」（discipline）一詞，有許多含義。有紀律的投資人，不光只是遵循他自己的一套交易規則而已，重要的是必須事先理解這些規則具備克敵致勝的效果。紀律是一套嚴謹的架構，包含必要的技巧和心理素質，例如：自制力、一致性、組織力、持續力、管理監督能力、洞察力，以及行動。凡此都是交易員冀望培養的技巧。遺憾的是，這些技巧和特質非一蹴可幾。除了少數的幸運兒，成功絕無捷徑。

要解決問題，首先得認知到有問題存在。我們必須先承認自己的無知，然後再找出無知的所在。可惜的是，很多交易員及投資人既不曉得自己無知，也根本不清楚他們必須知道些什麼。常言道，無知是有層次之分的。第一種是眞正的無知，這種人對於自己的無知一無所知；第二種無知，是至少還知道自己無知；第三種無知，是知道自己無知，而且知道自己力有未逮之處在哪裡；第四種無知，是知道自己有所欠缺，雖然亟思改進，卻不曉得該從何著手；第五種無知，是體認自己無知，也知道該如何改進，卻沒有能力採取行動；最後一種，我稱之爲最讓人滿意的無知：知道自己在哪方面有所不足，也知道如何改進，同時還眞正採取行動。

有數百位讀者在看了《投資心理學》第一版之後，寫信或打電話給我。另外，我也和許多讀者交談，或者趁著在候機室、機上或釣魚時，與旁人互相交換意見和看法。這些情報讓我了解現在投資市場需要什麼。因此，我決定大幅改寫《投資心理學》，以便即時反映一九九〇年代投資人與交易員的需求。此外，最新版的《投資心理學》也包含晚近十年中，我個人和其他交易員的全新觀察與洞見。

新版的《投資心理學》既保留原先的菁華，也加入新的智慧；更重要的是反映市場需求的眞理。這些智慧結晶，是我個人親身經歷有史以來波動最激烈的投資市場所累積的，是來自一位年紀漸長、閱歷愈深、更富同情心但也更質疑人生價值的期貨及股票交易員的心得。對於某些狀況，我雖覺憂慮，也常感到挫折，卻也更懂得看開及放鬆自己。簡言之，經過這二十年，我變了。我傾向相信自己是變得更好，而這些改變能幫助各位找出持續獲利之道。

在本書一開始，我會舉出幾個看起來有點不太謙虛，但絕對是誠實的假設，且會給讀者一些保證。我們「英明睿智」的政府專責機構所制訂的法規，禁止我向各位提出任何實質上的獲利保證。自從一九八〇年實施抗通膨的那幾年以來，整個政府心態趨於保守，對個人自由造成許多限制。儘管如此，只要我還保有這些權利，還是可以給讀者其他的保證。閱讀、研習及運用本書的讀者可以獲得如下的好處：

1. 你的投資損失會降低，而獲利會增加。首先，你會發現，萬一投資判斷錯誤，損失會降低，而那些賺錢的單子，則可以擴大戰果。

2. 最終將學到成功獲利的交易和投資方法。當然還是會有虧損的時候，因爲虧損本來就是遊戲的一部分。有失才會有得，但可將「失」降到最低，這才是求勝的法則。

3.你對自己的態度會更趨正面。你會以自己的操作技巧爲榮，有效地運用個人知識，不但在投資市場上獲得正面效益，個人生活也轉趨正面。

4.自信心更爲強化。你會更信任自己的研究，而不是一味的聽從投資顧問的意見，不管對方是不是所謂的「專家」。

5.在市場知識的運用上，你會更趨一致性、更有組織性、且更徹底。如此一來，即使一開始時失敗，最後也能發揮導正功效。透過失敗的經驗，你才會知道哪種方式對你有用、哪些無用。

6.可藉以探索並找到眞正適合你資質、財力及性格的交易系統和方法。

7.對於你在市場所做的努力，能以平常心視之。當然，這不是說你要把它擺在「次要」順位，而是指你在市場上花費的研究心力和時間，必須和你投入個人及家庭活動上的心力和時間，取得適切的平衡。你不再是市場的奴隸，而是市場的主人。要變成市場的主人，不在於你可以控制市場，而在於你可以控制自己。

8.因爲誤判行情，或者任意破壞交易法則所造成的損失，將會明顯的減少。當這種不利狀況一出現，你就能夠洞燭機先，提早發現錯誤，迅速修正、補強，避免財務上的虧損和心理上的挫敗。

9.你會更了解消息面、基本面、其他交易員、你自己，以及市場之間的關係，且能夠時時掌握自己的處境。

10.雖然偶而還是會犯錯，至少這種情況會比以前減少許多，且不會重蹈覆轍。

11. 你不會再惑於他人的成功，轉而把注意力集中在自己身上。你的競爭對象，其實就是自己過去的操作績效。
12. 你會克服許多交易上的衝動，當獲利機會來到時，才放手一搏。
13. 最後，你會像個專業的交易員，決定長期、中期或短期的投資部位。

我提出的這些改變和好處，事實上只是其中一小部分而已。透過研讀本書和自我分析，讀者一定能激發出更多的益處。我無法給你任何成功的保證，但是我可以向各位保證，如果你能適切地調整和修正個人的心態，調整好你跟市場的關係，那麼你所能獲得的利益，將是你過去想像不到的。

在投資市場二十餘年的經驗，我相信所謂偉大的交易員，很少是天生的，他們要不是長期地專注和努力，就是能和其他人保持非常良好的合作模式。

根據我二十餘年來擔任期貨暨股票交易員的經驗，我認爲成功的關鍵在於「交易員」，而不是「交易系統」。一套優良的交易方法，對於交易員信心的提升，確實是有很大的幫助，也很可能因而獲致成功。但是，交易系統再好、再完善，如果沒有一位堅守紀律的交易員，猶如配備精良的跑車，終究還是會毀在缺乏經驗的菜鳥駕駛手上。只要操控得宜，這輛賽車理當風馳電掣；操控不當，則難免車毀人亡！

所以，讓我們暫時忘掉交易系統、拋開大肆吹噓的廣告、忘記所謂「聖杯」般的交易系統、忘記完美的行情分析曲線和高精準度的行情預測。除非你在心理及行爲上已經做好迎接這場艱苦挑戰的準備，否則這些交易系統的優勢，並不能讓你占到多大便宜。

首先，我要跟各位分享一些我個人的背景。雖然，我過去身爲交易員的經驗是不會改變的，但是我對這些經驗的認知及理解卻跟以往不同。因此，我在書中對個人背景的介紹跟第一版差不多，但自第一版出版後，因爲我個人的成長，我已經有了很重要的改變。

1 我的故事

唸大學時，我開始對股票感興趣。當時的室友約翰雖然年紀比我小幾歲，但在他老爸極爲嚴格的訓練下，儼然已是戰果非凡、智識廣博的投資老手。在約翰的勸說下，我也在學校所在的伊利諾州香檳市（Champaign）的證券公司開了個人帳戶。由於約翰當時未達法定開戶年齡，所以我們達成協議：戶頭由我來開，他則以自己的資金，一邊操作、一邊教我如何做股票，當時他在股票方面的知識著實令我折服。那是一九六八年的事。

我們主要的投資，也是約翰最鍾愛的股票是金礦類股。約翰相信金礦股將會大幅上揚，所以當時我們買了一百股萊特—哈格里芙斯礦業公司（Wright-Hargreaves Mines，股票代號WRT）的股票。這是一家在美國股票交易所（American Stock Exchange）掛牌交易的加拿大小型金礦公司。我記得，當時股價是每股約三美元。在那個低通膨的時代，像萊特這樣的公司股價波動都很小，大約只有十六分之一美元。每個星期，我們都會到號子看幾次盤，爲了讓自己感覺像個大人，我們像投資老手般坐在號子裡，盯著行情顯示器上的報價，屏息以待每個跳動。那個時候，就算一天只漲個十六分之三美元，都讓我們興奮不已。

在萊特公司之後，我們陸續又買過活動房屋、電子以及當時才剛起步的電腦類股。在這段期間，我們有些股票做得相當成功，有時也會虧錢。然而，那份緊張、悸動的感覺，正是股票市場最迷人的地方。雖然我並沒有靠投資股票賺很多錢，但從中學到了不少東西。

約翰當時已經是個非常厲害的技術分析師，現在也許還是吧。儘管我們在許多年前就分道揚鑣，各奔前程去了，不過我得之於他的種種市場知識是永難忘懷的。在技術分析方面，他懂得相當多；對於股市歷史的見解更是讓人驚嘆。任何關於股票市場的資料，他都會徹底研讀。

但是我當時沒學到一項重要學問，而這正是日後最需要的市場技巧。關於這個，我沒有從約翰或任何人那兒學到。當時，約翰正忙著跟自己的內在衝突搏鬥，探索個人心理上的限制，哪裡還顧得上我？當然也就無法提供我什麼洞見。當我們兩個耗費幾百個小時研究市場指標和趨勢後，也慢慢察覺到，在我們的內心深處，潛伏著一些比指標、趨勢等還要重要；比任何交易系統和方法還來得更有價值；比交易損失更危險；比市場小道消息或內線消息更具獲利潛能的東西。不過，當時縱使我們有這種感覺，卻無法清楚而明白地表達出來。

後來，我以心理醫學為專業，約翰則繼續努力研究股市。約翰畢業後，我們又一起搬到芝加哥，跟他哥哥同住。他哥哥對股票市場也非常熱中，我們公寓裡頭塞滿了許多跟股票市場有關的資料，例如：股價走勢分析圖、股票類書籍、大大小小的報告，以及《華爾街日報》。我們非常認眞地研究行情，但鮮少做心理上的建設，缺乏一份「自覺」。我們在市場研究方面做得很不錯，只是，知道該怎麼辦，並不見得就會照著辦。逐漸地，我對股票市場感到厭倦。一旦投資有所閃失，我便認定是市場出了問題，而不是我有問題。當時我一直沒搞懂，錯的並非股票市場，而是我自己！因此，我開始在別的地方尋求更好的交易機會。

蛋價會飆上天嗎？

某個週末，我在《巴隆》（*Barron's*）雜誌看到一則期貨交易的廣告。該則廣告做得很巧妙，也很吸引人，圖上畫著一艘正飆上月球的火箭，上面載著一籃雞蛋，旁邊寫著：「雞蛋期貨今年會飆上天嗎？」這則廣告眞是高明，充滿了心理和象徵性意涵。受到廣告的吸引，我前去探詢。幾天後，有位說話像機關槍的期貨營業員打電話給我，他的推銷技巧眞是一級棒！可惜對我效果有限，因爲我當時只有一千美元。

不過就跟所有的營業員一樣，他的纏迫力十足，也挺堅持的，三不五時就打個電話來說服我，最後拗不過他，我還是開了一個期貨帳戶，我最後那點錢就這麼派上用場。雖然他說得天花亂墜，我倒沒敢抱什麼不切實際的希望。事實上，我是視死如歸，早就有虧光積蓄的心理準備了。

現在，你大概以爲故事的結局是：起先是小賠，接著被追繳保證金，最後是大賠。你錯了！我算是比較幸運的，至少一開始，幸運女神是站在我這邊的。幾週以後，我那位友善的營業員（就叫他喬伊吧！）打電話來報告，說我那一千美元已經增加到三千五百美元，這得歸功於喬伊的操作得法，幾個月後更飆到六千美元以上。

隨著時間過去，我在期貨市場賺的愈來愈多。幾個月交易下來，我贏的次數比輸的多，而每次賺到的錢也大於輸掉的。當時，我完全搞不懂期貨市場（那個時候叫「商品市場」），只是每天收到諸如：「本公司今日爲閣下買進五口價位六十九的雞蛋期貨……」的交易報告，由於賺錢的單子超過賠錢的，獲利自然不斷增加。錢滾錢，愈滾愈多，喬伊和我都樂透了！就當時我所理解的，期貨不過是個簡單的遊戲罷了。

喬伊只花了一點時間向我解釋，他說雞蛋市場就是看天吃飯。雞對天氣狀況非常敏感：「天氣愈熱，雞愈不舒服。」喬伊解釋道：「一旦天氣太熱，雞就掛啦！」接著又說：「雞死了，蛋產量就減少；產量減少，價格自然上揚。小老弟，這就叫供需關係！」

找到安身之處

看來期貨市場很適合我。我出身加拿大蒙特婁附近的貧民區，雙親從第二次世界大戰的集中營倖存下來，連英文都說不好。由於有這樣的經歷，他們很清楚堅持到底，以及在逆境中的取捨之道。雖然爸媽不能提供我什麼物質上的享受，但給了我極大的鼓舞和激勵。因此，每當有機會來臨，我很快就能看出來。我目睹父母終生辛勞，清早四點即開始工作，一直忙到晚上十點以後才能休息，而充其量也僅能維持一家溫飽而已。所以我早早就下定決心，要走出自己的路。

很快地，我把心理學上的知識帶進商品期貨的遊戲中。我上圖書館調閱多種跟商品市場有關的書籍，短暫的惡補加上一點奇想，居然也發展出一套以支撐和壓力爲基礎的交易系統。那些期貨書籍，說穿了不過就是以後見之明讓一切看起來那麼容易，總言之就是在支撐點買進，在壓力點賣出。我用這個方法，做了幾次的紙上演練，然後就興緻勃勃準備眞槍實彈上戰場了。

進軍豬腩市場

在努力研究價格趨勢圖後，某日，我認爲豬腩市場的機會來了，也許可以讓我賺一倍。當天，我在搭火車趕往芝加哥市區之前，先透過電話要喬伊幫我下單，然後我要到芝加哥商業交易所（CME）親自體驗一夕致富的滋味。

現在回想起來，我當時怎麼會如此天眞、如此盲目呢？現在我清楚知道，那樣的自以爲是、盲目蠢動，就是要倒大楣的前兆。那一天，我以充滿自信的聲音發號施令：「喬伊，開盤買進十五口二月豬腩。在離跌停板十點的地方設停損，漲停板價設OCO（編注：二擇一單，即在一張委託單上設定兩種價位，只要其中一張成交，另一張即自動取消）。」當時我滿嘴術語，故意賣弄專業。

接獲指令的喬伊大驚失色，隨即恢復鎭定：「傑克，不要買豬腩啦。我們還是專心做雞蛋買賣吧。這個才是我們熟悉的市場，突然跑去豬腩市場，會吃大虧的……而且，你以前也沒自己操作過，不要一次就買十五口啦！」不過我根本聽不進去，直嚷著：「你給我買進豬腩就對了！」喬伊一直想勸服我：「可是傑克，對那個市場，你不熟啊！你以爲只要看些書，搞個交易系統，就能賺錢嗎？沒那麼容易！不騙你！不然我自己早就去了嘛。不要這樣啦……你會後悔的……好吧！我們買個幾口，別一次買足十五口，如何？不然，你另外再開個帳戶，放一些錢進去，自己慢慢玩，這樣更好！」

他雖然苦口婆心，我全當成馬耳東風。這時的我已經是利慾薰心，完全不顧什麼邏輯和道理，我直接回說：「喬伊，你要是不買進豬腩，我就把帳戶關了！我知道我在幹嘛！我有交易系統，今天就可以賺一倍……所以，你就下單吧！我大概一個小時以後會趕到場，親自迎接勝利。」他遲疑了一下才說：「好吧，傑克。可是你會後悔的！非常後悔！」

我從城北市郊搭上火車直奔芝加哥市區，手上拿著一份《華爾街日報》，穿上最新的一套牛仔裝。我坐在車箱裡，看著身旁西裝畢挺的上班族和商業人士。每個人看起來都一樣不快樂，不知道該拿他們單調無聊的工作怎麼辦，毫無熱情，也看不到未來。而這個時候的我正做著春秋大夢：「他們的生活多麼無聊啊！」我瞧著《華爾街日報》的商品版，邊想著：「我不必穿什麼西裝，就可以在市場上賺錢。我該擔心的是如何花掉這筆錢……，積架跑車要買什麼顏色好呢？」

沒多久，火車到了運河街站，我在那兒下車，改搭計程車到交易所。進到這個金錢流動、震盪起伏的地方，我覺得好像回到家一樣。這場遊戲，是我所了解的……，而且是輕易上手的！我一定是天賦異稟，天生贏家。我的預知能力是誰也無法控制的。一旦掌握到竅門，就變成一個非常簡單的小把戲，甚至有點無聊，我這麼想著。

當時的我已經進入幻想世界，一個充滿妄想、自我滿足和精神自瀆的世界，舉凡常識、眼光、自我意識、市場感和邏輯，全部消失得一乾二淨。結果呢？明白告訴各位，從那天之後，我不曾再踏進芝加哥交易所一步。當年在交易所等待我的命運，正是心理學中最典型的「一次嘗試學習論」（one trial learning）：在經歷一次極爲嚴苛，後果非常嚴重的教訓之後，馬上就學會某種道理，永誌不忘。

搭上電梯，很快就抵達喬伊的辦公室，進入行情滾沸的交易室。在電梯內，我還是一路做著美夢：這時候已經開盤了，一屋子的交易員也許正等候我大駕光臨，準備對我高呼萬歲。可惜事與願違。我盼著喬伊咧著笑臉來迎接我，不過他臉色看來不太妙。「怎麼啦？」我還在打趣。「還不是豬腩！」他回答。一邊遞給我交易報告，上頭記錄著成交價位和賣出價位，我自己看了好幾遍，簡直無法相信，大部分是在跌停價成交；另外有幾張單子因爲行情鎖在跌停而無法成交。

果然是全新的體驗！像這樣因爲沒有買家，導致市場停止交易的狀況，我想都沒有想過。接下來兩天，我的單子還軋在裡頭，動彈不得。最後，市場恢復交易，我才能賣掉其他的部位。眞是恭喜了，就賣到當天的盤中最低價。我請喬伊報告虧損狀況，果然如預期般慘重。本人第一次御駕親征，就慘遭滑鐵盧。

結束與開始

故事到此結束，但也因而揭開了我期貨投資生涯的序幕。我賺多少或賠多少並不重要，重要的是從中學到了什麼。跟許多股票、期貨交易員比起來，我算是很幸運了。至少，我只是把之前賺的賠光而已，有很多人一天賠掉的金額超過他們所能承受的。管他什麼分析圖、交易系統、內線消息或路邊消息怎麼說，總之虧損就是一路擴大！

既然沒錢好投機，只好暫時離場觀望，結果反而因禍得福。由於我旺盛的求知慾，想搞清楚自己到底錯在哪兒，我努力拜讀巴洛克、利佛蒙、甘氏、朴氏（Burton Pugh）、卡登（Arthur Cutten）等大師的著作。我從中學到的不是操作技巧，而是學會了自我認知。我的經驗告訴我，交易技巧本身並沒有錯，錯的是我的心態，而且幾乎是完全肇因於此。沒錯，當年我只做了一次買賣，如果可以多幾次經驗，也許會有機會改善我那套自行研發的交易系統。但因爲我個人的缺點，而喪失了測試的機會。由於太過托大，幻想自己是大師再世，使得我盲目地看不清事實。正因爲忽略「認識自己」的基本功夫，我馬上嚐到失敗的滋味。我們很容易受到情緒、情感的主導，變得脆弱而導致失敗。

這個嚴重的打擊，讓我一次就記取教訓。豬腩事件代表著我日後成爲嚴肅、認眞的交易員的開始，也是過去毫無規範與紀律的結束。如今，二十二年過去了，我還是孜孜矻矻要達到自律的要求。而隨著時間與經驗的累積，我也愈來愈容易達到這個要求。和情感與衝動的對抗是永無止境的，現在仍有許多交易員深受其苦，稍不留神就要付出慘痛的代價。而我們的希望，就是要將這個負面影響減至最低。

交易系統與交易員

交易系統是死的，沒有人居中操控，它既不能自己賺錢，也不會賠錢。汽車如果少了司機，只是一堆金屬和許多機械零件的組合，哪兒也去不了，只能安靜地停在某處，有個吸引人的外表。但萬一碰上一位壞司機，則可能變成致命的工具。這輛車子也許很漂亮，機械方面也臻於完美，但少了一位好司機，它的優點完全無法發揮出來。一位經驗豐富的駕駛，定能將它的速度和性能發揮到極致。

交易系統就跟汽車一樣，開在路上必須小心謹慎，變換車道或在高速公路上尤需提高警覺。拜一九九〇年代電腦軟、硬體設備的快速發展，我們得以研究、測試出更多、更好的交易系統，以及買賣及下單信號和指標。然而這些研究、創新的成果，除非透過有紀律且一致的方式來運用，否則均屬空談。

本書爾後要談的，重點放在交易員身上，而非交易系統。交易系統沒有感情，沒有情緒波動，也不會犯錯，始終如一。同一套優良的交易系統，交給不同的交易員來運用，有的成績斐然，有的平平，有的卻賠得一塌糊塗。再好的交易系統，如果交到蠢蛋手中，根本毫無用處。反之，經驗豐富的交易員，可以利用一套普通的交易系統，創造很好的成績。

股票和期貨交易的贏虧，受個別變數的影響者少，較依賴交易員或投資人的能力。不過，除非你自己可以認清問題所在，尋求解決方案，且持之以恆，貫徹執行，否則上述說法對你沒有任何好處。幾年前我有幸與史東（W. Clement Stone，編注：怡安班陶氏〔Aon〕保險公司創建人及董事長）會談數小時。史東從幾乎一無所有的孩提時代開始打拚，締造今日傲視全球的保險王國。當時我向他請教成功的秘訣，他回答：

「想要成功，你必須去看、去想、去做……你必須能客觀地看出機會在哪裡，問題何在……你必須去思考解決之道或這些機會。而最重要的是，你必須付諸行動！」

沒有行動，任其自行發展，那麼事物朝正面發展的機率將極爲有限。生活中僅少數事物可以自理而不必費神照料，放著問題不思解決，通常情況只會愈來愈糟。在投資交易上遇到的困難，首先必須要找出癥結所在，繼而尋求各種解決方案，最後再採取行動。

冒險之必要

從有歷史以來，投機的強烈欲望及需求就是人類蓬勃發展的重要驅動力之一。雖然隨著文明的發展和技術的進步，我們在生活上所承擔的風險也逐漸減少，但心裡仍存有冒險的渴望，儘管我們可能不願意承認。事實上，很多人也不曾仔細思考，生活中其實充滿著許多需要承擔的風險，風險本來就是生命的一部分。我們今天所謂的「投機」（speculation），早在遠古時代，當老祖宗們在面對大自然眾多敵人，例如：野獸、人類、天候等等時，就已經存在了。

追溯至早期的歷史，農夫播種或豢養動物，就已經是在跟大自然賭運氣。今年要提早播種嗎？未來的天氣有足夠的水分養活玉米嗎？會提早降霜嗎？現在的穀價是最高的嗎？要不要現在賣掉？市場需要我養的雞鴨牛豬嗎？氣候異常會影響收成嗎？家畜會不會染上什麼疾病？到了現代，生產者仍舊有很多事情需要煩惱：政府措施會不會傷害到產品價格？銀行會不會借錢給我，以利今年的耕種計畫？我往來的銀行會不會倒閉？萬一倒了，我的存款怎麼辦？某些國際事務會不會影響作物的價格？未來經濟展望如何？

對於生活上這些風險和不確定因素，我們常常茫然無所知。但事實上，我們正是靠著承擔風險才能生存下去。活在這個持續改變、不穩定、受侵犯與不確定的環境，我們只能接受這種瞬息萬變的本質。不管是開車、搭飛機，甚至只是走在路上，我們都是靠著臆測來判斷後果及周遭的變化，像是會不會碰上酒醉的司機或劫機事件。而現在因爲愛滋病肆虐，連上床做愛都比以前危險許多。上醫院，也可能受到感染、死亡、吃錯藥，或是受到不必要的威脅及誤診等。

有些人則是故意去冒更大的風險。原因很多，也許是情感上，也許是生理上，或者是因爲財務考量。有人明知有風險，稍一閃失，可能連原先擁有的都會失去，但爲了增加財富，仍然放手一搏。許多人認爲，不加約束地面對市場的挑戰，必然會讓自己的財務狀況蒙受極大的風險，甚至可能一敗塗地。不過對某些人而言，市場提供專業，可獲致穩定且高於平均水準的收入。而有極少數的人，運用某些技巧，在市場上賺取巨額的財富。

究竟是什麼原因讓我們甘冒風險，從事投機交易呢？成功的投機客和失敗者之間，有什麼特質差異呢？是否眞的有方法可以提升投機績效？在股票和期貨交易上，是否眞有心理上的力量，足以牽引成敗？如果有，又是哪些呢？這些必須且適當的行爲模式，是可以後天學習而得的嗎？成功的投機，究竟歸功於個人特質，抑或他們所使用的交易系統呢？在投機交易上，我們要如何才能掌控自己的處境，不致隨勢浮沈呢？

鑑於我過去所受的心理醫學訓練，加上後來以之爲專業，所以我很容易就明白，不論是在市場或交易員心中，都存在著許多感情和心理上的因素。我曾經當過期貨交易員，也是個心理學家，結合兩者的經驗，我知道投機、成功和心理穩定，這三者之間有著非常密切的關係。

在花費相當時日研究人類行爲和特質之後，我受到股票和期貨市場所吸引，這眞是非常幸運！一開始，我看不出身爲執業心理醫生及投資交易的興趣之間，有什麼關聯性，但隨著時日拉長，我虧損的愈來愈多以後，逐漸有一個體認，這不但改變了我往後的生活，也改寫了我的財富。心理學和投資交易兩者似乎扞格不入，然而一旦了解其間的密切關係，那條通往個人及財富的道路，也就更容易辨視出來，更好走了。而在此之前，我就跟大多數交易員一樣，只是個弱小而焦躁的小朋友，在喧囂的交易廳中渴望被人聽見。

交易員、投資人與成功

在投資市場中，有些人是既無學養、背景、智識，也不努力，但做起買賣來卻非常成功。反觀有些人全心投入，一有空就研究行情的漲跌，結果仍是屢戰屢敗。我自己就認識幾位交易員，他們對於價格波動背後的基本因素所知不多，這原本該是個缺陷，但他們還是可以賺大錢！但是也有些交易員因對市場不了解而經常虧損。市場上這種智識能力與成功成反比的現象，勾起我的興趣。就我個人所見，比較缺乏智識的交易員反而容易成功，那些既聰明、分析能力又強的，卻不是這麼一回事。這又是爲什麼呢？我非常好奇。

輸家和贏家之間有何差別？此一問題不但有趣，而且極具價值，可以教我們許多東西。爲什麼那些傳奇的投機大師，如利佛蒙、巴洛克和甘氏等，都非常強調自我建設、自我控制及情緒穩定？這些特質就是他們成功的助力嗎？缺乏透澈的市場知識，是否可能成爲市場贏家？自我的教育，是否比交易技巧、系統或方法上的訓練更重要？交易員可以學到哪些更有價值的教訓？而這些教訓要如何學習？又該如何運用才能變成一種持續一致的獲利方式呢？

當然，也有那種一次買賣就馬到成功的，在股市或房地產上，都不乏這樣的例子，但是這種菜鳥行大運的例子仍屬少見。想在交易市場當個常勝軍，需要經驗、見識和自我紀律。有些人自然被這些技巧所吸引，以一種幽微而直接的方式學習而得，且大部分是在孩提時代形成。但也不是說孩提時代沒學到，今生就註定與成功無緣。可喜的是這些特質，可以在任何一個年紀學會。

常有人以爲，財富上的成功存在著遺傳因素。也有人抱持決定論的說法，認爲某個種族或國家的人，天生就比較容易成功，像是他們控制著市場、他們天生會做生意，或是某些人因爲血統的關係註定會失敗等。的確，遺傳確實存在著差異，但是後天的學習一樣是成功與否的重要因素。要將遺傳因素從環境因素中獨立出來，刻意強調孰輕孰重，幾乎是不可能的事。

關於這方面的討論，是屬於學術上的。不過，就是有人利用這些說法，來合理化自己的失敗或他人的成功。用這些理由來安慰自己不但白費力氣，就心理上來說，也算是逃避現實。對此，我們往後會詳盡討論。

除了遺傳論之外，有些懷疑論者認爲，股票、期貨只是一種合法的賭博。就某些個別事例而言，這樣的說法或許並沒有錯。但是，如果是對那些了解自己，也了解市場的人來說，股票和期貨市場中的投機交易，跟賭博是沒有關係的。在往後的篇幅中，我會仔細解釋其間的差別。

哲人之言

我想讀者中大概很少聽過神智學者葛吉夫（G. I. Gurdjieff），而他的追隨者，如鄔斯賓斯基（Ouspensky）、布拉瓦斯基（Blavatsky）及李德貝特（C. W. Leadbetter），大概也沒什麼人曉得。事實上，就算是受過高等教育的人，大部分也鮮少熟悉這個神智學派。原因可能是，神智學的教義對哲學的穩定性具有根本的顚覆力，除非是個人在心理上已經非常健全。很多較爲大眾熟知的哲學運動，都刻意排除神智學，原因有很多種，可以再討論。葛吉夫和布拉瓦斯基都曾被指稱爲騙子，但是堅定支持神智學的，也不乏在社會上受尊敬的人物。神智學和一般哲學的衝突，大概是永遠也無法解決的。

我個人在研究了葛吉夫和鄔斯賓斯基的哲學理論之後，發現了許多自我和生活上的眞理。在後續的篇幅中，我會把這些發現與各位分享。不過，在開始之前，我想先簡短陳述一個關於葛吉夫的洞見。葛吉夫所創始的自我認識的知識體系十分複雜，並不容易做到，必須在大師親自監督下修行數年，加上自己努力好幾年才有辦法完成。有一次某個學徒既沮喪又惱怒地質問葛吉夫：「爲什麼這些修練一定要這麼困難呢？」在經過短暫的思考之後，葛吉夫肯定地說：「這麼一來，你的未來才會跟過去不一樣！」有人大概也會懷疑，想在市場當常勝軍，爲什麼也要這麼努力？我的答案和葛吉夫一樣。如果你對於自己過去的操作績效已經很滿意，就不必再閱讀本書了。如果你認爲自己可以做得更好，還有潛力尚未完全發揮出來，覺得在邁向成功的路途上，缺乏一些關鍵性的指引，那麼你就得好好研讀本書。

所見所爲

幾年來，我看到許多交易員敗在自己手上，也看到自己失敗的案例。因此我知道，失敗或成功的責任，絕大部分是在我們自己身上。我很抱歉，到目前爲止，一直在重覆地告訴各位，在達到成功的「方程式」中，個人正是最大的變數。不過，我還是先向各位抱歉，一直到你讀完本書，我都會一再地重覆這句話。爲什麼？因爲非得如此，各位才能緊記在心。了解自我是很困難的大工程，比搞懂科學、數學更難。我們的「自我」閃閃躲躲，瞬息萬變，更糟糕的是，還非常地「自我防衛」。自我包含著許多面向，任何人都不會始終顯露出同一面向。交易員今天碰到這種情況，有這種反應，但日後遇上完全相同的狀況，反應卻可能不一樣。似乎就是這種「不一致」，才讓「自我」如此難以解讀。爲了要在這樣的情況下，能夠客觀地評估、衡量，我們必須從事件中抽離，用清澈與理性的客觀態度來加以處理。但要抽離自我，客觀衡量，實在很難，有時候甚至不可能做到。

未來幾章所提供的是一份邁向自我的地圖。聖經上說，要「認識你自己」，我希望自己寫的書能成爲交易員「認識自我聖經」中的一章。請各位注意，我只設定一個普通的目標，因爲我很清楚，「認識自我」的學問博大精深、複雜異常，所以我只能說，我所提供的只是其中的一章而已。如果各位在這個議題的書架上加入我這一章，將可以往目標更靠近一步。只要能夠認清自己在心理上的定位，就可經由這條最直接的成功路徑，達成財富目標。

2 市場相似點

本書的第一版中，我刻意略過多年來由眾多交易員或投資人所發展出來的所謂黃金法則。而在修訂版，我發現還是有必要再次聲明，未來我所提出的觀點，跟傳統上一些未經驗證的市場眞理可能有所不同。我的一些想法和觀點，也許會引發爭議、憤怒或恐懼，甚至被你當成廢物。那麼，容我在此建議你，先嚴肅、認眞地思索後，再提出你的結論。其實我這些想法也不新，事實上，有些還是傳統的老智慧。但差別在於，我的做法是尋找出各個市場中最基本的面向。這個基本的面向是由人性和情感的交叉互動所產生，不同於經濟法則與原理。不管是投資、交易、買進、賣出、搶帽子、價差交易、買賣選擇權或者在不同金融商品間套利，都是對未來的猜測這個主題的種種變奏，而目標只有一個，就是「獲利」。因此，這種種不同的形式，通通是臆測和投機。

自有歷史記錄以來，人類社會中就有投機。投機與生存緊緊相繫，說是沒有投機就甭談生存，也不爲過。如果我的作品能夠喚起他人心中那個沈睡的巨人，讓它們自己出來說話，這才算是眞正的成功。如果能因此讓一個市場的失敗者變爲成功者，我的任務就算完成。

知識就是力量，這已屬老生常談，而且所謂的「知識」也太廣泛了。若說自我認識就是力量，應該更有意義！在這本書裡，我要詳細討論的正是這個自我認識。如果你以爲我或是任何人，可以提供什麼成功的「明牌」，那你可就錯了。如果你以為，那些在市場上賺到大錢的人，必然是有什麼不傳之秘，那你還是錯了。不過，如果你相信抱持著積極、自信的態度，平和地控制情緒，適切地鼓勵自己，如此便能在市場上獲得成功，那你算是步上正途了。而且只要你繼續往下閱讀，就能找到一些很有意義的答案。雖然，我比較不強調交易的基本技巧、市場基本面和經濟因素等，但這不代表這些事情不重要。我只是刻意將個人心理層面，從傳統的交易技巧中區分開來，特別強調運用資訊的個人。我們不像巴洛克、懷可夫斯（Wykoffs）或利佛蒙，所以我們不僅要弄清楚事情發生的原因，更要懂得如何因應。經濟學可以告訴我們事情是怎麼發生的，說不定也能告訴我們未來會如何變化，但是它不會教我們如何善用未來的變化，讓我們從中獲利。從過去到現在，不曾有哪一本書教我們如何把「未來」化為「眞實」，讓我們可以從中得到經濟利益。關於大師的知識總是零零碎碎的，有一本專門討論投資交易心理層面的書，早已等候上場多時了。現在，時間到了！

市場總覽

所有市場的運作原則其實都差不多。不管是股票、期貨、房地產，甚至是在零售市場，買賣雙方都會受相同的經濟作用、基本面因素及新聞事件所影響，並且做出反應。交易員據以反應的，就是對於眞實的「認知」。但是，這種「認知」卻會隨著時間和個人而有所不同。個人內在因素也會影響到認知的形成。交易員必須善加處理個人內在的種種力量和衝突。這就是爲什麼交易員所學到或所理解的傳統交易技巧，相對而言會變得比較不重要的原因。相對於純學術性的探討，採取某種不同的透視觀點，也許能對心理層面有更多的了解。所以，接下來我將以分析交易員及投資人的行爲爲前題，從心理學的角度出發，提出我對市場的觀察。

我觀察的對象，主要是放在個人及團體，而非整個市場上，所以在傳統市場專業用語方面，只需要一個概觀式的論述即可。在市場中，幾乎每一個操作面向都跟參與者的心理和行爲有關聯。這裡所謂的「操作面向」，指的是交易量、未平倉量、線圖型態、限價單、經紀人角色、場內交易員行爲機制、基本面經濟報告、新聞、市場氛圍、拋空、漲跌停板，以及其他許多市場的規定、作法、行爲和現象等。純就操作面而言，上述這些因素都有客觀且相當機械論式的定義。然而，在實際層面上，卻比簡單的操作定義，派生出更多的衍義。

例如「每日漲跌停限制」，在期貨交易中，每日漲跌停板是指根據前一交易日收盤價，算出當日上漲或下跌的限幅，像在活牛市場中，當天漲跌幅度就是前一交易日收盤價上下一五〇點。定義非常簡單，但衍義部分卻很多。首先，漲跌停限制可能讓許多交易員感到恐懼或驚慌。他們害怕什麼呢？怕萬一行情不如預期，單子會被「鎖住」。不管是上漲或下跌，一旦到了停板，就可能出現惜售或觀望的情況，使得套牢的人出脫無門、被軋空者回補無望，單子就鎖在裡頭了。雖然這種情況不多見，但確實可能出現。有些市場，例如柳橙汁期貨就曾經連續停板多日。

漲跌停式的價格波動，其心理意涵爲何？單子鎖在市場中，幾乎是每個交易員都會擔心害怕的。單子鎖在行情不利的市場中，大概就像人被鎖在衣櫥內，或者被關在即將起飛的飛機中一樣有種失去控制的無力感，好比自己的命運操在他人手中。對於某些交易員來說，這種恐懼會影響交易意願。儘管可能是一個有利可圖的機會，但這種恐懼也許會讓交易員不敢下單。很多交易員都害怕搶到最高點，或殺到最低點。但話說回來，大家都怕單子鎖住，而一旦眞正出現停板狀況，它代表的意義又可能完全不一樣。出現漲停板時，雖不是一定，但常常就是多頭行情快要結束的時候；而跌停板也最常出現在空頭市場快到底部時。當然，是有一些非常顯著的例外，不過還是有些特別的操作方式來避免這種停板危險。而且那種連續多日漲停或跌停的情況，也大都只出現在特定幾個市場，例如柳橙汁、豬腩和活豬市場等。有些市場則是沒有漲跌停限制，那麼，對害怕單子被鎖住的人來說，這樣應該是比較好吧？其實不然。事實上，有人覺得這樣反而比較恐怖，因爲價格沒有漲跌停限制的「保護」，波動幅度將更爲驚人。此時所害怕的事又不一樣了，例如，害怕價格大幅波動，停損單在行情還沒走對方向前，就先被點到而三振出局；或者，可能讓交易員有種如臨深淵的恐懼幻想，認爲自己可能遭遇無上限的虧損。但是，只要交易員可以保持思慮上的清晰和客觀，這些恐懼和風險，都是有辦法可以避免的。

被情緒主導的交易員，無法客觀地移轉這些恐懼。除非他們可以眞正搞清楚自己和市場的關係，不然什麼靈丹妙方都是白搭。順便一提，上述那個漲跌停的例子，只是簡單提一下，不過也能衍生出許多的討論，這正足以說明市場的個別差異其實很大，而且都受到不一樣的心理及行爲層面的影響。對於其他跟市場狀況有關的情緒變化，之後我還會仔細討論。

股票、期貨及其他市場——相似點及相異點

理論上來說，在自由市場，商品與勞務的價格起落是由買賣雙方的意願所決定。一般認爲，股票價格的漲跌會受到經濟狀況、供給與需求、公司業績、企業管理能力、政府政策、國際情勢、天氣及企業獲利等因素影響。在期貨市場中，影響因素也差不多，特別是天氣、作物生長情況及供需等。

不管是交易還是投資，無非就是想賺錢：低價買進高價賣出、高價買進更高價賣出，或者是高價拋空低價回補、低價賣出更低價回補。另外，其他多種的投資組合和衍生性金融商品的操作，例如股票或期貨選擇權、價差交易、套利等，也都是爲了這個目的。不管我們觀察的是哪種市場，操作的原理都很類似，蘊含的心理特點也應該都差不多。

例如，參與者眾的房地產市場，事實上也跟股票市場差不了多少，買賣雙方無非是爲了賺取利潤或避免更大的損失。房地產市場並沒有一個特定而集中的交易所，交易的標的是空地、農牧地、住宅或商業大樓等，買賣一般則是透過房地產經紀人進行，而這些經紀人都是經過訓練，領有執照，且受政府法規的約束，這一點跟股票和期貨的營業員一樣。

雖然房地產市場的波動比股市緩慢許多，但在其他很多方面，這兩個市場是很相似的。在股票市場中，投資人可以跟券商借錢來買股票，也就是付一筆保證金，跟券商融資，運用所謂的財務槓桿。而房地產的買方也大都是向銀行貸款，通常現金比例只要一成至三成就可

了。

期貨交易雖然比較複雜，但究其實，跟股票及房地產市場還是很像。房地產交易土地，股市交易公司股票，期貨市場中的交易員則是交易約定未來特定時間交割的商品契約，所以才叫「期貨契約」。投資人以特定價格買進期貨契約，無非是希望價格上漲，因而獲利。在股市及房地產，同樣希望低價買進高價賣出。期貨交易也可利用保證金來融資或融券，而且保證金的比例只要總價的一％至五％，因此期貨投資人不管是賺大錢或虧大錢，所需要的本金都比較少。跟其他市場比較，期貨交易最投機，也是變動最快、最大的。期貨交易的潛在風險最大，但獲利可能也最高。

期貨和股票、房地產相比有一個基本差異，就是股票和期貨都可以拋空，但房地產交易不可能這麼做。房地產市場要是下跌，投資人即無計可施。或許正因如此，房地產一旦陷入衰退，總是持續很久，而且損失慘重。

所有的金融市場都有些共同點。首先，市場最主要的就是金錢及商品的交換；第二，市場中的操作可能帶來利益，也可能造成損失；第三，市場的波動及流動性都跟參與者有不同程度的關係。不論是買或賣，必然是由「人」來行使，儘管電腦可以操作交易程式，但整個過程中，還是缺少不了「人」這個環節。有些人以爲，有朝一日，投資和投機的交易可以完全交給電腦來執行，不過我很懷疑會有這麼一天。不管是什麼市場，「人」的因素都屬核心，尤其是涉及人的情緒及情感的一面。在所有的市場中，有一條共同的軸線貫穿著，那就是「人」的因素。要了解市場，就得了解人。一旦你了解自己，了解自己的行動方式，也摸清別人的行動方式，你就可以了解市場，不管交易的是什麼商品。

市場的機械性操作面是簡單易解的，你只要研究並熟記那些市場現象，即可應付自如。但是在市場活動背後的行爲方式，卻不是那麼明確，需要更多時間的研究才行。市場的活動是由人所推動，而要了解人，要先從了解自己做起。因此，想在市場中百戰百勝，不只是要了解個別市場的專業領域及其操作面向，同時也要致力於人類心靈及行爲模式的研究才行。

在市場中成功

每個市場都有其獨特的專業，如果想了解某個特定市場的情況，以求操作順遂，那麼就得研讀許多相關資料才行。可是，千萬不要以爲知道這些專業知識就能保證你在市場上一定會成功。很多交易員對特定市場的狀況都算是行家級，但還是照樣虧錢。相反地，有些交易員對市場所知不多，儘管有這麼嚴重的缺陷，卻仍然賺了大錢。我們還可以更進一步說，瞭不了解那些推動市場活動的基本面因素，事實上跟成功與否無關。

好幾年前，我遇到一位芝加哥商業交易所的場內交易員，他讓我明白這一點。他的專長是在美國國庫券期貨。我們在聊了一些市場上共同的興趣後，我問他對美國長期利率走勢有什麼看法。結果他回答：「什麼利率？」我很驚訝地問：「你說什麼利率是什麼意思？」他解釋說：「我不知道什麼是利率。我曉得利率跟國庫券有些關係，不過到底是怎麼一回事，我不清楚。」這眞是難以置信，我說：「要是你不知道什麼是利率，也不了解利率跟國庫券的關係，你要怎麼做交易呢？」他說：「很簡單啊！我只要知道國庫券（期貨價格）每個跳動點代表二十五美元就夠了。」

這個親身經歷，要是認眞討論可以說上幾個月。這位成功的場內交易員每天要買進、賣出期貨契約好幾筆，但除了怎麼買賣外，他什麼也不知道。對於許多可以影響價格波動的基本面因素，他根本不曉得，但是這種「資訊眞空」的狀態，反而對這位場內交易員有好處。對於市場，他只要就他親眼所見的來反應，而不必去理會那些常常是無謂干擾的外在因素。

我並不是說，深厚的市場知識及掌握諸多影響因素，對於在市場上成功毫無助益。但是從我舉的例子可以看出，交易員或投資人能夠持續獲利，顯然還需要其他重要的特質。我這種說法，其實已經偏離股票和期貨市場的「正統」了。但是對於那些眾多交易員奉爲圭臬的市場操作的機械面、定義、基本面及種種學理解釋，我仍舊只是「有限度」地認可而已。關於交易和投資的技巧，已經有很多投資及交易方面的書籍可供參考，然而論及交易內在層面的好書，卻是寥寥可數。

這本書的重點是放在大盈大虧之際，人類行爲活動的內在與外在過程，至於那些投資及交易的基本功夫，我假定各位早已學會了。我想說服各位的是，投資想要成功，不是花時間埋首於經濟理論、市場供需或價格趨勢圖表。我以身爲交易員的經驗，加上我觀察其他交易員的心得得知，投資想要成功，應該要鑽研的是人類及動物心理學！如果能弄懂這門大學問，不管你是要當投資人或者投機客，都能持續保持成功！

重點複習

1. 股票、期貨和房地產市場，均以相同的基本經濟原理運作。
2. 知道怎麼下單、市場名詞和運作方式，以及認清所冒的風險，這樣就足夠你笑傲市場，大勝而小敗了。
3. 交易員只需具備市場本身的實戰知識，就可以大賺小賠，當個常勝軍。
4. 比前述三點更重要的是，交易員認識自己、持續探索自我的能力。如果想要成功，也許只要掌握構成市場的情緒因素就夠了。
5. 各位如果還未學會市場運作的基本功夫，得先打通這個關節，再來研究以下章節要討論的市場心理學。

3 心理學與市場：相似點及其差異

雖然本書不是心理學教科書，不過因爲要從心理學的角度來觀察市場、研究人類交易及投資的行爲模式，因此有必要先對心理學上的概念、說法及歷史發展有所了解。本章將針對心理運作及其機能，做一概括論述，包括人類及非人類的心理運作。各位如果有興趣深入了解，請參考書末所附的參考書目。

對於人類行爲的研究，數千年來科學家、神學家甚至神秘主義者，都提出許多高明的理論。他們提出各式各樣的前提、假說，從迷信的占星派一直到科學的醫學派都有。而所得出的結論，也是從惡魔附身、神靈附體，一直到自我決定論，一樣不少。而其中能爲大眾所接受的、歡迎的理論，大概也就是時代氛圍的反映。在某些社會中被視爲怪異的作爲，在其它社會裡卻可能是稀鬆平常、尋常之至。事實上，某些脫逸常軌的人類行爲，其實是社會的產物，並非憑空出現。很多病態心理行爲，正是特定社會的特產。在這些病態行爲中，有些根本從未被治療過，也從未被命名，而是讓時代自行將它們矯正過來。而光是爲這些病態行爲命名，就足以造成它的流行，或在不同時期持續出現。

人類生活經驗與社會結構的錯綜互動，模鑄出更爲複雜的人類行爲。能夠影響人類行爲的因素，實在是太多了，有時候我們想去了解其背後成因根本是辦不到的。但是在某個程度上，人類行爲可說是一連串刺激的關聯反應與互動結果，的確，心理學上的行爲學派，就以「刺激—回應」理論來研究人類行爲。

今天，我們覺得人類行爲很神秘，但遠在歐洲的「黑暗時代」，當時的人們就深感人類行爲莫測難解，爲了驅逐所謂「發自內在的惡魔」，甚至發展出許多詭異而殘忍的檢驗模式和驅逐方法，且沿用許久，甚至一直到文藝復興的「啓蒙時代」還是如此。儘管當時人類已經「啓蒙」，不再依靠巫術魔法，採用比較合乎人道、理性及邏輯的方法，但是在錯誤結論下，這些方法——不管是「圓鋸」法（就是把頭顱鋸一個洞，好趕出惡魔）或者「放血」法，都注定要失敗。不過，我們今天還有些類似的方法，例如電休克療法，讓病人在電療之後可以恢復正常的心理狀態；或者胰島素休克療法，以過量的胰島素引發病人短暫昏迷，以期發揮療效。

心理治療之所以會出現這些野蠻而殘忍的療法，係緣於不了解人類行爲的成因，對於什麼事情會刺激出行爲、讓行爲持續的認識不足所致。如果我們可以了解行爲是因何產生，也許在必要情況下，我們可以改變行爲或控制行爲。

經過許多年的嘗試與錯誤（大都是錯誤），人類發展出人類心理學和龐大的知識體系，來解釋人類行爲，但誤入歧途的狀況仍然居多。有些心理學理論看來像是挺合乎理性的，但據之而發展出來的治療方法，卻跟巫醫的妖術一樣沒什麼效。事實上，也是直到晚近，研究人員才知道他們研究的成果頂多只能解釋人類行爲，這種近乎無知的情況，不允許我們據以預測或控制人類行爲。關於人類心理和行爲，同時也該有其必須的倫理考量，這使得狀況更加複雜。

總括而言，了解人類心理的這條路已經走了幾百年，但進展得非常緩慢，而且困難重重。儘管其他的科學、技術已經快速發展，但是心理學及心理病理學仍停留在青少年階段。也許這是因爲人類拒抗認清自己所致，認清眞相通常帶來痛苦，而大家都想避開這個痛苦。眞相會製造緊張和痛苦，但無知卻是快樂的。很多交易員及投資客正是如此。在了解自我的這條道路上，處處是障礙，而這些障礙並不是外在的，而是發自我們內在。幸好，從一九七〇年代以來，人類心理學就穩定發展，如今已經發展出更可靠的方法，來了解並改變人類的行爲。

現代心理學基本上可以分成兩個派別，這種情況就跟投資界分成技術面和基本面差不多。交易員和投資人根據個人的投資方法，基本上可歸類爲基本派或技術派。當然，有些交易員的手法是屬於混合型，但基本上仍不脫基本面及技術面分析。接下來，我就比照這個方式說明心理學的兩個派別。

在股票和期貨市場中，基本分析派將焦點放在經濟指標的解讀上，認爲如此即有助於預測價格的變動，或據以做出投資決定。基本分析派會根據個別經濟指標，或結合幾個指標綜合判斷，做出買賣決策。所謂的基本面訊息，包括作物收成量、天氣、供需統計數字、經濟預測值、利率走勢等。還有，像是聯準會政策、出口統計資料、作物耕作狀況、家畜繁殖情況、房屋開工率、交叉匯率、政府經濟建設計畫和民間消費狀況，也都會列入考慮。基本分析的本質是判斷供需狀況，再據以推測未來的價格走勢。

基本分析的目的在推測特定股票或期貨，在未來幾天、幾週、幾個月或幾年的價格走勢。預測準不準，就看資訊夠不夠、正不正確。不過，要維持準確度，還得看市場狀況正不正常，當市場反應過度或市況異常之際，訊息常遭扭曲，並引發不循常理的結果。

房地產投資人在運用基本分析時，同樣會碰上許多限制和潛在問題。也許有些新的基本面訊息並未發揮其該有的影響力，有些則或許未充分曝光；或者有些資料根本就是錯的，或被錯誤解讀了。

相反地，技術分析派只根據機械性及／或數學性的法則，來判斷行情。技術分析不需要去關心什麼經濟狀況、供給、需求、農作物產量、企業盈餘或天氣，只需研究價格趨勢圖、數學指標、移動平均線、幾何運算式、統計循環指標等。就算是用占星術來做股票，一樣是根據某種特定準則來決定買賣，所以也算技術分析。在這個範圍內，技術分析用一些價格數值來運算，即可據以定出買賣決策，不需要其他的資訊。其中有一類線圖分析派，他們是看價格趨勢線形在做買賣，不願浪費時間研究基本面消息，認爲基本面反而是愈搞愈亂。

技術分析派具有相當的優勢：這種方法比較客觀，可以「機械式」地做出投資決策，而且其依據的資料數值及運算結果都是正確的，例如價格、交易量、未平倉量，以及衍生出來的其他指標等。不過也有缺點，就是將交易者孤立於對行情影響甚大的某些重大事件之外。惟對技術分析派來說，這反而是個優點，因爲如此一來，正好排除了難以量化估算的基本面影響。

最後要說的是，這兩種分析方式管不管用，似乎也不是因爲方法本身，終歸還是繫於使用的交易員身上。事實上，儘管技術分析的交易指標或者基本面的經濟統計看來都很客觀，但是最後的結論還是得依靠個人的判斷和詮釋。關於這一點，我以後會再詳細說明。

另外，還有第三種行情預測方法，難以明確地擺在技術派或基本派裡頭。有些交易員或者不確定自己是屬於哪一派，或者是覺得只靠一邊站總有幾分不安，得兩邊都沾上一點才行，對於技術分析及基本分析的資料全都不放過。他們所持的想法很簡單，既然不管是從哪一邊得來的資料都可能派上用場，那麼就必須盡可能搜羅完備。有些交易員認爲：「廣納百川，將有助於找出最好的交易和走勢。」中意這種做法的投資人，卯起勁蒐集資訊，不管是相關出版品、投資顧問服務或投資通訊，只要負擔得起的，一樣也不漏掉。

如果市場的波動果眞跟這些資訊有關，那麼用這種方法當然沒錯。但問題是，完整的蒐集，不但資訊量異常龐大，而且經常是相互矛盾，讓人愈看愈糊塗。也常會碰上所有指標、資訊都指向同一邊，事態卻呈現相反走勢的狀況！可憐的交易員就在這些資訊洪流的衝擊下，被整得七葷八素。

還有些人用的方法，毫無道理可言，也不知該歸到哪一派。同樣一個消息、指標，今天可以買進，明天卻變成賣出。不管怎麼看都看不出個道理來，憑得只是直覺而已。這類型的多屬場內交易員，不過這種直覺猜測的技巧用得還不差，但只限於場內。一般投資大眾對場內交易員所知不多，場內交易員做買賣的目的和方法，跟一般投資人有很大差異。

對於這種毫無技術可言的方法，是好是壞沒什麼可說的。賺了錢，就表示它可以；虧了錢，就是沒用。不過，這裡頭還是有點文章。它的重要性不在於會成功還是會失敗，而在於它說明了兩件事：第一，絕大多數的交易員根本無所謂的交易系統，不管是技術派或基本派；第二，運用直覺的交易員，不管是成功還是失敗，他們所依靠的純粹是個人心理衍生出的交易紀律。

預測行情的學問，到現在還是個娃娃兵。事實上，夠不夠格稱得上是一門「學問」仍大有疑義。有些個人及研究團體已經發展出相當複雜的計量經濟模型，來協助預測經濟。他們認爲利用電腦的強大資訊處理能力，可以預先推測經濟趨勢，這方面的技術如今也用在股票和期貨市場。不過在本質上這仍屬於基本分析的一種，還是需要某種詮釋和解讀。雖然最近在這方面大有進展，但在經濟預測的方法上，至今仍屬初始階段，未來我們還有很多要學習的。這種情況跟心理學差不多，事實上，心理學家和精神科醫生在所謂流派上的分布情形，跟投資人的基本分析或技術分析也很類似。

在任何學術領域中，往往並存著許多種思潮派別，這些流派可以歸類出兩個極端，在這兩個極端之間，又分布著大大小小的衍生、折衷和變形。從宗教到政治，基本上都可以套入這個模式。投資學也是如此。基本分析和技術分析各占一端，之間包含著各式各樣的變化，各有親疏。心理學家和精神醫生的情況也一樣，一端是傳統的佛洛依德學派，另一端則是行爲學派。

傳統派的心理學家就好比是基本分析派，以人類行爲的潛在原因爲研究主題，這一派所關心的是：

- 人爲什麼會以某種方式行動？

- 引發行爲的潛在因素爲何？這種心理上的騷動是什麼？
- 我們要怎麼運用個人過往的生活經驗來幫助他？
- 會以某種方式刺激人類行動的，到底是什麼？
- 激發行爲的性矛盾、慾望及其發展的是什麼？
- 刺激某項行爲的潛意識過程爲何？

這些問題的問法，跟投資界的基本分析派很像。基本分析想要了解的，就是價格因何而漲跌、造成行情波動的潛在原因爲何，傳統的基本分析者則類似傳統派心理學家。

另一方面，行爲論心理學只研究明顯而清楚的可衡量行爲，比較關心的是：

- 某特定行爲出現的頻率爲何？
- 在什麼事件中會出現這個行爲？
- 該行爲的前、後，發生了什麼事？
- 該行爲是否可以透過操控環境因素來改變它？
- 以某個特定方法來改變行爲，要花多久時間？
- 目前的某項行爲，已經出現多久了？

爲了要回答這些問題，行爲論者使用相當「技術」性的方法。他們感興趣的是測量、特定傾向的偵測、頻率計算等操作技術的應用。這跟偵測趨勢，以特定運算方法來研究行情的技術分析派很像。雖然技術分析派不可能改變市場行爲，但它所關注的重點在於外在明顯可見的徵兆，而非內在的潛在因素。基本分析派和傳統派心理學關心的是潛在因素，基本分析派和行爲論者只注意明顯可見的行爲。

傳統精神病理學及心理學

傳統精神病理學的創立者是布羅伊爾（Josef Breuer）及佛洛依德（Sigmund Freud）。十九世紀末這兩人在維也納開業行醫，二十世紀初，佛洛依德發展出一套理論，研究童年經驗並假設多種心靈結構來解讀人類行爲。他認爲大部分的行爲，都有其潛意識的衝動和促發過程。當然，佛氏理論博大精深，非常難解，想三言兩語交代過去是辦不到的。佛洛依德及其追隨者都認爲大部分的行爲是源自內在心理機制的互動。

要理解心理運動過程和行爲，夢及其象徵是佛派常用的工具。佛派學者曾製作一份非常詳盡的象徵意義對照表。將這種解讀理論化，精神病理學家可據以確認某些人行爲的眞正原因。佛派理論認爲透過跟病人對話，以及包括催眠等許多方法，可讓病人認清其行爲與潛在慾望和壓抑之間的關係。而只要妥善地使用這套方法，困擾病人的偏差行爲均可被治好。這個方法就是「精神分析」，也就是「諮商治療」。

精神分析及精神病理學的研究與發展，經過多年難以估量的努力，不過我們不是在唸心理學理論史，不需對此長篇大論。各位要是對這方面有興趣，可參閱書後的參考書目。我在此以超短篇幅談這些心理學，只是想讓讀者有個基本概念，好進行我們的主題：投資人與交易員心理學。

佛洛依德精神病理學派的出現，刺激出許多不同的理論觀念。不過，在某個程度上，不管是阿德勒學派（Adlerian）、榮格學派（Jungian）或蘭克學派（Rankian），都是由佛氏基本觀念出發的變奏。這幾個本屬同根生的心理學派，如今也都有追隨者，不過一般而言只分成佛洛依德學派與非佛洛依德學派。佛派理論的精髓在於行爲的「潛在原因」，這個方式跟投機與投資用的基本分析差不多，均認爲市場波動都有個特定的原因。

行情會漲，是因爲：供給太少，需求太大；作物收成不佳；或者天候狀況太糟。價格跌了，則是因爲：豐收了；出口需求降低；盈餘減少；或者銷售狀況不佳等。病人出現焦慮，可能是因爲童年時的心理創傷；害怕權威則源自他害怕自己的父親；而害怕父親是因爲他對母親抱有性慾望，這份罪惡感使他害怕受到父親的懲罰。佛洛依德學派要研究人類心理，基本分析派要了解市場行情，都是從探索潛在因素或所謂的基本面著手。不僅如此，兩者的優缺點也很相似。

佛洛依德心理學是採取「醫療模式」來做治療和分析，就像治療生理疾病的醫生一樣。生理疾病的醫生會找出致病原因，消滅病菌或割除壞死的臟腑器官；心理治療師則是發掘不當行爲的「病因」以便於「矯正」病人。而因執業所需，所有心理治療師都必須接受醫療訓練。這種基本概念，在行爲失調的治療中也可以看到。現代醫學對於醫藥治療的依賴，源自藥品可以改變疾病或官能問題病因的信念。病因必然是在病體之中，如病體中有病因存在，也許靠藥物就能醫治，因此西方人大量服用鎮定劑及安眠藥。而「醫療模式」正是著眼於醫療而產生的。

儘管醫療模式在醫藥治療方面取得了重大進展，但自一九八〇年以來，這種傳統做法開始引發疑慮。有很多種疾病其實是源自基因遺傳或心理因素，包括緊張、沮喪和一些消極想法，都可能降低免疫系統的功能。有些理論認爲，心理因素可能導至癌症惡化。也有人指出，心理狀況可以強化或減弱醫藥效果。關於外在行爲、遺傳基因、外在環境及疾病醫療等等的互動關係，我們要學習的還很多。

行爲心理學

相對於佛洛依德學派的另一端，就是所謂的行爲心理學，開山祖師是華森（John B. Watson）、史基納（B. F. Skinner）、松戴克（Edward Lee Thorndike）等人，稍後我們會有相當的篇幅來介紹這些人的理論。目前我們只要知道行爲心理學只注意可見的徵候，而不是成因。醫藥派會檢視諸如罪惡感、潛意識活動、性幻想、閹割恐懼和防衛機制等，但行爲派只關心外在行爲及徵候，認爲只有那些可以被看見、被描述的，才能夠被醫治。我們實際上並不能看到潛意識的活動過程，但是經由潛意識活動而產生的動作，卻是顯而易見的。透過對行爲的研究，而且只研究行爲，我們就可以決定要改變什麼，以及要運用什麼方法來改變。行爲治療可以利用史基納、華森及帕夫洛夫（I. P. Pavlov）等人發展出來的制約或學習技巧來進行。行爲理論心理學家所使用的治療方法，基本上是相當機械性的，因此屢受醫療模式者的批評。

從基礎理論出發，行爲理論也衍生出許多派別。行爲理論模式非常簡單，本質上它假設環境對生物體會產生影響或刺激，生物體再據以反應。根據生物體反應的結果，行爲可變成習慣性行爲或者被制止。如果某種行爲可帶來滿意的結果，生物體就會重覆前項行爲；如果原來的行爲並不能帶來滿意的結果，自然會引發新的行爲。簡單來說，行爲是否持續，端視其後果爲何。

行爲派心理學，跟市場上的技術分析派頗爲相近。我們之前曾經提過，純粹的技術分析派只注意市場上可見的行情線索和徵兆，投資是根據訊號的意義，而非種種潛在因素做決策。圖3—1爲心理學及市場上兩派各據一方的情況。

介紹完投機學及心理學的簡單背景，我們再來檢視心理學與投機的相關問題。在心理學的領域裡有許多不同的學派，有人一輩子鑽研好幾項理論，有些則是在兩大陣營中擇一而安。由於這門學問博大精深，所以未來我在應用、討論時，只會挑選出對我們日後論述有幫助的主題材料。各位如果之前就對心理學有些了解，那是最好；萬一只是剛剛獲得一些概論式的觀念，那也無妨。我剛才所做

基本分析派		技術分析派
佛洛依德學派	————	行爲主義學派
醫療模式		制約模式

圖3-1　基本分析派—技術分析派系譜

的介紹，已足夠各位理解本書的說法，並從中獲益。

我主要的論點是放在那些可以幫助我們成功投資的概念和理論，以下章節我準備這麼進行：首先，我會介紹多種實用的心理學方法；從心理學角度解釋投資人行爲的心理機制；最後，我會提出一個綜合看法，說明如何運用心理學及精神病理學的實用方法，讓各位在投資及投機上獲取最大效益。

重點複習

為什麼要研究心理學和投資的關係？就拿我個人來說好了：

1. 我太自大、太自負、太驕傲自滿、太不切實際！
2. 對於市場本身、價格行為及市場活動模式，我所知甚少。
3. 以上兩者相加，我必敗無疑！

這樣的失敗模式，跟許多交易員犯了相同的毛病。對於第二項，我們可以找到很多解決的方法，例如：參加投資交易課程、研讀相關書籍，或者累積實戰經驗也有效果。但是關於第一項呢？光靠市場投資經驗，還是無法改變個人態度。唯有認識自己、了解自己，才是成功的關鍵。在阻止我們自己撞牆前，有一件事是更重要、更困難的：知道自己正在撞牆！

4 精神分析理論——童年經驗是否影響行爲？

傳統派的心理學家和精神病理學家一致認爲，許多行爲有其潛意識成因，依其理論，人的心靈可分爲三個部分：本我、自我和超我。我們日常生活中，行爲的最終主宰者就是這種一分爲三的結構在運作。嬰兒剛出生時，只有吃和排洩的基本需求，他們觀看世界的方式都和身體的孔洞有關。在嬰兒出生後的第一年內，嘴巴的活動是整個需求狀態的簡化，也是滿足感的來源。口腔滿足感會逐漸擴展到其他相關活動，例如：咬、啃、舔、吃、嚐等等。嬰兒對於世界的經驗，一開始就是透過口腔。這個第一年，稱爲本我衝動。

本我衝動基本上是動物性，是人體機能中最基本的需求。由此出發，而產生侵略、占有、激烈的情感和情緒，以及潛伏的性衝動表現，恐懼和貪婪也是屬於本我衝動。本我衝動帶有非理性及強迫性質，因此可能不受邏輯或理智思考所約束，引起不計後果的盲目行動。社會化過程就是人類控制本我衝動，使我們的行爲適時而合宜，行爲是否合宜是由社會來決定。

嬰兒人格發展第二個重要時期是控制括約肌。嬰兒在很小的時候，誰也不會去強制他如何大小便。但是當年紀漸長，父母親就會要求他控制自己。其所代表的意義是嬰兒與父母第一次的鬥爭角力，亦即嬰兒與外在世界的第一次鬥爭，這也是嬰兒和威權的首次面對面接觸。

佛洛依德認爲所有跟排洩有關的活動，都是由快樂原則出發，佛氏理論的中心主題就是這個「快樂原則」。嬰兒之所以會這樣做、那樣做，是因爲這些行爲可以帶來快樂。不論這個快樂是伴隨著排洩活動而來，或來自對父母的某些操控，都是個快樂的活動。如果佛洛依德的理論是正確的，那麼我們許多人格特質，是在如廁的訓練期所形成的。

緊跟著父母親與嬰兒拔河的馬桶訓練之後，嬰兒會把興趣從直腸轉移到性器官。基於好奇心，嬰兒會玩弄這些部位。這對嬰兒的意義，不只是帶來快感，同時也會讓他分辨出性別。

嬰兒早期人格發展的重點在於：

1. 嬰兒根據快樂原則來行動；而且，
2. 這些早期經驗，即使沒有全部遺忘，要回想起來也很困難。在佛洛依德理論中，「幼童失憶」原則是重要關鍵。因爲我們無法記起幼年時代的重要經驗，所以無法徹底了解構成我們行動或刺激我們行動的所有因素。
3. 嬰兒與父母的衝突，預示著日後個人與社會以及其他個人的衝突。

閹割情結／伊底帕斯情結

這兩個概念也是佛洛依德理論的基礎。據佛洛依德的說法，兒童在某一段時期會害怕父母以閹割作爲懲罰。這是因爲兒子對媽媽或女兒對爸爸抱持性幻想，導致兒童產生罪惡感，因而擔心同性別的父親或母親會採取報復行動。這種害怕身體某一部位，特別是性器官遭切除的恐懼，稱之為「閹割情結（Castration Complex）」。

佛洛依德的這個看法，始終爭議不斷。他認為「閹割情結」是所有兒童在某個成長期的共同經驗，不過很多社會學家反對這個說法，認為並不是所有兒童都有這個經驗。有些權威的心理學家及精神病理學家也表示，只有極少數的兒童眞正有過閹割焦慮的經驗。

有些社會學家則蒐集到相當多的跨文化資料，認為閹割焦慮只是單一文化現象，並非放諸四海皆準。不過佛洛依德學派認為閹割情結深埋在潛意識的深處，是不可能回憶起來，也無從證明其不存在。這樣針鋒相對的爭議，至今尙無定論。

在嬰兒最初的人格發展階段之後，其早期的本能生活會轉化進入「潛伏期」。佛洛依德認為潛伏期是「防衛機制」發展的階段之一。想要理解精神分析理論，就得先搞懂各種不同的防衛機制。這種複雜而精巧的防衛心理、態度及行為，是為了保護自己免於太痛苦或太具威脅性的兒時記憶及經驗。防衛機制讓個人從眞實情況中抽離出來，可根據其運作程度來判斷它是否恰當。有些防衛機制讓我們得以免除某些舊時心理痛苦的折磨，這是可以接受的。但也有防衛過當的情形，對當事人造成危險，並表現出精神官能症或精神變態等心理病徵。佛洛依德曾說明多種防衛機制，以下會簡單介紹。不過，要透徹了解交易員的行為時，防衛機制是重要的認知基礎，所以未來我說明交易員的行為及心理是如何養成時，還會進一步解釋。

- **昇華（純淨化）** 這個名詞代表幼年時期衝動轉化為社會上可接受行為的過程。佛洛依德及其追隨者認為那些不能被接受的幼兒行為，例如吸吮姆指、塗抹或隱藏排洩物等，都會在成人時期轉化成可被接受的模式。例如，隱藏排洩物的行為會昇華為集郵、貯存金錢、頑固性格及其他跟壓抑、蒐集有關的行為。

個人是否具備如此的昇華能力、能否以社會可以接受的方式表現出來，將關係到本我衝動是否會加速個人融入社會或反成阻礙，進而影響到個人生活、職場表現及人際關係的成敗。足球員和殺人凶手的重大差異，即在於侵略需求的昇華能力。完成昇華的足球員為社會大眾所接受，贏得財富和名譽；反之則飽嚐挫敗，難逃牢獄之災。

- **壓抑**　表示幼年經驗的「遺忘」過程。「壓抑」可以應用在任何創傷事件上，對於極為痛苦的經驗，我們都有壓抑或將之推入潛意識的傾向。壓抑並不是一個有意識的過程，它似乎都發生在我們的認知範圍之外。
- **抑制**　對於負面經驗有意地壓抑行為，稱之為抑制。這是有意識地要把經驗從記憶中排除，跟潛意識的壓抑不同。
- **退化**　在緊張和壓力之下，有些人會退化成兒童行為，例如有些精神病患會塗抹排洩物，把自己弄得髒兮兮的，或者隨地小便。有些則出現童言稚語或其他幼童行為。老年人常有退回到兒童行為的現象，希望他人像照顧小孩一般來照料他們。
- **反向作用**　有些人對於某些狀況或行為極端厭惡，會出現相反的行為。根據精神分析理論，這種非常強烈的過度反應，根源於兒時的相同經驗，只是因為「幼童失憶」，使得行為人不復記憶。但是該項行為引發行為人強烈反感，而故意做出與之相反的行為。

- **合理化** 某些例子顯示，有些人會「精巧」地防衛自我，合理化自己的行爲，根據某些看似合理的理由來保護自己。這種人認爲，一旦使用合乎邏輯、合於常識的理由來解釋，某些問題即可迎刃而解。例如，老菸槍可能會這麼說：「死於肺癌或心臟病的人，不一定吸菸；吸菸者也不見得會死於肺癌或心臟病……所以吸菸不是不良的習慣。」

要將某事合理化有很多種方法，這也正是投機客及投資人最常使用的防衛機制。但因爲「合理化」看來是個合乎理性的過程，因此讓人很難察覺。合理化防衛都會有個堅實的根據，所以既難察覺，也很難反駁。

這裡提到的幾種防衛機制，都是未來章節會使用到的。

精神分析理論與心理治療

佛洛依德理論屬於治療導向。精神分析治療的目的是要透過內照式的觀察，讓人卸下防衛機制。所謂內照式觀察，包括以言語表述衝突，並確認其兒時根源及之後的改變。佛洛依德理論認爲，一旦原先被多種防衛機能所庇護的內在衝突能夠浮出表面來加以討論，就會帶來改變契機，情緒障礙即可治癒。

至於治療的方法，根據不同的精神治療師及精神分析流派的差異也分成許多種，不過擇要而言，就是治療師必須能夠激發病人，讓他產生移情作用。移情作用是指病人最初對父親或母親所感受的情緒、情感、態度及衝突，移轉到治療師身上。此時，治療師替代病人的父親或母親，讓病人在比較不具威脅的環境中，用言語表述其情感狀態。

如同我先前說的，佛洛依德理論特別是在性心理發展方面，一直遭到許多心理學家及精神病理學家的強烈批評。以如今科學掛帥的時代而言，佛洛依德的著作中缺乏堅實的相關論證，當然會引發許多爭議。而且，就當今標準來看，佛洛依德的觀念也許還是性別歧視呢！然而任何理論的眞正考驗，不論其是否有科學論證，就是要能禁得起時間的考驗。事實證明，不管是因何種緣故，佛洛依德理論總算是流傳下來了。而且，在一些臨床治療上，也的確成功了。

在現代的精神分析理論中，佛洛依德理論也出現許多修正，並爲佛氏著作提供諸多科學論證。雖然這些經驗論證並未涵蓋佛氏所有理論，不過我們知道至少佛洛依德論及治療師與病人的關係所言不虛。這個治療師與病人的關係，對所有佛氏理論是非常重要的。「移情」作用讓病人可以跟治療師模擬他與父母的互動與衝突，治療師則得以充分了解病人感受到的衝突，幫助他進行內照式觀察，更有助於心理機能的重建，減少病態的行爲。

在佛洛依德原先提出的種種理論中，最不易理解也最不易被接受的，就是他宣稱的男童因爲愛戀母親而懷有罪惡感所造成的閹割焦慮。這個焦慮的來源很容易理解。男童依戀媽媽，畢竟他們是很親密的關係。但是這層依戀，讓男童意識或潛意識地害怕受到父親施以閹割懲罰，各位不一定能接受這個理論，不過就象徵意義而言倒是不難理解。

有很多人在功成名就之際，反而不知如何自處，這是因爲成功的事實讓他們感受到兒時對父親的恐懼。這種恐懼感源於年紀很小的時候，成人之後則隱藏於潛意識中。因此，男性投資人或交易員可能在成功賺大錢之後，又因爲這層潛藏的恐懼感而痛失所有。對許多男性而言，實質財物的損失就好比被去勢一般，在潛意識上等於是閹割焦慮。有些投資人會有一種恐懼感，明明是才成功地做完一筆交易，卻時刻擔心「可能會發生什麼事把此一剛得到的成功果實奪走」。而這種恐懼也常常是非常具體的，例如擔心稅務查帳，或其他什麼不幸、厄運等，有些人則背負極大心理壓力，以爲自己如果不急流勇退，終有不測。像這種精神上的恐懼感，以精神分析的術語來說，就是閹割焦慮的表現。

本我、自我及超我

先前我曾提到，在精神分析理論中，心靈的三層結構是中心主題之一。在這三層中的最低層，佛洛依德稱之爲「本我」（Id）。本我包含著所有獸性、本能慾望、衝動、幼稚和快樂原則。本我只求滿足自己，躲避任何痛苦，並完全漠視社會的控制。「自我」（Ego）則會試著控制本我之中的慾求和衝動。這種控制機制，是在幼童潛伏期時發展出來的，反映其服從權力的態度。本質上，這是父母願望在幼童心裡的內化。最高一層的發展，稱之爲「超我」（Superego），它控制著個人本身所有的慾望，反映社會與個人自我控制的努力。所謂的道德和社會價值觀，即來自超我。

精神分析的研究和治療，即針對本我、自我及超我在意識層面生活中的種種表現。我們如果辨清慾望的根源，就能更清楚地了解自己。在投機交易中，我們常會感受到本我之中的恐懼和貪婪。本能衝動會幫助我們，讓我們能夠得到心裡想要的，但本我也常對滿足自我之際可能伴隨而來的危險視而不見。這一點，未來我還會詳細討論。

夢的解析

佛洛依德相信，夢境具備某種象徵功能，展現出我們的本能衝動和內在衝突。通常夢境是難以了解的，因爲潛意識爲了保護我們免於受到眞實的威脅，會進行種種的僞裝。在分析治療時，精神分析師會讓病人對夢境自由聯想，以進行深度探索。

對於夢的解析，如今也有許多不同看法。新佛洛依德學派認爲，夢境的心理義涵並不像佛洛依德原先所認定的那麼重要。有些人則認爲，夢境是解決問題的一種技巧。不管如何，對於我們眞正感受到的，夢境確實可以提供很多線索。對那些不明白自己的感情、衝動和期望的人，透過解讀夢境也可以獲得深刻理解。對此，日後我們會再加以說明。

我簡略說明傳統精神分析理論的基礎，雖然不足以讓各位去進行精神分析，不過對於理解我接著要提出的看法和觀念，這樣就夠了。如果各位看了這些粗淺介紹之後，有興趣做點心靈探索和自我評價，煩請參考書末書目。

閣下或許很難想像，佛洛依德理論要如何應用到交易市場。在進入下一個重要主題——「概述學習理論的基礎」之前，我要舉個例子再次說明佛氏精神分析。

「遺忘」是很平常的事，不過根據佛洛依德的理論，遺忘並不是偶然發生的。佛氏理論認爲，誰遺忘了某件事，是因爲他不要記住這件事。各位請回想一下，我先前提到的兩個名詞：「壓抑」和「抑制」，遺忘的過程主要是這兩種機制在運作。比方說，現在有個交易員，他「忘了」及時送出平倉單，結果他的期貨部位必須依約進行實物交割。這種事情，他眞的是忘了嗎？根據佛洛依德的傳統解釋：並非如此。事實上，是他在潛意識裡希望履約交割，所以才會捅出這麼大的簍子！根據精神分析理論的說法，「不記得」這種行爲，在精神治療上有象徵性的重要意義。

偶而忘記什麼事情，也沒什麼大不了的。不過有些人老是丟三落四、忘東掉西的，可能就跟人格、心理刺激、慾望和潛意識運作大有關聯。我認識一位交易員時常忘記他的期貨部位，他做買賣只靠記憶，卻又老是忘記，等到想起時，往往已經虧了一屁股。爲了防止這個糟糕的狀況一再發生，他每次做完買賣就用筆記錄下來（不管會不會忘記，他早就應該這麼做了）。這個方法一開始也算有效，不過後來他又常常忘了記錄本子擺哪兒。這種情況頻頻出現，他曉得這個方法已不管用。有人建議，乾脆請營業員每天向他報告部位狀況，這個方法很有效，但也維持不了多久。因爲到後來，他常忘了營業員的電話號碼。

對大多數人來說，這種狀況好像是不太可能發生，但是某些長期有情緒或情感問題的人，這種折磨可是相當具體的。有很多人出現的徵狀，甚至是更嚴重的。像這種問題要怎麼治療？「忘記」事情是什麼意思呢？根據精神分析理論的說法，造成這種障礙的成因，可能因個人過去的經驗和歷史而異。在上述的例子中，習慣性的「遺忘」明顯告訴我們幾件事：第一，他對交易感到焦慮、害怕，所以選擇遺忘；第二，他潛意識地要創造悲劇，每次都要虧一大筆錢，總有一天要完全退出交易市場。由這兩點可以確認，此人潛意識裡希望自己是失敗的。

由這個簡單而深刻的例子，我們可以看出傳統佛洛依德學派是如何來詮釋這些看似單純的行為。很多交易員日常的行為，都可以經由如此的深度挖掘，找出有用的「內在訊息」。利用這些心理訊息，治療師就可以幫助我們克服這些障礙。精神分析治療的三個目標是：面對問題、理解其義，再以積極方式來調整和重建心理。

精神分析理論博大精深，以上只是做個基本介紹而已。下一章要介紹的，是關於交易員行為的另一個心理層面，目的是藉此為基礎，先稍稍檢視交易員的心理及行為，並建立一個理解架構，才好進行更深入的討論。

重點複習

1. 佛洛依德是精神分析治療的創始人。
2. 人類心理學理論認為，兒時經驗對人類心理有重大影響，並和日後形成的人格特質極有關聯。
3. 「快樂原則」為佛洛依德理論的中心主題，也是性心理發展和防衛機制的中心主幹。
4. 心理狀況的發展過程，要經歷許多不同的階段，而每個階段都有其特殊的衝突。
5. 幼童成長後，嬰兒時期的經驗大多數會被遺忘。
6. 本我、自我和超我，會發展成為潛意識控制機制。

7. 在心理治療中，夢境被賦予重要角色。
8. 傳統心理治療的目標是：挖掘心理內在訊息、公開討論心理衝突與情感、移情作用。
9. 佛洛依德理論很難以科學且客觀方式加以檢驗，在缺乏實驗及科學驗證的情況下，傳統精神分析理論一直引發相當大的爭議。

5 學習理論：刺激—反應模式？

據說，吉普賽人只用一個簡單的制約訓練，就可以讓熊跟著配樂起舞。被鍊住的熊站在烤得火熱的板子上，當牠不斷扭動以紓解痛苦時，吉普賽人則在一旁奏樂。如此，音樂即成為一個制約刺激。有了這個經驗之後，樂聲即可喚起熊腳的動作，看來像是在跳舞。

——引自史托魯羅（L. M. Stolurow），見渥爾曼〔Benjamin B. Wolman〕編著的《*Handbook of General Psychology*》，第四八三頁

學習理論基礎篇

心理學中的「技術分析派」是行為理論派，行為理論派正好跟精神分析派分據兩個極端，遙遙對立。不過，行為理論派的說法也引起相當多的爭議，我會儘量以不偏不倚的態度，為各位介紹行為理論派的諸多觀點和探討主題，不過，本章的內容也許正反映出我對於行為學派的學習狀況。

行為理論可以回溯到俄羅斯心理學家帕夫洛夫，他所提出的狗流口水的反射動作，大概是最為讀者熟悉的。但他在行為理論方面的諸多建樹，恐怕一般人所知不多。帕夫洛夫在一

九二〇年代提出許多實驗證明，動物行爲可以制約產生，使它和原來的反應分離。他的實驗非常簡單，簡單到讓人不太相信。他先幫狗動個小手術，把一根小管子植入狗的唾腺裡頭，當狗分泌口水時，口水會沿著管子滴到收集杯中。接著，他讓狗嗅生肉，在肉出現之前幾秒鐘先有鈴響。情況是這樣的：先有鈴響，再出現肉，然後狗就流口水。如此反覆幾次，最後，肉不再出現，狗光是聽到鈴響就會流出口水。在這個實驗中，口水分泌量也經過檢測。光是靠鈴聲的刺激，沒看到肉時，狗的口水會分泌得愈來愈少，此一情況稱爲「消失」（extinction）。從很多方面來看，「消失」過程跟「遺忘」相似。利用肉的香味，將鈴響和流口水反應連結起來，這種方式稱爲「反射制約」。不管是人或動物，都能利用制約方式以間接條件，刺激出相同的反射動作。

帕夫洛夫的實驗，標示著心理學中行爲革命的開始。他的理論和實驗事實上是相當複雜的，我們無法在此詳細討論。如果各位有興趣深入了解，我推薦閱讀他的專著《條件反射》（*Conditioned Reflexes*）。

與帕夫洛夫同一時期，美國心理學家松戴克則致力研究人類及動物的智能。另一位美國心理學家華森，在研究人類情感時，所應用的法則類似帕夫洛夫那一套。華森的研究成果很重要，不只是因爲他完整地呈現人類學習的過程，其理論也徹底脫離了傳統心理學的研究、理解方法。

華森的主張相當激進，與和他同時代的心理學家完全不一樣。華森悍然不顧當時諸多同行對於人類學習課題的研究，提出人類和動物的學習過程竟是沒有明顯區別的理論，這一點應該是最駭人聽聞的。更不客氣的是，他根本不理會傳統心理學家奉若圭臬的潛意識和探索心靈深處的內視法則。華森在一九一三年時寫道：

> 行爲主義者認爲心理學正是自然科學的一支，它絕對可以客觀地做實驗來證明，其理論目標在於預測及控制行爲。在行爲理論的方法中，內視法並不重要，而且由解讀潛意識所得到的資料，也毫無科學價值。行爲主義者致力探索動物反應的單一架構，在此，人與獸是沒有明顯區隔的。……根據我們的立場以爲，所謂人的行爲與動物的行爲，是在同一個水平上，而且對於行爲的了解，也都一樣的重要。（引自「Psychology as the Behaviorist Views it」，見《*Psychological Review 20*》）

對於其他理論的問題，華森認爲是因爲這些理論不是科學、不夠客觀，無法顧及一致性，因此無法成功加以應用。六年後華森又寫道：

> 如果把心理學當做是意識的科學，我們什麼資料也找不到。讀者會發現，我們不討論意識，也不談什麼知覺、感覺、注意、想像、意志等……老實說，我根本不曉得這些詞是什麼意思，也想不出誰可以一貫地使用它們。（引自《*Psychology from the Standpoint of a Behaviorist*》第xii頁）

從很多方面來看，華森所採取的立場就跟投資市場中的技術分析師一樣，華森希望透過資料解讀，可以預測人類及動物的行爲；而技術分析師也是運用資料以探知商品價格及行情走勢。當然，基本分析派也運用資料進行分析，可是所得的結論及技巧很多都是原先隱而未顯的。基本分析派所注意的那些未知性，跟所謂內省、意識一樣，都是看不到的。華森拒絕使用這些不可知的概念，好比技術分析派排斥基本分析運用的某些資訊一般。

在與瓊斯（Mary Cover Jones）合作的經典實驗中，華森論證了制約在人類行爲中的重要角色。華森利用小孩害怕巨大聲音的恐懼，將之制約到一隻兔子上。實驗中導入巨大聲音讓小孩感到害怕，而在製造聲響的同時，也出現一隻兔子。重覆幾次之後，不必用到聲音，光靠兔子就能讓小孩哇哇大哭了，這個實驗稱爲「制約恐懼反應」。

華森也發現，只要是毛絨絨像兔子的東西，都會讓小孩哭泣。相似度愈接近兔子，恐懼反應也就愈明確，這種情況叫做「刺激一般化」。即使沒有巨大聲音的威嚇，也能讓小孩大哭，換言之，小孩等於已經被教會要對某項東西產生哭泣的反應，這個實驗的確是個眞正的突破。華森以明確的科學方式，論證其理論的有效性。許多行爲就是經由刺激、反應和結果三個階段而學會的。這個想法看似簡單，卻是革命性的創舉。華森這項令人敬畏的發現至今已超過五十年，可是很多美國教育人員卻還不能了解華森的重要性。

華森針對生物機能及制約反應做了許多研究，他認爲透過制約或教導，人類幾乎可以學會任何行爲。同時在人類行爲的了解和解讀方面，佛洛依德理論所主張的什麼內在、潛意識，沒什麼用處、甚至是毫無用處的。華森利用嚴密而扼要的實驗來支持他的理論，增加了許多可信度。有鑑於佛洛依德學派缺乏實證資料來支持自己的方法和信念，華森及其他行爲主義者都努力地做實驗，蒐集許多客觀資料，以支持自己的理論。不過，在行爲主義的學習理論方面，華森只是諸多有貢獻者之一。

當代行爲理論之所以舉足輕重，還要歸功於史基納。史基納利用動物實驗，發展出統一的行爲理論概念。他的實驗不只客觀、具備科學性，而且既嚴密又極富新意。最後，史基納的理論導引出行爲理論治療方法——根據行爲主義實驗所得原則來進行心理治療。包括托曼（Tolman）、古特利（Guthrie）、胡爾（Hull）、列文（Lewin）及沃培（Wolpe）等人，都在行爲主義的理論及臨床治療上極有建樹。

學習的行為法則

簡單來說，學習的行爲法則如下：

> 外在環境對某一生物體發生作用，使得該生物體對外在刺激產生反應。有機體的反應帶來結果，而結果的正面或負面效應，將決定這項反應的未來。如果結果是快樂的（記住佛洛依德的快樂原則），這項反應很可能就會再產生；萬一帶來的是痛苦，也許日後出現的頻率就會降低。

圖5—1是一個人類學習的基本模式或典範。如果詳述每個元素，幾乎可以解釋及證明

環境 ⟶ 刺激 ⟶ 生物體 ⟶ 反應 ⟶ 結果

圖5-1　學習典範

任何人類學習的活動。利用這個學習典範，即操控刺激、反應及結果等元素，我們可以教導、塑造或消除任何行爲。學習理論同樣也分成許多流派，當然也引起許多爭議，反對者甚至視爲罪大惡極！

史基納曾在實驗中訓練鴿子學會非常複雜的動作，其他的行爲主義者運用相同的原理和方法，也訓練許多不同的動物，如狗、黑猩猩、鳥等，學會各式各樣的把戲，從類似生產線作業流程，到數字序列辨認，不一而足。像這樣的訓練，只要實驗者想得出來，而被實驗者在機能上可行，幾乎是毫無限制的。

自從一九五〇年代以來，行爲主義治療師及學習理論學家即根據史基納原理，緩慢而確實地發展出自己的一套臨床治療方法。這套治療方法一直都很有效，也持續有所成就。對於一些原先認爲是無法可治的行爲或「心理」困擾，也可靠這套方法來治癒。由於方法的獨特性及可靠性，加上很快可見到療效，使得行爲主義療法獲得愈來愈多的肯定。這套療法從各方面來看，幾乎都是由先前我們提到的簡單學習典範演化出來的。

懇請諸位確實理解學習典範及行爲學習理論的基本原則，因爲爾後在詳細討論行爲法則及交易買賣時，我會廣泛地使用到這些觀念。

學習理論方法

以應用到投資市場的心理學而言，行爲主義方法應該是最合適的。我之前已經說過，行爲理論者認爲學習是大部分人類行爲的基礎，就我從事種種臨床治療的經驗，我已經見識到行爲主義方法的療效，對之極爲重視。以療效及解釋人類行爲而言，行爲主義方法可謂無人能出其右。甚且，如果用行爲主義法則來解釋投機與投資，會變得很容易解釋和理解，因此這個方法應該是最適用的。

此外，就現代心理科學而言，行爲分析及療法也是長期以來最有效的方法之一。不過也有評論者認爲，行爲主義方法根本是膚淺、殘忍、無效率，而且把生命當成機器。反對派宣稱，行爲主義方法絲毫不留空間，讓人進行反省、內視等心理活動。等我更詳細地介紹行爲主義方法論之後，我會談談這些批評。

行為主義學習理論的基本應用

行爲主義學習理論的基本法則，即是強化原則。「可帶來正面結果的行爲，會一再重覆」這個原則說來再簡單不過了。學習理論典範也有許多衍生。

現在，我們來看看行爲主義學習典範在投資及投機行爲的基礎應用。切記，在這個廣泛討論中，我並不準備批判史基納的理論。如果要加以批判的話，以現在我們介紹的方式就太

刺激	生物體	反應	結局
市場訊號、指標 →	投機客、交易員 →	買、賣、觀望 →	賺、賠
#1	#2	#3	#4

圖5-2 投資人和學習典範

複雜了。我只是要讓各位了解行爲學習典範最重要的方法、主題和方向（如果想深入研究的話，請參閱書末參考書目）。

我們把交易員放進基本學習典範（圖5—2），跑一遍標準的交易買賣程序。我所謂的「標準」是指「理想狀態」，不過我們也都曉得，市場上很多狀況是不符合理想的。但我們如果能了解標準模式是如何運作，就可以領會其他類似情況是如何變化。

假設投資交易是合乎理性運作，即以牢靠的技術分析或基本分析爲基礎，投機客根據分析所得的市場指標將會有所反應。反應即是買進、賣出或者觀望。隨著時間繼續，會出現一個結果：賺或賠。如果結果是賺錢了，那麼交易員很可能更樂於追隨這個指標前進。如果這個指標值得信賴，那麼照著做就能賺到更多錢。萬一賠錢了呢？理論上，這個指標就會失去它的強化效果，對之而起的反應就會減少甚至消失。圖5—2說明了這些情況。

生物體（在此即爲投資人）受到刺激後做出反應，所得結局可正可負，即賺或賠。就理想狀況，根據這個模式來看，只要所使用的交易方法證實有效，那麼大多數交易員會樂於師其故技，也應該會有比較好的操作績效。

按照這個說法，有經驗的投資人在累積了相當的經驗後，應該會得到不錯的成績，因爲那些導致投資失利的訊號（刺激）會漸漸失去強化效果。不過，世上可沒什麼理想狀況，也沒有什麼理想的市場。不過，從這個典範可以知道，成功的交易員之所以操作順利，是因爲他掌握了有效的資訊；反觀，失敗的交易員除非能夠改變其行爲的刺激反應結果，否則很難翻身。

我們根據學習典範，來看看一些妨礙成功投資的衝突和混亂。首先來看第一部分（參見圖5－2中的編號），根據市場活動情況求得買賣訊號，看似簡單，但市場活動分析有許多不同的方法，而訊號的解讀也有許多分歧。同樣一個技術分析訊號，不同的投資人會有不同的反應。舉個例子，某交易員用移動平均線來研判黃金期貨的買賣指標，當三條移動平均線都反轉向上，或者其中一條從底下向上穿越另外兩條時，即爲買進訊號。現在，黃金期貨出現買進訊號了。此時應該是要買進，而且買進是唯一的選擇，這樣才能成爲有效學習，不管當時金價正處於高檔、是否有利可圖等。

現在，我們這位交易員才剛讀完《華爾街日報》，報上頭條刊登許多不利黃金價格的消息，這時候交易員處於兩個交易系統的衝突之中，一方面是專家指出黃金價格會跌；另一面，技術分析指標則顯示會漲。他該怎麼辦呢？像這種無所適從的狀況，大家經常會碰到。

結果可能有幾個。假定他遵照指標買進黃金期貨，而且每次遇到這種情況，他都能堅守技術分析的原則，這是最好的情況。如果最後是賺錢，那麼這個行動就會成爲正面效應學習經驗。他之所以賺到錢，是因爲遵照交易系統，而且沒被其他雜訊干擾。在使用技術分析時，這些訊息是毫無關聯的。不管是新聞媒體、營業員、投資顧問機構或哪個朋友傳來的矛盾訊息，我們這位交易員都不為所動，依照技術指標的要求來下單，這可不是簡單可以辦到的。像這種正面學習經驗只需出現幾次，交易員就能學到良好的操作習慣。

遺憾的是，大部分交易員連這個第一關都過不了。他們一開始的交易成績通常不是得自系統，而是包含了太多跟交易系統毫無關係的龐雜訊息。因為如此，他們所使用的交易系統不論好壞，根本沒有機會在實戰中加以驗證。這個學習模式一開始就錯了，學習過程愈來愈受干擾，也變得愈來愈困難，甚至連要「忘掉」這個失敗的學習也不可能，或者以行為主義學習理論的術語來說，使之「消失」也不可能。

假定這位交易員沒有遵照交易系統，且聽信了旁門左道的訊息，而交易系統又剛好不靈光，他聽來的消息反倒讓他賺了錢，這下子可麻煩了。因為他不遵循交易系統反而躲過一劫，以後要改掉這個行為就難了。而且，因為是系統以外的訊息讓他賺到錢，很可能該系統以後就沒有驗證機會了。根據我先前提到的學習典範，交易員應該會重覆有效的行為，即重覆聽信「不合宜」或非系統性雜訊的行為。如此一來，交易系統恐怕在被驗證管不管用之前，就已經被完全捨棄了。

再一種狀況是，交易員依照交易系統所給的訊號行事，結果卻虧了錢，亦即依照訊號卻得到負面結果。不過神奇的是，這個負面結果其實還是發揮了正面效應。經過幾次反覆測試，交易員將可以檢驗出這個交易系統在實戰中到底管不管用。如果不能堅持依照交易系統的原則來做決策，就無法測知其功效如何。各位請參看表5—1的學習成果分析。

最後的關鍵即在於交易員的紀律。經驗告訴我，大多數交易員之所以賠錢，不是因為交

表5-1 交易訊號多種反應的結果分析

訊號	反應	結果	評價
系統訊號	遵照訊號	虧損	正面學習
系統訊號	遵照訊號	獲利	正面學習
外界訊號	未依訊號	無虧損	正面學習
外界訊號	遵照訊號	虧損	正面學習
外界訊號	遵照訊號	獲利	錯誤學習

易系統不好，而是紀律問題，是因爲他們不照著系統操作。除非你切實遵照系統要求來做買賣，不然什麼靈丹妙方、什麼技術分析或基本分析，均無濟於事。諧星曼森（Jackie Mason）說過一個笑話，我緊記在心。曼森有次在節目中說道，以前他可不像現在這麼處之泰然。當時爲了尋求情緒的穩定，他曾經找過心理醫生，醫生做心理治療時告訴他：「現在，你要開始去找出『眞正』的你。」曼森回答：「我如果不是眞正的我，那我是誰？如果，我不是眞正的我，也許，你就是那個眞正的我。那我幹嘛要付錢給你？或者，我是眞正的你，你反倒該付錢給我才是……我會問問我朋友……他們都知道我是誰。」

當然，這是個笑話，不過跟我們現在討論的很有關係。如果你想在交易系統、投資方法中找出眞正的你，你就必須「成爲」眞正的你。而且你只能遵照交易系統的指示，來成爲那個眞正的你，盡全力堅守這個原則。事情就是這麼簡單，也是如此複雜。

在我們剛剛討論到的多種反應中，更重要的問題是部分強化或隨機強化的情形。假設我們這位交易員只有部分遵照訊號，有些沒照著做，那麼他就是選擇性地使用交易系統。我們再假設，他有些買賣還是聽從其他交易員、營業員或投資顧問給的建議，如此一來，這位交易員所接受到的強化效果，並不只是單一的刺激來源，而是多方面的，結果學習過程變得更加複雜，交易員不但從中得不到訓練，而且也會陷於危險的混亂之中。

部分強化的另一個問題是關於投機的「上癮」本質，把投資買賣搞得像在賭博。市場上有太多變數，讓交易員在隨意道聽塗說以後還能賺到錢，這種經驗可能反客爲主，使交易員養成不良習性。不管結果如何，這種隨機式投機如果讓交易員賺到錢，就容易讓交易員和市場之間產生一種不正常的連結關係，你可能就如同市場中成千上萬隨機浮沈的交易員一般，陷入飄乎無定的狀態。

輸家多於贏家

做買賣可能贏一次就要輸十次，只要繼續在市場中，就一定會有虧錢的時候。現在想像一下，有個人不遵照單一交易系統的訊號，從市場中得到許多部分強化效應，也靠著其他資訊管道做了許多買賣，當然就會變成一個混亂、沮喪甚至上癮的失敗者。史基納毫不含糊地指出，部分或隨機強化效果帶來的行爲是最難戒除的。他的實驗證明（事實上還有一點疑慮），經由隨機強化學習的行爲是永遠不會忘記或消失的，儘管生物體已經維持好幾年的「良好」行爲，還是很可能故態復萌。

我剛剛說的這些，也許就是這本書中最重要的一部分。如果你能了解這些話，也了解行爲的種種內涵，那麼我的目標大部分都告完成。各位要緊記在心，錯誤學習會帶來更多的錯誤學習，而錯誤學習多到一個程度，就會蒙蔽那條通往成功的道路。因此對交易系統切忌三心兩意，否則到時你想改弦易轍、重新來過，將會困難重重、處處險阻。這是因爲我們剛才提到的學習的本質，也是爲什麼輸家常常總是輸家，而大部分贏家總是一帆風順，而且愈來愈順的原因。

請反覆閱讀本章，確實把它搞懂，而且緊記在心。我能告訴各位的，就屬這些最重要。而且我認爲，各位所學到關於投資和交易的事情，這些知識也是十分重要。

重點複習

我們已經介紹行為理論學習典範跟交易員的關係，且就市場訊號及交易結果，討論了刺激與反應的連結關係。多種變數及不同的結果，也都一一設想過。部分強化效應，可能導致強勢學習、有效學習或者造成損失。

另外，還有其他要點：

1. 行為主義學習理論，可用以了解及改變交易員及投資人的行為模式。
2. 人類的學習典範，完全可以用史基納的學習典範及強化原則來解釋。

3. 學習過程的結果，會受到市場訊號的複雜互動（即刺激）和許多不一樣的交易員作為（即反應）所影響。
4. 反應結果的正面或負面強化效應，會讓交易員具備成功的行為模式，或者長期受到不良制約而成為失敗者。
5. 善用學習典範，不可受到外來雜訊所影響，必須堅守單一的交易系統。
6. 每一個反應都必須是針對交易系統而發，如此即能很快測知這套交易系統是否管用。
7. 任何不是針對系統而發的反應，或者選擇性地來操作投資系統，都會使結果的強化效應變得混亂。
8. 根據對動物研究部分強化效應的結果，我們確知堅守單一交易系統是非常重要的。

6 「反應」階段

概觀「反應」

現在，我們來看看在行爲過程中，還有哪些地方容易出紕漏。從出現市場訊號到交易員做出反應，這段時間通常很短，但可能受到的干擾和阻撓，卻是相當複雜。我們現在就一一加以檢視，將可獲得寶貴的結論。

學習典範中的第二個階段是「反應」。假設我們這位交易員，在典範中即是生物體，已經依據一個訊號行事，再假設他的動作完全來自他所屬的訊號，而非其他外來的建議，這位交易員已經準備要反應了。在刺激（即市場訊號）和反應（即交易員根據反應做出行動）之間，我們可以再加進一個永久性的因素。這個因素我們稍後會再討論。圖6—1同樣是在說明學習典範，各位可以看到這個永久因素會影響交易員的反應。

我們暫時假設認知因素不重要，換句話說，交易員接收到的資訊（信號），就跟它原先傳送出來的完全一樣。在接收的過程中，不會有錯誤認知的狀況發生。不過事實上，這樣的情況很少見。關於認知因素，我們以後會再詳細討論。

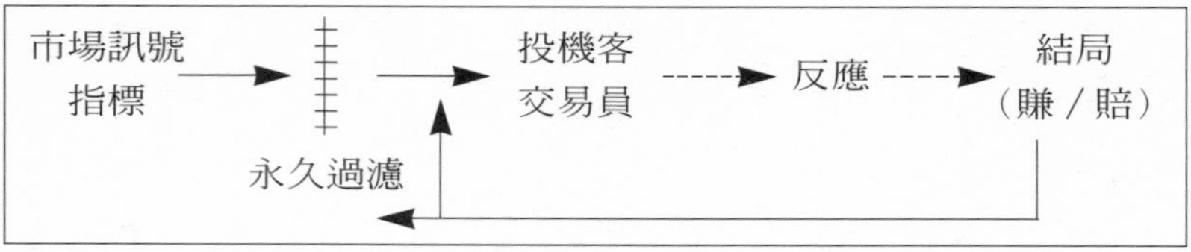

圖6-1　交易行為模式與知覺上的過濾

一旦接受到一個明確的訊號，交易員會怎麼做呢？大家都以爲明確的買進或賣出訊號，當然是產生明確的買進或賣出反應吧，事實上卻非如此，大多數交易員還是會因爲許多干擾變數而不知所措。這裡頭仍有三種選擇：買進、賣出或觀望。

底下我們舉個例子，來說明從做出買、賣決定，到實際執行遞出單子之間，還可能發生什麼狀況。現在，交易員得到拋空活牛期貨的訊號，他很正確地解讀這個訊號，然後打電話給營業員下單，營業員告訴他：「你確定要下單拋空嗎？活牛的飼養報告今天會公布，在公布之前，不要留單子在裡頭比較好吧！」「嗯，有道理！」交易員可能這麼回答。於是單子就沒下，改採觀望。結果事情的發展就像我們在前一章提到的一樣，如果交易員因此而避開了一次虧損，那麼他是因爲聽從外來的情報而受益，這是個錯誤學習，而且會帶來長期的負面效果。嚴肅的交易員此時不該聽信任何外來的訊息，而應堅守其單一交易系統所給予的訊號。由這個例子可知，不管交易訊號是買進或賣出，都可能有阻礙學習過程的種種變數。

而對於明確的訊號採取觀望態度，也會產生不良的學習過程。優柔寡斷、遲疑不決，也許正是交易員及投機客最大的敵人。一遲疑，就算輸了！交易市場更是如此。這種優柔寡斷症候群，稍後會詳加描述，而它和日常生活中的神經質行爲也大有關聯。不做決定的好處，就在於不必承擔任何風險。因爲沒有決定、沒有行動，其結果不會是負面的（沒下單就不會賠錢）。因爲沒有下單，當然就沒什麼事情好焦慮，這個也會帶來強化效果。但是，這種不正不負的結果，對於檢驗交易系統毫無用處，就交易員的角度來看，也算不上是有效的學習。

在繼續討論之前，我想再強調一開始所提的，關於刺激及反應之間不同階段的差異。先前我舉的例子是，交易員在各類資訊中無所適從，所以選擇觀望。現在這個例子的交易員，則是已經正確解讀出訊號，只是欠缺臨門一腳，眞正付諸行動。雖然這兩種狀況看似差別很小，但第二種情況中交易員的表現已經比第一種要強多了，因爲他已經試著要以正確方式來反應。

在第一種情況中，交易員在正確解讀訊號之前，就已經受到外界雜訊的干擾，而第二種情況，刺激已經引發正確意圖（交易員打電話要下單了），但在最後一刻才受到其他消息的干擾。對純粹的行爲主義者而言，就「反應」的部分來看，這兩個情況都一樣。不管是一開始就茫然不知所從，或者到最後一刻才碰上程咬金，總之都是沒有反應（沒下單），因此都一樣。然而平心而論，這兩個狀況還是大有差別。第一種情況中的交易員表現更不理想，距離成功正途更遙遠；而第二種情況的交易員，至少已經到了做出決定的階段，他已經拿起電話、打出去、表示要下單，只是沒有堅持到底。從決策品質上來說，他已經是進步許多，要矯正他這種狀況，需要採取不同的方法。

我之所以要這麼仔細討論，是爲了讓各位了解自己是處於哪一種情況。知道自己所處的位置，才能更有效地解決問題。我看過有些交易員簡直是茫茫然，根本不知道自己哪裡錯了。之所以不嫌麻煩地做這些分析，無非是希望幫助各位界定問題。如果你覺得我現在所說的你完全不適用，那麼就跳過這一章吧。但如果你心底有一絲懷疑，明明在行情分析上沒什麼錯誤，卻還是常常賠錢，那麼你該好好地研讀一番，找出癥結所在。

再回來談那兩種情況。第一種情況中，交易員根本沒有做出決策，該如何加以矯正，我們會在第7章介紹；第二種情況，問題不在決策過程，而是在最後的執行部分。這個問題，第7章會一併討論。

我們就學習典範討論的任何情況，都可以應用到交易上。不管是停損單的使用、下單進入市場或退出市場以及其他類似手段，均可套入學習典範來討論。而每一種狀況，都可視爲廣泛行爲中的一個反應。整個交易活動，可以拆開如表6—1所示，整個過程基本上可分爲三個步驟。表中的每個步驟，都有其特定的結果，也需要明確的行動加以配合。我們可以把這三個步驟拆開來，檢視「行爲」的零件。比方說，在步驟一中，必須堅守住交易系統，不管你是運用基本分析、技術分析還是其他任何方法來做買賣，都要先進入這

表6-1　交易過程的輸入、產出及結果

步驟	輸入	產出	有效結果
1.堅守交易系統	資料	買、賣、觀望	交易決策
2.打電話給營業員	訊號	遞單	進場或出場
3.等待新訊號	資料	買、賣、觀望	交易決策

個階段。如果你沒辦法堅守交易系統，那就需要多費功夫來矯正。這個問題留待第7章再談。

再論「反應」

檢視任何活動的行爲面都相當簡單，但是要把我們的觀察轉換成行動可是更重大的成就。我們從小到大所接受的教育，並未觸及行爲學的概念，以致讓我們以爲外在行爲均有難以測知的內在因素，這些內在素因爲太過壓抑或太具威脅性，所以很難直接被經驗到。從傳統心理學的角度來看，這裡頭大有玄機。不過，即使我們相信行爲主義能夠解釋人類行爲，也不見得就要拒絕傳統心理學的說法。行爲主義及傳統精神分析的觀點，事實上是可以有效融合的。

對於佛洛依德理論而言，反應所占有的重要地位，並不亞於行爲主義者。畢竟，反應代表行動，它是評判潛在過程本質的唯一管道。觀察人的外在行動，雖然不見得要了解其內在想法，不過也有人利用評估潛在因素的方法以爲輔助。法國心理學家蒙尼葉（Emmanuel Mounier）對於行動做了如下的觀察：

> 人類唯一的證據，就在於他的行動。要驗證其言語是否有價值、思想是否可靠，行爲就是無可反駁的鐵證。原因在於，在我們仔細考慮行動之前，就已經開始行動，在我們深

思熟慮之前，就被一股急迫感所驅策。對於性格的研究，當以行動研究爲最終，這才是主控性格其他各個方面的本質所在。（引自《人格》〔*The Character of Man*〕第一二二頁）

據此而言，我們可以說，要探知交易員是否進退得宜，唯一的客觀方法就是看他的行動。要評估一套交易系統是否管用，必須從其行動和結果來觀察。我們必須要確定，接受評判的結果是從交易系統本身運作出來的，而不包含交易員自己的缺失所造成的影響。交易員必須對交易系統做出正確反應，才能公正評價其效益。不過，就我們所看到的，有些交易系統明明有用，卻遭交易員摒棄；有些分明是個廢物，卻被當成寶。無可避免地，交易方法的終極檢驗，是跟使用者有關。

現在，你大概會在電腦科技中尋找答案，不過，電腦再強也強不過使用它的人。如果投資人缺乏自律，反應模式有所偏差，那麼電腦也幫不上什麼忙。根據精神分析的說法，如果交易員潛意識存有自我毀滅的傾向，那麼不管他利用什麼科技來幫忙也無濟於事。不管你用行爲主義或精神分析的理論來看，系統的成敗最終還是操在交易員手中。如同我先前一再強調的，交易員本身是比交易系統還重要的環節。如果交易員本身具備得宜的自制和紀律（而且能適時反應），不管他使用什麼交易系統，應該都是所向無敵的。

反應的價值可由三方面來看，第一，也是最重要的，「反應」正是測試任何交易系統的主要關鍵。儘管我們也可以用電腦來客觀而全面地測試交易系統，測試到讓它完全不發生錯誤爲止（比方說利用除錯程式來輔助），但是我們也沒辦法保證交易員會以同樣客觀的態度來使用這個系統。除非交易員在心理、情緒上都能夠克服一些障礙。這時候，你也許會問：「何不讓電腦自行去控制買賣呢？」這在現代是辦得到的，你只須取得適當的軟硬體，其他都可以交給機器去辦。那爲什麼不呢？可能有幾個限制。首先，成本是最大原因；其次，機器也可能會出錯，所以一定要另設安全防護裝置，於是「人」的因素又混雜其中了。最重要的一點在於，機器的功能必定是受制於設計它、使用它的那個人，如果設計者缺乏自制和紀律，系統也會跟著反映出這個缺點。

反應的第二個價值是它的強化能力。簡單來說，反應永遠可以讓你知道，自己這樣做或那樣做到底對不對。如果沒有反應，萬事均無從測試。可以這麼說：沒有反應，就不會有結果。這正是我個人極爲反對紙上交易、模擬下單的原因。有些投資指導者會教導學生，在眞正進入投資市場前不妨先紙上模擬操作，這種方式似乎能讓你知道自己做得好不好。有些人也以爲模擬操作可以讓投資人學會下單、使用停損單，似乎透過模擬交易就能獲得一些專業技巧。我倒是認爲，紙上交易充其量只能夠教會你一件事：那只是紙上談兵罷了！從嚴格的行爲主義分析來看，紙上交易或模擬交易根本不必承擔風險，輸不是輸，贏也不是贏，你要是犯了錯，並不會有什麼後果需要承擔，沒有這個「後果」，就談不上眞正的學習。指導者如果夠精明，事實上是可以利用行爲主義的原則，讓紙上交易變得像眞正進入市場一般。不過就我所知，外頭的股票班、期貨班好像沒有這樣的課程設計。沒有風險、沒有報酬的交易，不算是眞正的交易，想透過無風險、無報酬的方式來學會交易，是不可能的。在第8章，我會告訴各位要如何「練習」交易。

反應的第三個價值，是可以客觀地評估結果。不管投資人的交易技術高不高明，都必須要能客觀地評估結果。如果投資人能全力堅守交易系統，依照訊號來進行交易，所得到的結果才會是客觀的，這樣的測試才能排除掉交易員及其情緒的影響。

完美是必要的嗎？

在討論反應的時候，我希望不會帶給各位錯誤的印象，以爲完美是必要的。我們是人，人只能接近完美而已。如果我們每個人都以嚴格的紀律，來運用行爲主義的學習典範，世上就沒有所謂的「市場」！市場是透過人的不完美才得以運作。正因爲人對相同的刺激會產生不同的反應，其間才有機可乘，才能夠投機。我先前一再提及，重點在於內在省思和改變。不了解自身內在限制的投資人，必須有一番定靜功夫，看清自己的內在，才能利用這層觀照，以行爲主義原則來改變自己的反應模式，朝完美邁進。

幸運的是，想要賺大錢，並沒有臻於至善的預設條件。事實上，你可以一點也不完美，但照樣是個市場贏家。若能徹底客觀地解讀訊號、做出反應，就算完美操作，我們給它十分；而完全的混亂、無紀律、一塌糊塗是零分的話，市場上大部分成功的交易員約在七分的水平，一般的失敗者在五分左右，甚至更低。而能夠在市場上呼風喚雨，取得極大成功者，約是八分或者更高一些。這是我透過個人觀察，對於現實的一個評斷意見。如果我的分析沒錯，那麼贏家的完美反應模式和輸家之間，事實上只有極小的差異存在。我要告訴各位的是，你只要在「反應」階段做些小小的改變，就能讓交易結果有很大的不同。

在結束本章對於反應的討論前，我要獻給各位一段華森說的話：

行爲主義者強調反應，卻招致許多人的批評。有些心理學家以爲行爲主義者只對瑣碎的肌肉反應有興趣。這眞是胡說八道！讓我再強調一次，行爲主義者關心的是整個人的行爲。所觀察的是人從早到晚，履行他的日常職責……換句話說，行爲主義者關心的反應，是希望對這些問題有常識性的答案：「他在做什麼？爲什麼這麼做？」（引自「*Behaviorism*」第十五頁）

重點複習

1. 只有反應才能導向結果。
2. 反應和行動，代表相同的行為。
3. 反應提供回饋，可據以檢驗現實，並具強化效果。
4. 要改善交易結果，行為模式中的反應階段必須有所改變。
5. 想要成功，不見得必須達到完美。
6. 透過行為主義技巧，我們可以改變反應的模式。
7. 「紙上交易」模擬操作不是好的學習方式。

7 行爲的結局

承認自己的錯誤，不會比研究成功更有用處。不過，我們每個人都很自然地想要避開懲罰，一旦犯下某些帶來痛苦的錯誤時，你不會想再重踏覆轍。至於在股市犯下的錯誤，則會帶來兩個傷害：第一是荷包；第二是自負。不過有些事情也的確奇怪：

某位股票投機客時而犯錯，正在犯錯時他自己也知道。在犯了錯誤之後，他會問自己，爲什麼這麼做呢？在懲罰的痛苦結束後，他冷靜地思考良久。他也許會知道這個錯誤是怎麼造成的，是在什麼時候造成的，在交易的哪個時點上犯下的，但不必知道爲什麼。

（引自李佛瑞的《股市作手回憶錄》〔*Reminiscences of a Stock Operator*〕第一一七頁）

李佛瑞（Edwin Lefevre，即利佛蒙）這些話，表示他自己知道投機會帶來什麼後果。事實上，如果不知道會有什麼報酬或懲罰，誰還會費那麼大的勁兒做什麼買賣。不管你說它是風險（就像經紀商所說）、損失或利得，最後這個結果就是投機客唯一看得到的成績。到了最後，市場自然會讓你知道自己做得如何。在期貨市場，行動之後往往很快就會有結果。股票或其他金融市場的投機活動，有時則得等上幾個月才會見分曉。不管是什麼市場，也不管是要什麼花招的交易，最後結果不外乎三個：賺、賠，或打平。因爲有這個冷酷而眞實的情況，我們知道，市場的確是了解行爲的最佳所在。至於「爲什麼」要這麼做，相對顯得沒那麼重要。大部分的人只要知道「如何」做，就可以賺到錢，進一步探索「爲什麼」並沒有多大好處。李佛瑞很清楚行爲結果的重要性，尤其是負面結果。同時他也了解，知道「爲什麼」並不很重要。

行爲的「why」及「how」

前幾章我曾說過，要探究行爲「爲何」（why）發生，就留給那些研究潛在因素的心理學家，至於行爲「如何」（how）運作，則屬於行爲主義的範疇，不過也有心理學家將兩者加以融合。杜拉德（Dollard）及米勒（Miller）都是專業的精神分析師，他們曾以佛洛依德理論爲基礎，導入行爲主義的概念，來解釋行爲如何運作。我們不必過度鑽研這兩大學派要如何融合，反倒該關心如何改變行爲，以最精簡的理論概念，發揮最大功能。從許多方面來看，最簡單的方式就是最有效的。附帶一提：在交易系統上也是如此。

複習一下，各位還記得行爲主義學習理論最後一個階段是「結局」吧，正是這個「結局」決定了特定行爲日後是否會再發生。「結局」對於行爲的塑造及維繫力量，值得一再強調。史基納及其他行爲主義者在實驗中藉由操縱結局，以導引、形塑他們希望發展的行爲。如果某個特定行爲會帶來正面結局，那麼它不只很可能再次出現，而且會絲毫不差地重演。從動物研究中可知，有報酬的反應甚至可以要求到最細微的肌肉運作層次。

對某些人來說，行爲主義技巧所帶來的行爲控制力量，不但讓他們覺得受威脅，而且也有一種道德上的厭惡感。利用行爲主義技巧來塑造行爲的力量，的確是無可限量，它可以用在建設性的目的上，也可以用來破壞。在此，我們不準備討論改變行爲的道德性議題，不過我要提醒各位，在我們這個社會中，原本就照著行爲主義的原則在運作，我們每天都在互相改變彼此的行爲。在社會中，處處都找得到獎懲，我們認可好的行爲，不同意、甚至懲罰不好的行爲。市場的情況，正是現實百態的一個映照。

如果交易員遵從某個訊號指示而賺了錢，日後他會更加順從這個訊號；如果是因爲這個訊號而賠錢，以後自然就會少用。這看來是再正常不過的道理了，但現實卻不一定如此。在學習典範中，強化效果會決定日後該行爲出現的頻率，然而發揮強化效應的那個「結局」有時明明是負面的，卻在特定事件或環境中發揮了正面效應。例如，有個經典實驗是研究學童在教室裡的行爲，研究結果發現，因爲離開座位而受到老師責罵的學生，比從未被罵過的學生更常出現類似行爲。換句話說，老師以爲責罵是一種懲罰，沒想到卻翻轉成爲正面強化效應。

懲罰與失敗的作用

如果懲罰了小孩或寵物，結果發現他們比以前更不乖，是「懲罰」反而發揮「獎賞」的功能。事實上，懲罰可以看做是一種負面的關心，而對某些人而言，負面的關心照樣是一種獎賞。這種異常現象的形成，也可以用行爲主義的術語來解釋。不過，我們只要從其效力來判斷是否爲獎賞就夠了。例如，我對某種特定行爲提供了獎賞，可是該行爲出現的頻率卻沒有增加，這就代表我的獎賞並未眞正發揮功效。此時應尋求其他方式來達到強化效果。如果我對某種特定行爲施以懲罰，卻發現該行爲出現頻率反而增加了，那麼就得另謀別種懲罰才行。

我想起以前有個人打電話詢問有關投資的問題，我請他把問題說清楚，他說：「我就是沒辦法在市場上賺錢。每次做買賣，最後總是虧錢。每一次我設定停損單，行情總會回來點到它，我總是一而再地補繳保證金，所有朋友都認爲我根本是個蠢蛋！」

我問他：「賠錢的時候感覺如何？」

「很糟！」他毫不猶豫。

「怎麼個糟法？」我問。

「糟透了！我幾乎無法從辦公室回家。」他回答。

「那你又是怎麼回家的？」我又問。

「朋友載我回去的。」他說。

「直接回家嗎？」我問。

「唔，不是的。我們會先上酒吧喝幾杯，忘掉不愉快。然後到一家不錯的餐館吃晚餐。」

「再來呢？」我問。

「然後我回家告訴老婆，我今天被市場修理得慘兮兮。」

「她的反應如何？」

「她抓狂了！她說，如果我還是一直虧錢，她就要跟我離婚。她大發雷霆，對我又吼又丟東西。然後打電話跟她媽媽訴苦，她媽媽也跟著歇斯底里。有幾次她媽媽還特地趕過來對我丟東西呢！看她們兩個在那兒發瘋，我幾乎笑了出來。看起來好像是她們贏錢了。」

「你看到她們生氣，感覺如何？」我再問。

「我剛說啦，看起來很好笑。看到那兩個潑婦口吐白沫的樣子，眞爽！……她們活該！」

「爲什麼看到她們生氣你會覺得好笑？」

「這麼些年來，我做牛做馬，就是賺錢供她們花用。我還眞是希望她說話算話，早點跟我離婚！那我就自由了。想在外頭混到多晚就多晚，不回家也無所謂。高興的時候就去釣魚，要在市場上做多少買賣隨我高興。如果不必擔心那個大嘴巴，也許我就能賺到錢了。她抓狂的時候我就覺得很爽。她要知道誰是老大嘛……是誰在賺錢……我想在市場上輸掉，就在市場上輸掉……這是我的錢啊！」

「聽起來，好像你太太生氣的時候，你的確很高興？」

「你不會嗎？如果你太太是個嘰哩呱啦的潑婦，你不會不高興嗎？你不會想讓她生氣，讓她痛苦嗎？」他說。

「聽起來，你虧錢時，老婆生氣帶給你的樂趣，似乎大於交易失敗的痛苦。而且你好像是故意爲了讓她生氣才虧錢的，你希望她最後會跟你離婚吧。市場只是你的工具而已，你利用它要達到的目的，是比賺賠更重要的。」我對他說明。

「如此屁話，我還真是前所未聞！」他下了這樣的註解。

幾年後，我在一場期貨說明會遇到他。他隨即跟我道歉，請我原諒他在電話中的無禮，然後他說，我以前對他的觀察是對的。在那次通過電話之後，他破產了，也離了婚，前前後後在市場上賠了幾十萬美元，最後終於被迫停止交易。在他心不甘情不願地退出市場那段期間，才恍然大悟，了解過去那種刺激—反應的行爲後果。

他說：「我在交易場上的問題，事實上跟交易毫無關係。當年我剛進投資市場時，跟其他交易員一樣也賠過一點錢，不過每一次虧錢我都很在意，我會找朋友或合作夥伴訴苦，他們都很同情我，這正是我要的。每次虧錢，他們就鼓勵我，我喜歡這種被關心的感覺，於是我會忘掉虧錢的痛苦，等待下個交易機會，事實上是在尋找下一個博取關心的機會。過了一陣子，我漸感不安，覺得會虧錢也許是故意的。不過，這種狀況實在令人無法接受。我所知道的是，只要一虧錢，就有很多朋友關心我。反觀要是賺了錢，誰也不會在意我。我賺大錢跟朋友說，朋友只回答：『太好了，哈哈！老兄，我就知道你辦得到。』就這樣而已。我賺錢，他們似乎覺得沒什麼大不了的。也許他們只會嫉妒，但是我如果賠了錢，好像還得大肆慶祝一番。我們會一起出去喝酒，假裝要把楣運淹死。現在我知道，這好像就是虧錢所帶來的稿賞。當我成爲一個失敗者，是不應該得到任何關心的。只有交易成功、賺了錢，才可以出去狂歡。可是在市場上賺到的錢，遠遠比不上得到朋友的關心啊。」

「後來情況更糟了。我一直虧錢，終於影響到家庭。我太太會懲罰我，但是她不曉得，我看到她生氣反而覺得很爽！當時我也不知道是這麼回事。於是，我在市場上的失利，反而在生活上扮演了重要角色，它既可以讓我得到朋友的關心和注意，也可以激怒我太太。這些都讓我覺得很快樂。當時我要是知道這些關聯，也許就能改變最後的結局。現在我知道了，還好，還不算太遲！」

我問他現在交易狀況如何，他很驕傲地回答：「再好不過了！我現在知道，我比市場重要，我知道每一次虧損都是個教訓，而贏錢才是獎賞。每一次我交易失利，會儘快把痛苦拋諸腦後，努力去探索是否因為我誤判交易系統才會虧錢。如果我犯下什麼錯誤，我會把它記錄下來，時常拿出來看一看，以免再犯同樣的錯誤。如果我在市場上虧了錢，只有我跟我的營業員才知道，其他我誰也不講。如果是賺錢，那就得好好慶祝一下囉！我會拿點錢來慰勞自己，其他的就存在銀行。我會跟朋友分享我的喜悅，告訴他們我眞是太聰明了。我稱讚自己，全心享受勝利的果實。」

這個故事帶給我們的啓示，比任何交易系統、訓練課程、理論還是交易訊號，都更有價值，想必能引起許多人的共鳴。就算你不能認同，也可以看出其中的門道。明白說，菁華就在於行爲理論。各位只要回想一下我剛剛介紹的行爲後果，就可以了解這位交易員何以一而再、再而三地要虧錢。很多人以爲，只要能在市場上賺到錢，不就是最好的獎賞？但上例並非如此。對那些本身有目標、有動力，家庭和樂沒什麼衝突的人，在市場上賺到錢，也許就是正面的「結局」，然而對很多交易員來說，光是在市場上贏錢，仍不足以讓他維持成功的交易行爲模式。

市場結果如何影響行爲？

每個市場結果（market result），都可能出現三種行爲結局（consequence）：獎賞、懲罰或持平。因此有許多不同的組合，我會逐一檢討，解釋其含意。假設有一筆交易最後賺了錢，理論上這筆利得本身就該是個獎賞。不過我也說過，對大多數交易員而言，僅是在市場上賺到錢還不足以成爲獎賞，所以需要其他的結局來確保獎賞的效果。如果你發現自己每次交易都如預期地帶來利得，很可能它就沒有獎賞效果了，賺了錢也不過就是賺錢罷了。對我個人來說，這樣是夠了，不過有些人可能覺得還是不滿足，那麼有很多方法可以強化這個獎賞效果。

表7—1列出許多正面結局，可以用來強化每次的交易利得。請各位記住，除非是交易已經成功，否則在任何狀況下都不該使用這些方式。換句話說，在交易完成之前，你絕對不可以獎賞自己。所謂交易完成是指單筆交易走完全程，如買進後賣出，或拋空後回補。如果只是未平倉部位，甚至是「本來要買……」的想像交易或模擬的紙上交易，都不應列入考慮。適用正面結局的最佳時機，就是交易一完成，剛取得勝利的時候。表7—1列出許多種可能適用的方法，有些也許看來有點好笑，不過我敢說它眞的有效。

表7-1　交易賺錢時的正面結局

1.把勝利的交易記在帳本或記錄本中。
2.要稱讚自己，告訴自己做得很好。
3.告訴別人你做了筆好買賣，讓他們來稱讚你。
4.大肆慶祝一番。開個派對，或痛快地大吃一頓。
5.買東西慰勞自己。換輛新車？買部音響？
6.馬上叫你的經紀商開張支票給你，金額是總利得的四分之一。
7.把部分利得存到你的儲蓄帳戶。
8.想辦法取得你的營業員的認同。
9.把勝利果實放在身邊，暗爽幾天。
10.不要客氣，儘管臭屁！

獲利及懲罰

明明是交易賺了錢，卻反而變成一種懲罰？買賣成功，卻變成負面結局，有這回事嗎？當然！事實上還挺常見的。舉個簡單的例子，各位就能了解重點何在了。比方說，你才剛完成一筆交易，狠賺一筆，你興高采烈地告訴朋友，他卻潑你冷水：「你知道嗎？有贏家就有輸家。你不覺得那個把錢輸掉的呆子很可憐嗎？你把他的錢拿走，說不定他家都要喝西北風了！」另一位「朋友」提醒你繳稅：「當然！你是賺了六千塊，可是山姆叔叔永遠與你同在，所以你只剩兩千塊囉！賺得可真是不少呀！」還有個不識相的可能會說：「唔，好狗運！也許沒有下次囉。」有這種朋友，誰還需要敵人呢。另外，如果你這次賺到錢，並不是靠你的交易系統，那也不可以使用表7—1來強化結局。但如果你十分確定，而且十分嚴格

表7-2　交易賺錢時的負面結局

1.不要把交易歸諸於運氣。
2.不要拒絕別人的讚美。
3.不要以任何方式、型式，貶低自己的利得。
4.不要讓任何人貶低你的成就。
5.不要對任何人感到歉疚。
6.不要對那些輸家感到抱歉。
7.不要煩惱賺錢要繳多少稅。
8.別因爲這次的勝利，而對下次交易感到焦慮。
9.不要因爲自己做得對，而感到不好意思。
10.心裡不要有任何負面的幻想。

地遵守著交易系統，那麼甭客氣！要把一切可能讓你不愉快的感覺排除在外。不管是來自你自己或他人，所有負面評論都該排除在外。如果你發現有誰老是要潑你冷水，小心，離這個傢伙遠遠的，這種朋友跟他斷交也無所謂。表7—2列出成功交易後應該避免的事項。

雖然人數不多，不過有些人在成功交易後反而感到罪惡感或不好意思。他們覺得自己賺了錢，另一個交易員就得倒楣，有些交易員對成功感到膽怯，有些則會對以後的表現有心理壓力，這些反應對成功的交易員來說都是不必要的。如果你能堅守自己的交易系統，那麼每一次成功，都該是全心全意的喜樂。不管如何，都沒有必要縮小你的利得，貶低自己的成就。也不管是誰會潑你冷水，或否定你的成就，都要把他們摒除在外。若放任讓這些負面評價進入行爲模式中，就會降低獎賞效果，並影響到交易系統的整體戰力。

不賺不賠

還有一個交易結果，是既沒賺錢也沒賠錢。這有幾個可能狀況。如果你是在扣除手續費之後不賺不賠，那麼事實上是賺錢了，必須要以成功交易來看待它。交易雖然沒實質賺到錢，但能因此確定交易系統是管用的，所以行爲結局就應該是正面效應。雖然它沒辦法提供利得上的實質獎賞，但其他的強化方法都該一體適用。而且，如前所言，任何對沒有賺賠交易的負面評價，也都應該迴避。

虧損的行為結局

對於虧損所造成的行爲結局，我該怎麼說呢？第一，而且最重要的，對於虧損，我們總是比獲利更難適當地處理。萬一你虧了錢，心裡已經覺得很難過了，還需要什麼懲罰才適當呢？對於虧損的行爲結局，我在此提出幾點原則。假設賺錢能發揮強化作用，讓交易員學會這個行爲，那麼虧錢本身就是一種責罰，可以減少這種行爲出現的頻率，但是對大部分交易員而言情況卻非如此。之前的討論中，我曾強調必須確定市場訊號是來自你的交易系統。假設某次交易的市場訊號的確是得自交易系統，再假設這次交易你不幸虧了錢，那麼你推測出兩個結論：第一，交易系統本身的內在限制。交易系統可沒有百分之百一定會贏；第二，跟交易系統無關，而是你自己解讀錯誤或估算錯誤，或者單子下得不好、停損單設得有問題，或撐不住提早平倉。這兩種情況，有不同的處理方式。

表7-3 無失誤但虧損的行為結局

1.接受失敗，然後忘了它。
2.載入記錄本中，而且不要擅自塗改。
3.切忌試圖博取任何人的同情和可憐。
4.不要可憐自己。
5.不要覺得自己受到懲罰。
6.不要跟任何人談到這次虧損。
7.不要接受營業員的嘲笑或責備。
8.不要因爲虧損而懲罰或憎恨自己。
9.不要責備自己的交易系統。
10.別想以安慰自己爲藉口，趁機去大吃大喝、把美眉！
11.萬一所愛的人苛責你，也不要接受。
12.不要因此就改變你的交易方法。
13.不要害怕下一次交易。
14.一切如常作業，不要因此讓研究行情落後了。

如果你確實遵照系統要求下了單，結果卻賠了錢，那麼對此結局，你什麼也甭做，只要把虧損記到記錄本，再確定一下是否真的如實遵守交易系統，若答案是肯定的，那這樣就夠了。忘了這次失利吧，太過關心虧損，可能反而會變成獎賞。對於失敗經驗，千萬不要自艾自憐，別人的同情和安慰也要避免。碰上這種「無失誤虧損」時，應避開某些事情，請參考表7—3。

尤其是千萬別讓任何人把這件事情搞大，反倒變成正面效應。第十條說不准去大吃大喝把美眉，並不是說一旦虧了錢就得挨餓受凍或禁慾，而是指你的反應不該因此超過界限。世上可沒有什麼「一醉解千愁」或大吃大喝就能遺忘的事情。諸如此類的不

表7-4　因失誤而虧損的行為結局

1.儘可能把所犯的錯誤界定出來。
2.把失誤載入專門記載錯誤的小本子。
3.把錯誤歸檔，標記適當的類別。
4.檢討錯誤，確認自己眞的做錯了。
5.解除開始至結束的狀況（詳見第八章）。
6.如果旁人可以辨認出這個錯誤，請營業員幫忙看著。
7.看看是否能發明一套辦法，在犯錯之前先有訊號提醒你。

當行爲，只會讓你因爲虧損而得到獎賞。以滿足基本需求爲手段的獎賞，應該是在勝利成功以後，而不是虧錢的時候。

那麼，如果虧損是因爲交易系統使用不當呢？

在失誤之後，該有怎樣的行爲結局呢？什麼樣的錯誤才應該被考慮進來呢？如果不是「無失誤虧損」，每次虧錢都要當成寶貴的經驗，好做爲日後正確交易的借鏡。利佛蒙（即李佛瑞）曾如此寫道：

> 當然，人要是夠聰明而且夠幸運，是不會犯下兩次同樣的錯誤。只不過，相似的錯誤成千上萬，隨時等在一旁伺機而動！（引自《股市作手回憶錄》）

的確，市場上可能搞砸的事情眞是太多了；而做對的事情倒是既珍貴又稀少。在行爲模式的任何一個步驟均可能出錯，相對於一個正確的行爲，可能就有一百以上的錯誤正在暗處等著你。應該怎麼避免這些錯誤呢？表7—4提出了一些行爲主義原則的建議。如果你的虧損是因爲不當操作交易系統，我建議你就先照著表7—4來做，再依照表中的步驟來處理。也許，錯誤所能扮演的最重要角色，就是提供你經驗和教訓，如果你犯了錯又把它給忘了，那「補習費」不是白繳了？

我建議各位都應該要設定一個程序來處理發生的錯誤，以求減少錯誤出現的頻率。我個人以爲，矯正錯誤是非常重要的，所以第8章會專門討論。

重點複習

1. 知道如何矯正錯誤，比知道錯誤如何發生還要重要。
2. 光是成功交易帶來的報酬，失敗交易導致的虧損，仍不足以發揮改變行為的強化效果。
3. 要判別行為的強化效果，必須全盤考量及記錄整個結局。
4. 在市場獲利及虧損之後，都各自伴隨著許多正面及負面的社會結局。
5. 審慎區分無失誤虧損及市場錯誤，是很重要的。
6. 行為主義學習典範可用來產生正面改變，也可用於成果分析。

8 發現的過程——如何認識自己

不管你是個保守派投資人，或者激進派投機客，你一定都要搞清楚自己的長處和弱點。每一個人都必須儘可能地去了解自己。要了解自己似乎很容易，其實對個人來說卻是最困難的事，「自我」事實上是最難捉摸的。我們心裡有很多的防衛機制，讓我們幾乎不可能完全了解自己。虛榮、驕傲、恐懼、嫉妒、否定、壓抑和抑制等情緒，都會妨礙對自我的認識，因而必須仰賴某些技巧，來增加「自知之明」。

大部分的精神治療就是以增進自覺、認識自我為目標。雖然很多人把情感、情緒趕到意識層面以外，但並未壓抑到無法恢復的地步。如果你防衛心太重，很可能就無法在投資上取得成功，不管你是多麼地努力，多麼嚴格遵循投資計畫都一樣。萬一不論你如何努力都無法改變自己，那就需要一些專業的協助，這時，也許投資市場反倒不是最主要的問題。如果生活、婚姻、家庭、工作以及人際關係都出現問題，更是需要專業協助。假如情況已經到了這個地步，很抱歉，我這本書提供的這些技巧和建議，就不足以解決問題了。去找醫生吧。

除非我們把每個驅策我們行動的因素和刺激，以及我們對各種內、外在事件的反應一一加以衡量、評估，否則我們是絕對無法完全了解自己。以我身兼交易員及心理醫生的經驗，加上多年來對交易員的觀察，我擬了一份檢查表，幫助各位步上發現自我的道路。雖然這份

檢查表

說明：請回答「是」或「否」，且回答所有問題。內文會有評量解析。若各位希望評量結果是有意義的，請一定要據實做答。

1.是□　否□　我訂閱三份以上的投資刊物。
2.是□　否□　我認為營業員應該提供建議給客戶，這是他們的工作，應主動提供最佳的交易機會。
3.是□　否□　在我眞正做交易之前，已規畫完整的投資策略。
4.是□　否□　我離場大都是因為停損單被點到。
5.是□　否□　我主要做長線投資。
6.是□　否□　我在好幾家經紀商都開立帳戶，這樣才能知道不同專家的想法。
7.是□　否□　當我在市場上虧錢，回家後就變得讓人難以忍受。
8.是□　否□　我從事交易是為了挑戰勝利。
9.是□　否□　過去五年總結算，我是個輸家。
10.是□　否□　只有知道內線的人才能賺錢。
11.是□　否□　營業員鼓勵你多做買賣，所以是他讓你虧錢的。
12.是□　否□　市場都是靠運氣。
13.是□　否□　我聽到好消息時買進，壞消息時賣出。
14.是□　否□　基本上我是多頭，大多數交易都是做多。
15.是□　否□　價格太高時不太樂意買進；價格太低則不想賣出。
16.是□　否□　讓我賺到最多錢的交易，有些是商品價格向上或向下突破時完成的。
17.是□　否□　場內交易員老是想把價格拉過來點掉我的停損單，所以我從來不用停損單。
18.是□　否□　我對市場上發生的事情不太容易感到沮喪和失意。萬一虧錢，也只是虧錢而已。
19.是□　否□　我常常因為市場而失眠。
20.是□　否□　我每筆交易的平均利得，高於平均虧損。
21.是□　否□　我固定一個時間做功課、研究市場。
22.是□　否□　對於每一筆交易，我都設有價格目標。
23.是□　否□　在做交易之前，我會儘可能徵詢各方意見。
24.是□　否□　如果我有更好的交易系統，就可以賺更多錢。
25.是□　否□　從沒讀過利佛蒙、甘氏、巴洛克等人的書。
26.是□　否□　市場上最佳的成功之道，就是把自己從別人諸多意見中隔離出來。
27.是□　否□　一旦下單，從來沒有（或幾乎沒有）改變過心意。

檢查表尚非鉅細靡遺地涵蓋交易員行爲的任何蛛絲馬跡，不過，我個人認爲，已經詳細到可以幫助各位描繪出自己的投資性格。

我發現，使用這種檢查表，是評估自我目標及情緒最有效、最迅速且最經濟的辦法。各位需要回答檢查表中一些論述及問題，只要據實以答，就可以全面地了解自己的優、缺點。先聲明：這份檢查表不是交易員資格的標準或認證測驗；也不是心理測驗。不過，透過這個評估技巧，可以在交易及投資事務上協助各位。請記住，我的目的只在幫助你看到交易時可能發生問題的地方。

結果評量

現在各位已經回答所有問題了，讓我們逐一檢視，告訴各位我認爲的「最佳」答案，以及理由何在。

【第1題】大多數成功交易員並不需要太多投資刊物。反倒是情緒比較不穩定的投資人才會廣徵各方意見。也許二到三份權威刊物也就夠了。各位做交易，最好是「匠心獨運」只靠自己的研究，或者資訊來源限定在少數幾個就好。本題答「是」者得零分，答「否」得一分。

【第2題】提供建議並不是營業員的工作。營業員的工作是處理買賣單，對交易單子反應靈敏、處理明快，可以及時改單子等等。除了極少數例外，不然依靠營業員的情報做買賣的投資人幾乎都是輸家。那些對營業員過度期待的人，總是要失望的。如果你眞的以爲營業員的工作包括提供投資建議，那你大概不會是個成功的交易員。本題答「是」者得零分，答「否」得一分。

【第3題】事先做好投資計畫，備妥投資策略，然後謹愼地付諸實行，是成功交易員的標記。本題答「是」者得一分，答「否」得零分。

【第4題】也是成功交易的標記。有紀律的交易員對於投資部位會下好停損單，然後放著讓行情去跑，除非交易系統另有指示出現。對許多交易員而言，停損單是成功的關鍵，如此才能使損失不致擴大。儘管停損單的價值猶待時間的考驗，不過使用停損單的確是代表著成熟的交易。「停損」的概念並不見得一定要下單，但必定是不可缺的。不眞正下停損單而能恪守停損概念的人，一定是更有紀律的投資人。他們只須在心裡設定一個價位，點到就自動離場。本題答「是」者得一分，答「否」得零分。

【第5題】本題答「是」者得一分。成功投資的另一個指標是「長期投資」。基本上，做短線的投資人（除非是場內營業員、場內交易員等特殊工作人員）都是輸家。最成功的投資人是那些買進或拋空後，就持有一段時間的人。如果你不是交易所業內人士而回答「否」，得零分。

【第6題】會在幾家不同號子開設帳戶，以接收「有用」的資訊，是投資新手的特徵之一。事實上，這種情況往往造成投資人的混亂。同時接收這麼多資訊，很難做出有利的投資決策。同時，這也代表著不安全感。當然，單純地在多家號子開設帳戶本身並沒有什麼問題，不過如果你意在藉此擷取更多資訊的話，那就大有疑慮了。投資人是不應該依賴號子提供資訊的。本題答「是」者得零分，答「否」得一分。

【第7題】這一題非常淺顯明白，如果連你自己都覺得交易失利後，你在家裡的行爲讓人難以忍受的話，可見你很清楚自己的缺點。這是太過情緒化的交易員會出現的狀況。本題答「是」者，很誠實，我不該懲罰你，不過還是只能得零分，答「否」得一分。

【第8題】「挑戰勝利」可不是從事交易的好理由，去爬山也可以有挑戰的快感。進入市場做交易唯一可以讓人接受的原因就是想要賺錢，或者是利用它來和現貨市場做避險。那些只是尋求挑戰的投資人，不必然會是一位有效率的交易員，他們比較喜歡賭運氣、試手氣，渴望冒險，交易是爲了尋找驚險刺激，結果非常可能因此一敗塗地。本題答「是」者得零分，答「否」得一分。

【第9題】代表情緒掌控能力的最佳指標，就是你過去五年來的操作績效。就算只是不賺不賠，那也是相當不簡單了。不過，如果五年總結算，證明你是個輸家的話，很可能你就需要一些心理重建。請仔細把這本書讀完，好好地探索一下自己的心靈深處吧。本題答「是」者得零分，不過如果操作績效持平或僅只是小輸，還是可以加一分，至於答「否」的贏家那當然沒話說：得分！

【第10題】基本上，市場中的「常敗軍」會有這種想法。或者長期結算下來仍是輸家的投資人，也可能會這麼想。如果你這一題答「是」，表示你對市場已經存有偏見，而且這個想法會讓你賠得更慘。本題答「是」者得零分，答「否」得一分。

【第11題】說營業員「讓」你怎麼樣，根本就是傻話。投資人應該爲自己的交易負責。會說營業員「讓」他怎樣或「不讓」他怎樣的投資人，根本就是個菜鳥，而且帶有失敗傾向。本題答「是」者得零分，答「否」得一分。

【第12題】這一題也代表一種失敗心態認爲市場純屬運氣的人，哪會相信憑自己之力可以走向成功。因此，抱著這種心態是沒辦法做個成功的投資人，很可能過去也常常失利吧。本題答「是」者得零分，答「否」得一分。

【第13題】單純的投資人聽到好消息就買進，壞消息就賣出；經驗老到的投資人則是「預期」好消息時買進，一旦好消息公布就賣出。在「預期」中買進，等「實現」時賣出。回答「是」的人，正代表著「群眾」的態度，基本上會是個輸家。至於在好消息時賣出，在壞消息時買進，這可是情緒相當穩定、心態非常成熟的投資人才辦得到。本題答「是」者得零分，答「否」得一分。

【第14題】這一題也是一種「群眾」心理。有經驗而成功的投資人是多空皆宜的，既會做多也會做空的投資人才有能耐賺到錢。不過，多空之間還是有些差異，例如：大錢通常是做多時賺到的，而想速戰速決來賺錢，通常是要放空。如果你光會做多，或大部分都做多的話，我只能給你零分，答「否」者得一分。

【第15題】成功的投資人才不會去管價格太高或太低。如果交易系統有訊號顯示，投資人自然是跟著訊號走。價格高低是沒什麼好猶豫、考慮的。只有市場菜鳥或是情緒不夠穩定的投資人才會懷疑自己的交易系統：「現在價格太高了吧！我還是等拉回再買。」當然，並不是說價格沒有太高或太低的時候，但這要由你可以信賴的交易系統來判定，也許是使用技術分析，也許是基本分析。以價格太高或太低爲理由，而不跟從交易訊號的指示，其實就是破壞了自己的交易系統，同時也是缺乏紀律的表現。本題答「是」者得零分，答「否」得一分。

【第16題】要順著趨勢做交易並不容易。不過，跟著趨勢走，買進強勢股，拋空弱勢股，在價格向上突破壓力點時搶進，跌破支撐點時賣出，的確是成功的投資技巧，但這也要情緒穩定的投資人才辦得到。能夠緊跟趨勢做交易的投資人，不但可以賺大錢，也必定是情緒穩定、進退有據。本題答「是」者得一分，答「否」得零分。

【第17題】這只是不設停損的藉口。如果你就是這麼認爲的話，很抱歉，我要給你零分，答「否」者得一分。

【第18題】沒有哪個投資人是完美的，我們都有成功和失敗的時候，不過最重要的是那些可保常勝，不會因爲一次的失利就沮喪灰心者。他們最平常的反應，就是儘快地忘掉虧損。如果你斤斤計較，讓虧損困擾幾天，甚至影響到你的自信，那就是情緒上的戰備不足。本題答「是」者得一分，答「否」得零分。

【第19題】這一題跟第18題有關。我們偶而會失眠，有時也的確是因爲投資之事而輾轉反側。不過，如果你常常因爲部位或交易而睡不著的話，顯見你對市場太過情緒化，而且還表示你有大問題：沒有安全感、缺乏自信心，加上交易技巧可能太差勁。本題答「是」者得零分，答「否」得一分。

【第20題】用平均虧損及平均利得的金額來比較，就可以判知交易紀律。投資人如果謹守完整規畫的交易策略，平均虧損及總虧損金額應該會比較低。如果你的平均虧損額反而比較高的話，也許就是因爲沒有依照有效的心理原則做買賣。或者你沒有跟隨交易訊號的指示，把賠錢部位抱得太久。本題答「是」者得零分，答「否」得一分。

【第21題】這一題也許是求勝紀律最重要的指標，而這種求取勝利必須具備的紀律，也許只有透過情緒掌控才能達成。那些年年保持常勝記錄的投資人，一定會事先安排好固定時間來研究市場。不管是技術分析或基本分析，都必須要安排特定和規律的時間來做功課才行。本題答「是」者再加兩分，答「否」請扣兩分！

【第22題】這一題也是投資人是否嚴守交易紀律的指標。唯有成熟的投資人才有能力遵照計畫，嚴格執行。要靠交易來賺錢，這是必備的能力。本題答「是」者得一分，答「否」得零分。

【第23題】做交易前想廣徵各方意見的人，一定很欠缺安全感。這種需求正是情緒不夠穩定的表徵，也是一種心理障礙。事實上，群眾一致性的看法往往是錯的。具備安全感的投資人可以在沒有他人認可的情況下，獨力做出交易決策，並付諸實行。本題答「是」者得零分，答「否」得一分。

【第24題】會這麼想的投資人，就是尙未體認盈虧自負的道理。交易系統再重要，也沒有使用它的那個人重要。傻瓜開著名貴跑車照樣是傻瓜，頂多只是個拉風的傻瓜。如果你以爲沒賺到錢，全是因爲交易系統的話，也許你在心理上還沒準備好要做交易。本題答「是」

者得零分，答「否」得一分。

【第25題】成功的投資人一定都很注意相關的大師著作，可以從中學到許多事情。投資人如果想改善自己的操作技巧和投資績效，必然時時刻刻都在注意更好的辦法。毫無疑問地，大師著作就是來源之一。如果你還沒這麼做的話，我推薦你快去讀讀這些投資大師寫的書。本題答「是」者得零分，答「否」得一分。

【第26題】眞正成功的投資人必能領略「孤獨」的妙處。許多投資人最棒的一次交易，通常都是靠一己之力做出決定。能夠把自己孤立出來做決策，表示情緒穩定，且可以不受外界刺激所干擾。本題答「是」者得一分，答「否」得零分。

【第27題】堅定的決心和貫徹的意志，都是成功交易的特徵。如果你沒有能力堅持走完整個預定的交易，就是缺乏成功的關鍵要素。本題答「是」者得零分，答「否」得一分。

現在請計算總分，最高分爲二十八分。底下解釋得分所代表的意義。

- **二十一至二十八分**：你應該是個非常成功的投資人。如果你分數這麼高，可是在市場上仍未賺到什麼錢，也許你的交易系統眞的有問題。建議你可以試試別的系統。
- **十五至二十分**：你具備正確概念，但還需要一些改進。雖然已經走在投資成功的道路上，但還需要更嚴格的紀律。本書提供的練習和技巧都可派上用場，請特別注意那些答錯的題目。
- **十至十四分**：你只拿到一半的分數，表示照目前的方式做下去並不容易成功，同時警示著必須在紀律上多下功夫。建議你要特別注意本書所提的投資行爲模式。

- **九分或以下**：小心！就我個人意見，你正走向潰敗之途，儘管你現在還沒看到大坑洞。在心理、情緒上，你必須從步驟1開始，重新教育自己。我甚至於要建議你，在重新評估自己的問題及找到全盤改善的方法之前，暫時停止交易。

重點複習

對我而言，告訴你需要什麼幫助是一件重要的事；但更重要的，是精確無誤地告訴你，要得到什麼幫助？如何得到？當然，本書介紹的許多技巧和建議都確實有助於改變，但如果你已是經年累月地虧錢，那麼連要踏出改變的第一步也許都很難。再者，如果你沒有交易該有的自律，自然也會缺乏紀律來完成自我再教育。如果情況果真如此，我有幾個應該是很有效的建議。請注意，這些建議是針對十五分以下的投資人。不過有些原則是一體適用的。

1. 離開市場一段時間。我建議你閱讀一些投資的經典著作，我個人推薦從閱讀李佛瑞的《股票作手回憶錄》開始。本書最後也列有參考書目，也許你會想要把它們大部分都讀過之後再回到市場來。要終結虧損的最佳方法，就是斷然離開那個讓你虧錢的狀態，至少也要暫時離開。所以我建議先離場一段時間。要是你還繼續頂著頭去撞壁，或許久了就麻木而不曉得痛苦了，也不知道這是在毀滅自己，甚至你的家庭。

2. 如果你還要繼續交易，那麼就組個俱樂部或小團體。這可幫助自己檢視及平衡交易狀況。對於任性或反覆無常的投資人，團隊壓力與指導是非常有用的。要組個投資俱樂部不難，而且藉由團體方式所貫注的紀律，效果是相當驚人的。像這種俱樂部要達成買賣意見，有時得耗上幾天，但是整個過程卻是鉅細靡遺、研究透澈，常可以賺到錢。等你學會大家的技巧，就可以再次評估自己的能耐，準備好去單打獨鬥了。

3. 不要模擬下單！我特別反對「紙上交易」的模擬下單訓練方式，這在第六章就提過了。我認為利用模擬下單，你學不到真實投資市場的任何事情，只會培養出虛浮的信心，或許日後就敗在這一點上。

4. 尋求心理顧問的專業協助。如果你在生活其他方面也遭遇到一些問題，那就該去尋求心理專家的幫助。個人是否有情緒障礙或者起落無常，從他在家庭中的表現就可以看得出來。

9 如何矯正交易錯誤

人都會犯錯，不過有些人犯錯的頻率的確比較高。從心理學來探討，焦慮和維持正確性之間的確是有些關聯。從某些方面來看，背負一些壓力或焦慮其實也有好處，有些人在壓力之下會表現得特別好，但是壓力和焦慮如果超過臨界點，將會大幅提高錯誤的發生機率和嚴重性。在投資市場上，焦慮過大造成的緊張，往往會以虧損收場。但不管錯誤是否出於潛意識層面、個人無法控制，我還是認爲，可以藉由改變環境因素，來降低錯誤出現的頻率及嚴重程度。有些人並不缺乏改變行爲必要的工具和辦法（如本書所言），但還是不願意動手，這可能就需要密集的治療協助。不過我相信，大部分情況並不至於此。事實上，大家都可以透過行爲方法來克服許多問題。在針對許多交易的錯誤行爲展開總攻擊之前，我要先詳細介紹關於行爲形成與消失的行爲主義概念。

各位還記得「形成」（shaping）這個字，是如何應用到行爲主義學習典範吧。比方說，現在心理學家要教會動物按控制桿，便將控制桿連接到一個供應食物的裝置，如果按下控制桿，就有做成丸子的食物掉到盤子中，這個食物獎賞會讓動物維持按桿子的行爲。不過有哪隻動物天生會按桿子呢？這都得靠後天的學習（稱之爲「進入形成」）。爲了要教會牠按桿子，必須仔細觀察牠的行動，當牠走近桿子時，我們就把食物丸子丟進籠子裡，不必花多久的時間，牠就會更靠近桿子，因為牠知道靠近桿子會有獎賞。隨著時間過去，只要牠靠近桿子，我們就提供獎賞。現在，我們把食物丸子直接放在桿子上，當牠碰觸到丸子時，也許剛好用力壓下桿子，食物就掉入盤中。如此反覆幾次，牠就會自己去按桿子，行為即告形成（也就是牠學會了）。

排程

接著，我們把主題放在「排程」（scheduling）上。現在我們決定每按五下，才給牠一次獎賞。等到牠有穩定反應時，再改為每按二十下才給獎賞，然後再提高至五十下，逐漸提高次數。藉由這種強化排程，可以讓主體執行許多行為。假設在幾週的訓練之後，我們完全不再提供獎賞，你猜再來會怎樣？你一定以為過了一段時間之後，動物就不會再去壓那根桿子吧。是這樣沒錯，不過動物對於停止獎賞的最初反應是增加反應頻率，更努力去按桿子。這種情形我稱之為「挫敗效應」，這在停止獎賞的行為模式中是很常見的。如果再經過一段時間還是沒有提供食物，按桿子的行為就會消失（即被遺忘）。偶而，牠還是會去壓壓桿子，不過隨著時間愈來愈久，頻率會愈來愈低。圖9—1即是從取得到消失的標準學習曲線。

現在，假設我們以隨機排程來訓練動物，獎賞的出現不再根據固定時段或特定反應次數提供。不管控制桿被按幾次，獎賞都是隨機出現，任何時候都有可能出現，如此一來，學習曲線也就跟標準模式不太一樣。雖然行為的形成要花更多時間，但養成後也就不容易再消失。有些接受實驗的動物，甚至在獎賞完全停止以後，還會繼續反應幾個月之久。從許多方面來看，投資市場正類似於一個隨機強化排程。即使獎賞幾個月都沒出現，投資人還是繼續在做交易。這裡頭也有許多類似於賭博的行爲。某個行爲持續出現幾個月或重覆許多次以後，似乎就此確立，幾乎不可能避免，這就是習慣。如各位所知，不是所有的習慣都是好的，很多人一輩子都改不了會導致自我毀滅的習慣，一直到死爲止。比方說，抽菸和酗酒就是兩個很常見的惡習。

我反覆地提及是要各位記住，市場上的交易行爲也是一種習慣。它可以是一個好習慣，具備生產力，但也可以變成會讓你萬劫不復。不好的習慣，或是會讓你感到痛苦的習慣，要如何去改變呢？答案其實很簡單，把這些行爲帶來的「正面結局」去除掉，以懲罰代之，再把行爲重新導向有用的結果，再施以獎賞。當然，說比做要簡單多了。在做實驗的時候，我們可以完全控制那隻動物，整個作業當然是相當機械

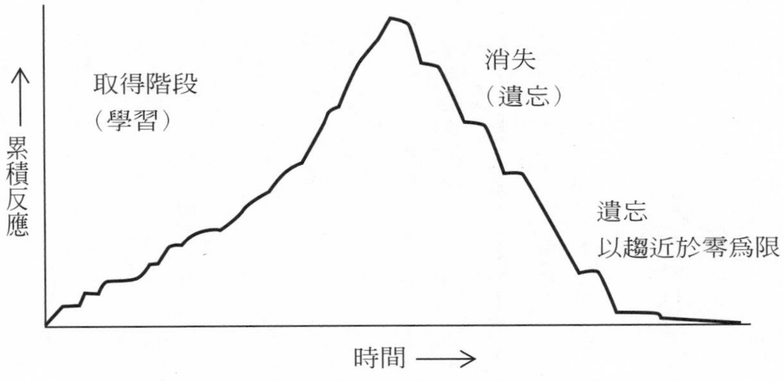

圖9-1　標準學習曲線

化的。對人類來說，要進行改變並不容易。心理治療師要改變患者的行爲也很困難，而如果沒有他人協助，要靠一己之力來達成改變，這個挑戰就更大了。以下要介紹的組織方案，就是針對個人單打獨鬥的自我管理而設計的。

持續做記錄

要開始改變自己，有好些事一定得做。第一件就是做記錄，我建議所有投資人都要把自己的交易記錄下來，包括日期、買賣動作、進場訊號、平倉日期、盈虧金額，以及最重要的，萬一是虧錢的話，是爲什麼而虧錢。虧損理由，必須從幾個類別中選出一個，再記下代碼即可；至於若屬「無失誤虧損」，亦即不是投資人本身系統操作錯誤所致，要另外用一個特定的代碼或編號來代表。如此一旦發生虧損，你就可以很快掌握到各種理由出現的頻率有多高。每個投資人都有比較弱的地方，表9－1列出一般常見的虧損原因。也許你個人還有不在列表中的原因，例如：「昨晚喝個爛醉，所以看錯了價格趨勢圖」、「沒到公司，所以忘了設定停損」等，舉凡你個人碰上的原因，都要列入表中。如果有新狀況出現，也要記得加進去。一般來說，儘管狀況千奇百怪，概分成兩、三大類就足敷使用了。

對於那些最常出現的失誤，要另做醒目標示。另外，在失誤之後，若有特定的懲罰或獎賞，或者其他值得記錄的後續發展，也可一併記下。記錄表大致如表9－2所示。

到月底時，請詳細檢視記錄表，注意那些比較常出現的失誤，以及過去常常出現的狀

表9-1　常見的操作失誤原因

1.未設定停損。
2.聽從營業員的建議。
3.未遵從訊號進行平倉。
4.沒有向上改設停損。
5.太早離場。
6.太早進場（在系統發出訊號前）。
7.聽從小道消息。
8.聽信政府公告（或業績報告），但交易系統並無進場訊號。
9.在停損還沒點到之前，預期會有賣出訊號。
10.非特定的恐懼或貪心。
11.在賣出訊號出現前，被迫斷頭離場（否則就得補繳保證金）。

況。我們要找的，就是某些固定的交易行爲模式，一旦可以把它們單獨挑出來，這些就是你的目標。

除非你能先搞清楚自己做錯了什麼，否則是不可能有所改進的。所以，我再怎麼強調做記錄的重要性都不爲過。

在進行「治療」的重大主題之前，先讓我說明一下我們目前採取的步驟：

1.行爲主義學習典範已介紹過，並特別強調「刺激—反應—結局」的連動關係。
2.行爲能否持續，是看「結局」的效應。例如，如果某項行爲持續出現，我們必須假定其結局效應爲獎賞。即使它看起來像是負面效應。
3.藉由改變行爲的結局效應，將可改變行爲本身。
4.爲了改變行爲結局效應，必須儘可能個別地仔細加以分析。

表9-2　交易記錄表（交易法則設定版）

交易	進場日	出場日	獲利/虧損	交易法則	虧損的理由/結論
Bot-Dec 79, corn	6/17/78	6/12/78	－$ 247.50	6, 3	擊中停損：根據交易法則。
Sld-Feb 79, hogs	6/23/78	8/11/78	＋$1250.50	6, 5	根據交易法則：無虧損。
Bot-100S GM	7/11/78	7/12/78	－$ 245.20	11	過早被「嚇」出場。
Bot-Feb 79, gold	8/12/78	9/12/78	＋$1450.00	6, 7	賺錢，但因新聞報導而太早離場。
Sld-Feb 79, hogs	9/15/78	9/23/78	－$1227.60	None	聽信市場謠言，一週後大賠離場。
Bot-200S IBM	9/26/78	9/27/78	＋$ 250.00	None	業績報告大利多而買進：違反交易規則。
Sld-Jan 80 OJ	11/12/78	1/14/79	＋$2560.00	3, 7, 2	根據法則：修正後首次交易。
Bot-100S PRD	1/23/79	2/17/79	＋$ 980.50	1, 5	根據法則，再創佳績！
Sld-100S PRD	2/17/79	5/25/79	＋$1160.50	1, 2, 3	完全依據法則：大賺！
				5, 7	
Sld-100S XRX	6/11/79	6/15/79	－$ 768.90	5, 4	根據法則進場，但未在停損點賣出。
Bot-Mar 80, corn	7/01/79	9/11/79	＋$ 143.50	3, 4, 5	未設限價平倉，致利得吐回大半。
Bot-Mar 80, oats	9/13/79	9/15/79	－$ 265.00	3, 6, 1	根據法則進出，但仍賠錢，很沮喪。
Bot-Mar 80, oil	9/15/79	9/17/79	－$1220.00	3, 7	未設停損。交易太頻繁，非常焦慮：小心！小心！
Bot-100S LVO	9/19/79	9/23/79	－$ 550.00	None	系統沒問題，是我有問題。

交易法則：

1.突破三週高價，買進；跌破三週低價，賣出。
2.穿越 10 天移動平均線，買進或賣出。
3.突破關卡後拉回50%，買進或賣出。
4.突破三重底或三重頂壓力區，買進或賣出。
5.浮動利得超過 1,000 美元時，在 75 % 處預設平倉單。
6.三天內拉回趨勢扭轉點，買進或賣出。
7.根據週末法則（週收盤在高價或低價），買進或賣出。
8.出現兩天期向上或向下反轉，買進或賣出。
9.（期貨）突破合約最高價，且平倉量高，買進。
10.在出現重大反轉之後，結清部位。
11.創五週最高或最低價，買進或賣出。
12.創歷史最高或最低價，買進或賣出。

5. 針對此點，可透過做記錄的方式來達成目標。記錄表同時可發揮教育及治療效果。
6. 要改變行為（即治療），根據我先前所提的學習典範，必須依據客觀、特定且具組織性的步驟來進行。

即使閣下並不認同行為心理學的理論，想必也能夠同意這個方法的高度組織性和客觀性。為了達到我認為改變行為時必須具備的科學技巧，我們要忽略那些慣常使用的主觀用詞。不過，這並非表示在我提出的這個方法中，情感和思想都沒什麼用處，而是代表著從現在開始，那無法清楚衡量、評估、觀察，那些不可見的「本質、存在、實體」，只能暫且擱在一旁。

改變行為

下個步驟就是治療。在此，先了解一些行為心理學家在精神治療時使用的相關技巧，是大有助益的。各位應該還記得，行為的「消失」即是「無法學會」（unlearning）或「遺忘」（forgetting）的過程。根據不同類型的獎賞排程，改變行為可能非常簡單，也可能需要比較久的時間。

我們可以說，會產生不良後果的行為或病態行為，大概都是由隨機強化排程來維持。這個說法應該沒什麼問題。當然，這是指市場行為的大部分情況。情況常常是這樣的：你違反了交易法則，結果就大賺了一票！有時候呢，你一忽略交易法則，卻又造成虧損。於是我們永遠也搞不清楚，如果我們違反既定的交易法則，到底是會賺到錢還是會賠錢？之前說過，類似的隨機獎賞排程，讓這種行爲更不容易改變。要改變市場行爲也有幾套方法可以用，不過我在提出這些方法以前要先聲明：利用文字來幫助各位，還是有它的限制。因爲我的建議並非直接在我的掌控下執行，所以我無法跟各位保證它的效果。由於沒有一位專業的心理治療師隨侍在旁做監督，各位得靠自己挑起全責，端看你是不是有心想改變自己的行爲。要是你能找到誰來幫忙，將更容易成功。我個人無法跟你提供任何保證，尤其是如果你的狀況嚴重到間接幫助也無法移除的話，那就更別提了。

停損方案

我現在要討論的，將集中在表9—1中的第一條：未使用停損。讓我們先假定，在所有投資市場中，使用停損都是比較好的操作方式，也符合大多數交易系統的要求。有些人還會下「停損—反轉」單，也就是在價位點到停損單時，自動順勢再加一張單子。比方說，某位先生現在下了空單在市場，同時也在某個特定價位掛了「停損—反轉」單，也就是除了回補的停損單之外，也有一張跟原先空單相反的買單。一旦這個價位被點到了，那麼停損單就會回補倉位，同時又會成交買單，擁有新的多頭倉位。而在新買單成交的同時，再重新選定價位掛上「停損—反轉」單，如此這般。

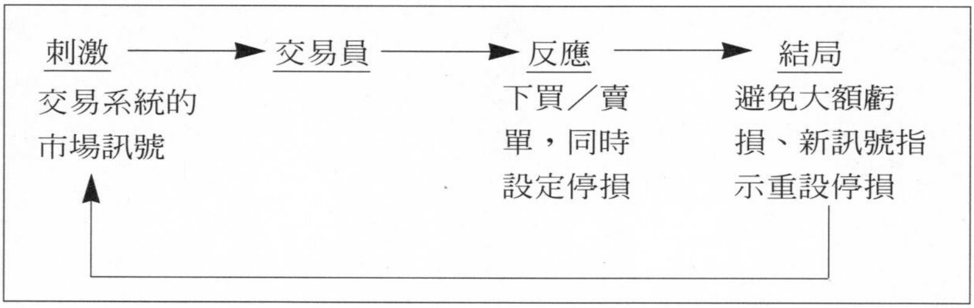

圖9-2　刺激—反應鏈與停損

很多以移動平均線爲主的交易系統，都會掛這種「停損—反轉」單，因爲他們想一直持有部位。不管所下的停損單是哪一種，是單純的停損、「停損限價」或「停損—反轉」單，反正只要是交易系統要求，就必須要這麼做。我們也只能假設，投資人之所以沒有使用停損單，是因爲隨機強化排程在作祟。意思是說，儘管沒設停損，有時候照樣賺錢。雖然未停損單而照常賺錢（或沒有虧損）的情況不是常有，但學習功能照常進行，因而有了這個壞習慣。附帶一提，這也許是市場中最常見的問題。未設停損的藉口應有盡有，有些還非常巧妙，不過沒一個管用！成功的資金管理一定要包含限制虧損的概念，不過我不準備在這裡跟各位「傳教」，說明停損的價值，我只是假設，下停損單或其他類似能夠限制虧損的辦法，符合大多數投資人的利益。

我們要如何運用行爲主義的技巧，來矯正這個問題呢？請回想先前提過的學習典範，讓我們利用圖9—2更仔細看一下。我們就以圖示的刺激—反應—結局聯結關係，看看有什麼辦法來矯正不用停損單的行爲。

停損單的問題，在於使用之後獎賞太低。停損單是用於防止行情反轉，因此有時也可以在有獲利時使用，以保障已經獲得的漲幅。但如此一來，可能使交易賺得的錢比原先該有的還少，然而這就是停損的概念，是在購買一個行情反轉時的保險。所以，除非是發揮了限制虧損的功能，否則實在看不出有什麼正面結局的效應。而且因爲是行情反轉才會點到停損，於是每當停損被點到，你被迫離場時，感覺上好像挨了一記悶棍。如果老是這麼挨槌，誰還會樂於下停損單呢？如果你是在單子有浮動利得的情況下掛停損單，一旦被點中，那就表示平倉後的眞正利得比你原先該有的還少，這給人的感覺同樣是負面居多。萬一行情先向下點到你的停損，然後又掉頭回漲（如果你原先做多），那種感覺更糟！

本質上來說，使用停損單的行爲結局，幾乎沒有一樣是正面的。也許我可以這麼說：因爲下了停損單，所以虧損不致擴大。不過這種想法還是從負面來做思考，我們只會把停損當成必須的預防措施而已，沒有獎賞的感覺。

這也是許多投資人在必須認賠了結時，常常會出現猶豫的原因。完全從行爲主義理論來看，使用停損幾乎找不到立即的正面結局。停損跟保險一樣，我們都知道要保險，卻又希望一輩子用不上。由於停損單總是帶著負面經驗，難怪很多投資人都不想用。若以佛洛依德理論來說，虧損可以比爲遭受閹割。這可不是開玩笑的。有些人會覺得，每次交易虧損，好像身體的某部分被切除了一般，因此要求投資人一定要加掛停損單，是很困難的。這也是爲什麼很多投資人怨恨、嘲笑、濫用或誤用停損單的原因。那我們該怎麼辦？既然使用停損單是資金管理必要的工具，那我們該如何替停損單找出好處，賦予它正面結局呢？

【步驟一】

要改變任何行爲，一定要先找出類似的新行爲。如果這項行爲相當複雜，或個體完全沒有這項行爲的話更是如此。假設你從來沒用過停損；再假設你的交易賠得很慘，所以想改變自己的行爲，那我們可不敢期待你一天之內就能學會。今晚睡前是罪人，明早醒來變聖人？沒這回事兒。你必須先設定一個新行爲，再慢慢達成你的目的。第一步要做的是，你每次下單後先設定一個停損價，記錄到你的帳簿上。光是把它記錄下來，並不會帶來虧損，或者有任何你想要避免的不好經驗。但是這麼做，卻有助於你最後想要採取的類似行爲。如果你能找到一位毛病相同的朋友，互相激勵、協助，互相監督，那效果更大。每一次交易，只要你願意記下停損價，朋友就給你口頭獎勵一番：「不錯！眞高興你記下來了。」「嗯，要繼續努力喔！」或者「你進步得挺快的嘛，我有點吃驚！」等等。反正是說說好聽話就可以了。要是你連這個小動作都不太樂意做，我看你還是算了吧。如果你會使用停損單，只是不能貫徹，那麼你可以從下一個步驟做起。如果是那些從來不用停損單的人，而且還是市場常敗軍的話，則前述的協助是必要的。別忘囉！我們是要改變行爲。

要執行這個步驟，必須別人從旁協助。如果是只有你自己一個人，很難會因爲記下停損價就鼓勵自己；再者，時間一久，懶勁一發，說不定你還會自己騙自己。在選取獎賞方面，當然得多費點心思，安排一些符合自己需求的。如果你能有所進步，而獲得朋友的肯定和鼓勵，那你就更接近目標了。如果沒有好友幫忙，要是你的營業員樂意協助，那也成。你可以給他停損價，要他記錄下來，但不眞正掛單到市場上。從他做的記錄，就可以看出你的進步，同時也請他鼓勵你。

這個階段，如果你沒有做好記錄的工作，是否該施以懲罰呢？我想，就是有懲罰大概也不管用。如果你有最起碼的意願，想在市場上成功的話，這點動力應該也就足夠你撐完這個步驟才是。要是你連這麼簡單的記錄都做不到，我建議你早日回頭是岸，離開投資市場吧！這才能眞正挽救你，日後免於大禍臨頭。我說得很不客氣，不過確是如此。我說得這麼明白，也是在考驗你的誠心。你要是眞心希望自己能在投資市場出人頭地，那就照我的話做。不然，你以後眞正賺錢的機會，恐怕是微乎其微。

如果你可以維持三個月，或者連續二十五筆交易都切實做下停損記錄就算合格，可以進行下一個步驟。第二個步驟是要把停損價報給營業員，但還沒有眞正下單。如果之前沒有朋友幫你，也許你就該進入這個步驟。如果在做記錄方面也完全沒問題，那就進行步驟二吧。

【步驟二】

爲求有效的行爲改變工程，我們必須遵循由最簡單到最複雜的步驟。如果你遇上的困難是非常基本的，那就由步驟一做起。如果你的問題不是那麼嚴重，那就進級。這是要誘發改變行爲應該採取的方式，也是所有學習過程的做法。必須循序漸進，一點一滴地完成小目標，才能邁向最終目的，不應任意跨越某個步驟。如果當中有某個階段你做得並不成功，請退回到更基本的項目重新做起，這樣才對。

停損工程的第二個步驟，是把停損價報給你的營業員。要開始進行這個步驟，你必須先完成前一個階段。本質上，第二個步驟跟前一個差不多，唯一的差別只在於，停損價不但要自己記錄下來，也要報給營業員知道。你要告訴營業員，只需記錄下來，還不必眞正下單。

如果他願意幫忙，而且每一次都能跟你說兩句好話，那是最好不過了。除了營業員爲你記錄停損外，你自己也要繼續做記錄。這樣做的目的，是要消除停損單的負面結局效應，讓你以後要下停損單時比較容易些。不過此時，還不是要眞正下停損單。

如同步驟一，你必須在步驟二獲得營業員、朋友及跟你一起進行學習的成員的口頭讚賞。目標是要達到百分百地樂意下達停損指示。這個大概幾週的時間就可以辦到了。一旦達成目標，即可進行步驟三，讓營業員去下停損單。不過在此之前，我想你一定願意再用個小技巧，讓停損單更具價值感。在步驟二，你可以一邊做停損價的記錄，一邊計算如果眞的使用停損單的盈虧狀況，再跟你原來的操作方式做比較。你應該會發現，如果眞的使用停損單，將比目前要好上許多。這個簡單的動作可以發揮神奇效力，來改變你對停損單的觀感和態度。一旦你了解停損單能夠帶來的巨大差異，使用起來將更起勁，而且必定在整體獲利上有極爲正面的效果。

【步驟三】

改變行爲的目的，就要是讓自身蓋上新行爲的印記。在改變的過程中，我們把正確行爲和正面強化一再地聯結起來。這個行爲愈常被獎賞，以後就愈可能再出現。停損學習的第三個步驟也跟前兩項一樣，是一種訓練，但必須要眞正下停損單。我們還是使用之前一樣的獎賞，讓朋友、夥伴及營業員給你口頭獎勵，還有，你也不要吝於鼓勵自己。停損記錄照常繼續，然後你下停損價給營業員，讓他幫你下單。到達這個階段，想必在前兩個步驟中已經準備妥當，不會再有害怕的感覺了。千萬別忘了，在下停損單之後，要設法給自己獎賞。

如果你能做到每一次交易都下停損單，那是最好！如果不能做到百分百，表示其間仍有搖擺，可能造成錯誤的學習。我們的目標就是要讓行爲變成習慣。根據我自己培養使用停損單的經驗，大概花三個月時間（或者連續依照指示做二十五次交易，看哪個先達到）就可以養成這個好習慣了。一定要循序漸進，一個階段做好之後，再進行下一個。

【步驟四】

這個步驟就是「練習、練習，再練習！」我先前就一再說過，我們希望養成的行爲，要不斷地給予獎賞，這是很重要的。要做到這點，唯一辦法就是一致地經常使用正確行爲。你一定會發現，設定停損是有用的，而且只要你這麼做，就會被獎賞。道理其實跟你使用交易系統差不多。要測試它，最好的辦法就是去用它；一旦你學會某項好行爲，就必須去「用它」，不然就會「忘了」！

重點複習

1. 要在交易上成功，必須要學習好的行爲。
2. 往往也要同時戒掉那些不好的、會造成虧損的行為。
3. 可以使用行為主義學習技巧，來培養新習慣、去掉舊習性，例如：「形成」、「消失」及「強化」等等。

4. 強化排程，可以控制行為出現的頻率，或者讓它變成習慣。
5. 在學習過程中，做記錄是非常有效的方法，更是改變行為不可或缺的技巧。
6. 投資人會犯下的市場「錯誤」，遠不只十種而已。
7. 改變行為的過程（即治療），必須經過幾個階段。而各個階段的成敗，都是互有關聯。
8. 過程中的每個階段，都必須比前一個複雜一點，而其間出現的各種行為，必須導向終極目標行為。
9. 行為一旦學會之後，要經常去使用，才會記得住。

10 再論交易問題

不用停損單或誤用停損單，不過是投資人可能犯的兩項錯誤而已。足以造成虧損的錯誤實在是太多了，我們無法逐一說明清楚。不過，大概可以歸類如前一章的表9－1。根據行爲心理學的指示，想要改變市場中的不良行爲，可以利用表10－1的基本形式來達成。只要照著步驟做，也許就能有效對付任何（或許是「所有」）的市場問題。爲了幫助各位以後可以獨力來進行這項工程，我會再以另一個市場常見的問題演練一遍給大家看。現在我們來對付投資人的另一個通病：太早平倉。

要進行改變行爲的計畫，一定要把想要改變的目標行爲界定清楚，行爲主義心理學家稱之爲「操作定義」，定義愈是清楚、明白，愈能成功改變。「太早平倉」的操作定義如下：

在投資人交易系統所指定的價位或時間來到之前，先結清任何多頭、空頭或套利部位。

再來就是照表操作。第一，先記錄下想改變的目標行爲，亦即如表9－2所示的記錄方式，記下在特定時段中該行爲出現的次數、頻率，之後我們才能有比較基準，知道我們到底

表10-1　改變行為的形式

步驟及描述	預期結果
1.記錄行爲	單獨挑出目標行爲
2.注意既有行爲出現之前的情況	單獨挑出刺激
3.注意行爲結局	判定獎賞爲何
4.定義「新」行爲	擬定明確目標
5.改變刺激因素	改變反應
6.改變行爲結果的因素	增加「新」行爲出現頻率
7.「淡化」獎賞	讓「新」行爲取代舊行爲
8.檢視「新」行爲	確定已養成習慣

改變了多少。屆時我們就能很精確地知道，到底有多少交易（例如七成）是在適當時機之前即結清的。

第二步是要記錄目標行爲發生前的刺激狀況，例如，也許只要有某個特定因素出現，就會讓你「太早平倉」。在我自己早期的交易經驗中，「太早平倉」九成是因爲盤中接到營業員打來的電話，這些電話會打擊我的信心。這個環境刺激，是可以改變的。後來我指示營業員，除非是要回報成交，或者是我要他打電話過來，否則不要在盤中打電話給我。只是一個簡單的動作就有效地解決這個問題，讓我得以遵循交易系統的訊號，來獲致該有的報酬。也因爲遵循交易系統而得到獎賞，我同時建立了信心，後來對營業員盤中電話就能處之泰然了。在很多狀況下，要改變某一行爲，其實只要改變會帶來刺激的因素即可，各位千萬別忽略這項極爲有用的技巧。不過，刺激也常常是難以單獨操控的，如此就必須再往下進行。

第三步是「注意行爲結局」。在這個例子中，不管是賺多、賺少，太早平倉明顯可以紓解抱持部位的「焦慮」，那種讓人鬆了一口氣的感覺就是獎賞。很多狀況下，營業員也會爲平倉的動作提供獎賞，而營業員自己往往不曉得，他的一言一語正是特定行爲的獎賞或刺激。比方說，你太早平倉之後，營業員可能這麼安慰你：「高興點，我們總算搞定了嘛！」或是「你賣得好啊！我想行情要走下坡了。」以下幾句話，是太早平倉之後可能聽到的標準獎賞：

「哎呀，起碼我們不必再擔心它了啊。」

「至少也賺到錢了嘛！」

「雖然只賺到一點，也比賠錢強啊！」

「還好已經平倉了，不然他們一定會殺過來點掉你的停損！」

「我們離開得正是時候，後來行情就大跌啦！」

另外還有一些說法更微妙，對於交易的嚴肅性也帶來更強的破壞力：

「這沒什麼損失啊，如果嫌太早平倉，隨時可以再跳進去嘛。」

「人生總有例外的啦。」

「交易系統可不是每次都對。」

「我們現在平倉的話，在報告公布之前，也只是損失一筆手續費而已。」

這些話都能讓人解除焦慮感，因此就發揮了強化效應，結果對部分投資人來說，太早平倉反倒成了獎賞。在某些狀況下，例如太晚認賠時，光是一個單純的平倉動作，即可發揮獎賞效應。對部分投資人而言，抱著部位，承受獲利或虧損的壓力，是非常緊張、吃力的，所以儘管是太早平倉，但等於解除這個讓他緊張的狀況，反而成爲一種正面經驗。如此一來，在爾後的交易中，「太早平倉」出現頻率就可能增加。至於那些虧了一褲底才認賠的人，平倉動作也會帶來正面經驗的效果，兩者都是那種解除緊張和壓力的感覺在獎賞不良的行爲。這好比有個笑話，說某個呆子不停地用頭去撞牆，人家問他爲什麼？他說：「因爲停下來不撞的感覺眞好！」那些不知道在適當時機認賠出場的投資人，可能抱著逐漸擴大的虧損，把緊張和壓力逼到極限，然後才以平倉來尋求紓解。不過在這種情況中，通常一虧就是一大筆，對這種事情勢必要有所警覺。有些行爲心理學家，如艾斯蒂斯（W. K. Estes）即特別強調這種有效終結的強化作用。延遲認賠，結果看來反倒是有理的。而一旦某個錯誤深根柢固之後，要再改變，就得大費周章了。所以，我才一再強調交易和投資，都要用一種有組織性的、事先完整規畫、有特定方法、有條理的方式來進行，尤其是在防止一些錯誤行爲的侵蝕上。

對那些情緒不夠穩定，還不成熟的投資人來說，誰都可以把他耍得團團轉，不管是朋友、投資顧問、場內交易員、新聞報導、大舅子、小姨子甚至隔壁王大嬸的兒子，他們只需

「一言」就足以「喪邦」矣。投資人的不安全感，常常就是跟這些過於龐雜的訊息管道有關。在這種情況下，「刺激」來源相對複雜，不是我們可以單獨改變的。

第四步，定義「新」行爲，通常即是我們要矯正的行爲的相反行爲。要成功改變行爲，最好弄清楚操作定義。本例的定義是：

不管其他資訊管道有什麼消息，只有在交易系統發出訊號時才進行平倉。

第五步，可能的話，就去改變刺激因素。在某些狀況下，有些事情是不能改變的，如果固執於此，那就不切實際了。不過，就算有些是不能改變的，也應該先著手消除那些可以消除掉的，即可減少一點不良的刺激。幾年前，我自訂的「救命」法則就是，不惜任何代價，避免跟任何人討論行情，連行情報導、預測、分析等都不看，毋言毋視毋聽，這就是我的辦法。這可不容易，像是市場刊物、新聞報導、投資刊物和號子刊物等，全部嚴行禁斷。萬一旁邊有人在討論，還得學會把耳朵關上才行（要做到這一點，通常要先學會閉上嘴巴）。我當年要改掉賠錢的壞習慣時，就是這麼做的。

第六步，最重要的是改變行爲的「結局」。這裡就需要你多花點心思了，你必須設法從旁人、你自己和市場上去獲得獎賞，增進強化效應。我們之前介紹過的技巧，儘管拿出來使用，或者自己視情況來調整。訣竅是，在完成目標行爲時，就要立即獲得獎賞。請各位緊記在心。

第七步，「淡化」獎賞。這一部分我們尚未討論過，不過各位可以先了解一下這個詞彙。如果時日一久，我們希望養成的行爲已逐漸增加，就可以逐步減少獎賞，終至戒斷。因爲這個行爲本身就能提供自我滿足，也會增加在市場上的獲利，自然會有強化效應。

第八步，檢視「新」行爲。這個步驟也不難，因爲你從自己的交易績效，應該就可以看出行爲改變是否成功。不過，記錄工作最好還是繼續，如果自己在交易時出現什麼改變的話，從記錄上即可一目瞭然。就算不會馬上影響到獲利績效，也有跡可尋。

除了我們前面提到的常見市場問題外，其他還有很多好行爲是必須加以培養的，「紀律」就是最重要的一個。我的看法是，行爲只要能夠加以定義就學得會，在此，我要詳細介紹一些方法，讓各位來訓練「自律」。

在進行行爲改變時，若能切實遵行以下這些關鍵因素，你的努力將會更加有成果。

1. 儘可能詳細定義所有相關行爲。
2. 正確記錄產生刺激作用的事物。
3. 正確記錄所有反應結局。
4. 儘可能詳細定義目標行爲。
5. 一旦完成目標行爲，一定要馬上給予獎賞。
6. 改變工程完成後，持續監看行爲。
7. 在改變行爲接近百分百完成時，停止獎賞。
8. 對整體交易計畫而言，所有相關行爲都是重要的。

104

台北市南京東路一段52號7樓

廣告回信
北區郵政管理局登記證
北臺字3655號
免貼郵票

財訊出版社股份有限公司

縣市

市鄉
區鎮

路街

段

巷

弄

號

樓

貧者因書而富，富者因書而貴

謝謝您購買財訊叢書！

為加強對讀者的服務，請您詳填本卡各欄後，寄回本社。

姓　　名：____________________性　　別：____________________

通訊地址：____

____

電　　話：____________________傳　　真：____________________

E-mail：____

教育程度：□高中/職或以下□大專□研究所□其他____________

職　　業：□金融業□保險業□大眾傳播□出版業□資訊業

□製造業□貿易業□服務業□自由業□其他__________

職　　位：□職員□基層幹部□中階主管□高階主管□負責人

□其他____________________________________

年　　齡：□20歲以下□20-25歲□26-30歲□31-35歲□36-40歲

□41-50歲□50歲以上

月 收 入：□5萬元以下□5-10萬□10-15萬□15萬以上

您購買的書名：______________________________________

您購買本書的理由：□內容符合需要□作者知名度□書名吸引

□封面吸引□價格合理□其他____________________________

您用何種方式購買本書：□書店□網路書店□郵購□團購

□信用卡傳真訂購□書展□其他____________________________

您對本書的批評：______________________________________

____

____

您從何處得知本社出版訊息：□財訊月刊□財訊快報□今周刊

□網路介紹，網站名稱____________________□書店□報紙媒體

□廣告DM□親朋介紹□其他______________________________

您希望財訊出版社繼續出哪一類主題的書籍：□投資理財

□財經趨勢□人物傳記□兩岸政治□其他____________________

9. 經常注意交易行爲的變化跡象，通常可以從虧損增加瞧出端倪。
10. 儘可能尋求親戚、朋友及營業員的協助。
11. 切勿低估控管刺激因素的潛在利益。
12. 要有組織地進行交易。有效地組織化，可以充分記錄、掌握所有的必要的行爲、刺激—反應狀況、頻率，判斷是否需要改進。
13. 以科學的方法來進行行爲改變，觀測行爲線索、計算行爲發生的頻率，把發生次數實際記錄下來。
14. 不要花太多時間去推理，去想自己爲什麼要這麼做，只需要注意自己在交易過程中有什麼不好的行爲，再針對它擬定計畫來改變。

重點複習

1. 為了要改變舊行為、培養新行為，必須依循一套特定的行為理論步驟。
2. 必須進行的步驟，都要詳細規畫，不能打馬虎眼。
3. 行為改變工程必須高度系統化。
4. 儘可能尋求他人的協助。
5. 不必浪費時間去找出行為背後的原因。

11 排程與自律

在前幾章中，我提到排程及其重要性。以詳細的排程來作業，有三重好處：

1. 可幫你避開代價高昂的錯誤及疏漏。
2. 可幫你維持有紀律、有秩序的交易方法。
3. 可幫你培養良好習慣和健康的態度。

學習者必須堅守一套組織完備、具特定目標、詳盡、適用廣泛且實用的排程，才能達致其最後、最圓滿的目的。具有良好的組織能力，不但能辦成許多事，同時還可以擁有許多空閒的時間。最後，只要謹慎地善用排程，在做事態度及獲利上，均可收到立即的成效。當然，有許多成功的投資人並不是利用排程而有今天的佳績，或許他們這輩子根本沒用過排程這玩意兒，因爲他們用不著，就已經達成你想要達到的境界了，所以拿這些人來做例子並不合適。一旦你也能夠達成目標，自然也不必再用到排程，因爲其觀念已內化到你心裡。如果這本書洋洋灑灑、長篇大論的結果，只能激發你去做「一件事」的話，我希望那是「排程」。

表11-1 每日記錄

日期	時間	活動項目
週一	7:00 － 8:00 PM	閱讀市場報告
週二	7:00 － 8:00 PM	規畫長期目標
週三	7:00 － 8:00 PM	分析業績報告
週四	7:00 － 8:00 PM	研究交易法則
週五	7:00 － 8:00 PM	彙整每週結果
週六	2:00 － 3:00 PM	更新週線圖
週日	7:00 － 8:00 PM	規畫週策略

從哪兒開始？

要建立一套實用的排程，必須先把你想做的事一一列出，現在我們討論的都集中在市場交易活動，只要把這些目標納進來即可。未來如果你想應用在生活上的其他方面，那也不難，只需比照我們現在建立交易活動排程的模式即可。有些人以爲，交易活動排程應該包括：閱讀市場報告、準備價格趨勢圖表（或者是基本資料）、做出交易決策、更新交易記錄、閱讀市場相關素材、研究交易規則、測試及發展交易系統、擁有空餘閒暇，以及籌備一個五年計畫。

先決定要包含哪些活動項目之後，接下來再根據各個活動的發生頻率進行時間分配，如表11－1所示。每天都在市場上殺進殺出的人，當然得花更多時間在這上面，其他很多投資人則屬業餘性質，不必這麼拼命，只要每天撥點時間來照顧即可。不過這個時間最好安排在日常工作開始之前或之後，最好不要夾

表11-2　交易計畫排程

日期	活動內容
週一　7:00－9:00PM	進行停損計畫第三步驟。評估上週的進度。規畫本週進度。
週二　7:00－8:00PM	分析上週交易狀況，檢視所有交易法則是否均依系統辦事。計算虧損/獲利的比例。
週三　8:00－9:00PM	跟營業員討論停損計畫的進度，看是否到有什麼改變。設定下一個目標行爲。
週四　8:00－9:00PM	檢視行爲結局，以確保目標行爲有足夠的獎賞。
週五　8:00－9:00PM	定義交易計畫下一步驟，並使之實務化。抓個大概開始的時間。評估現在目標的整體進度，並在必要時做改變。
週末	週末保留給技術分析交易系統，並規畫下週交易。

在中間。我可不建議你在白天從事全職工作的時候，偷空研究股票。

每天挪出一個短短的時間來做研究，反而比長時間投入更見效果，所以我建議各位，每天撥出時間專注於最主要的目標行爲，但時間不必太長。當然，有些目標行爲是要每天都包含進來的，有些則維持每週進行即可。如表11－2所示，這位投資人顯然是另有全職工作，交易只是業餘的。

另外，每週建立一套新的排程，也是不錯的方式，可以順便檢視各項活動完成的進度如何。同時，可以爲自己的進步，做些適時的回饋。

花多久的時間最好？

要花多少時間在投資上呢？過猶不及，太多或太少都不好，理想上，每天不必超過一個小時。不過就算只有一小時，也許還是太多了。不同的交易系統需要不同的時間，我的建議是你每天分配給投資市場的時間，在研究、分析上不必超過一半，其他時間應該用來分析操作績效、行爲結果、自我評估以及五年計畫之類的長程規畫。等你慢慢熟悉排程作業之後，就可以更精確且更經濟地來支配各項活動的時間了。

如果你也安排了本書提到的行爲改變計畫，那麼每天所花的時間就有必要再增加一些。而且最好在週末利用兩倍的時間來安排、規畫下週的交易，通常只要兩個小時就足夠你安排下週交易事宜了。

嚴格遵循排程

如果你想要有效果，一定要緊迫盯人，嚴格地遵守排程。我建議你把遵守排程視爲每天最重要的工作，一直到它成爲你的一部分爲止。要追求投資上的成功，一定要有紀律，所以你必須把投資活動定出一定的時間表，即予以排程才行。而每天最重要的是培養自己遵守排程必要的紀律，如果做不到這一點，就甭提你想要什麼成果了。

有彈性，但要堅定

要讓你的活動排程帶有正面感覺，必須兼顧彈性和堅實性。你要是認爲活動排程既單調又無聊，而且還是個苦差事，心裡滿是負面想法，必定起不了什麼作用。在排程中包含一定的彈性，通常感覺上會比較好過。如果其中有些例行公事讓你覺得多餘、無聊，或者不知道有什麼用處，那就把它們拿掉，看是要讓時間空著，或者另外安排更重要的活動都行。屆時你會發現，常常做些變換，執行起來更愉快。當然，有些人比較喜歡變化，有些人則樂於固守一套既定的清楚排程，端看你自己的態度，只要將排程效果發揮到極至就行了。

優先事務、必要工作及自由時間

排程中必須包括哪些事情呢？一大部分端視個人而定。不過，有些特定目標，我建議任何投資人都該列入每日排程內。

1. 為市場做準備。如果你是技術分析派，那一定要定期做功課，而且是每天做比較好。不過有些投資人，特別是以長線投資爲主的，或許覺得每個星期做一次就夠了。如果是基本分析派，你要經常研究相關的統計、財務數字及閱讀各類報告。這些研究功課，對任何交易系統都是最重要的，閣下應該將最大的努力放在這上面，且將其列爲建立排程的首要之務。誠如我先前提及的市場徵狀和負面態度中，不積極做功課研究市場及行情，將很快嚐到苦果。一旦你開始懶得做研究、做準備，投資績效很快就會反應出來。等到你想到要更新資料，比方說補滿價格趨勢線圖時，也許會發現：「如果線圖能隨時更新，就不會有那次失誤了！」這就是排程可以幫助你的地方。我強烈建議各位，每天或每週特別安排一段時間認眞地做投資功課。就算你選擇不安排時間做任何活動，還是要特別騰出一段時間來研究市場。這個很重要，眞的很重要。許多投資人在市場上碰到的問題會對於他研究市場的意願形成立即且負面的影響。

2. 交易決策。大部分投資人是在更新線圖或進行技術分析時做出投資決定，但我不推薦這種方式，我認爲最好是在做完所有技術分析及基本分析的功課之後再做決定，所以，別忘了在活動排程中撥出一點時間來進行投資決策的擬定工作。之所以這樣建議，是因爲投資決策過程非常重要，不應該跟其他事情混雜在一起。投資人如果忙著更新資料、研究財務報表，腦子裡一定是亂糟糟的，哪還能做出務實而理性的決策呢？如果是先把該更新的更新、該研究的研究完畢，對每個市場狀況一目瞭然，不會受其他雜務所干擾時，判斷會更客觀。進行投資決策時，一定要不慌不忙，以公平而超然地態度，爲投資利益做最大的考量。我發現，特別撥出一段時間來做判斷，決策品質更值得信賴。

3. 做記錄。對於進出頻繁的投資人，我認爲每天做個記錄、回顧一下，是必要的。至於保守的投資人，也許在市場上進出很少，但最起碼也要每週做個回顧記錄。各位一定要能充分掌握自己的投資狀況才行，不管是任何時候，都要知道自己的投資情形和投資績效如何。如果你跳過第10章的記錄專論，請你現在翻回去讀。

4. 行為工程。如果你正在執行行爲改變計畫，記得撥出時間將其列入排程。

5.長程目標。之前提過要擬定一個長程的財務計畫。把自己的目標和期望描繪出來，再加以規畫，這個時間是不能省的。撥點時間好好規劃你的五年計畫。要怎麼做呢？就是把自己雄心勃勃的目標寫出來，比較一下目前進度和先前所訂的目標，掌握實際進度如何，了解一下自己朝目標前行的速度是快是慢，這些事情都得花時間。

排程選取的標準，以最符合投資人交易需求及生活型態爲準。對於甫進入市場的投資新手而言，排程可以讓你很快地步上正軌，不然可能會很快陷入虧損的悲慘命運。除非你透過排程來建立信心和紀律，否則很難在投資市場上成功。夢想著獲利，卻運用既無組織也沒紀律的方法，一開始就注定要失敗。

重點複習

1. 能在投資市場上成功的方法，必定是有系統性而且嚴格要求紀律的。
2. 使用排程，有許多好處。
3. 根據你個人想要達成的目標來設定排程。
4. 每一項必要的活動，都要安排特定時間進行。
5. 不管你的投資方法或目標是什麼，有些市場相關要點一定要列入排程內。

12 順勢操作很重要

經驗教導我們，不管你用的是哪一套交易系統，也許順應市場大勢來操作才是最有賺頭的交易方式。股票和期貨行情都會以長期趨勢來波動，這些趨勢常會持續數年之久。在潮浪剛起時就抓對趨勢的投資人，往往可以獲利數倍（有時還會更多）；如果他們夠幸運，能在趨勢達於頂峰或即將反轉時出脫，則賺得更多。至於那些投機炒短或做短線的投資人，也可以利用長期趨勢來獲利。在既定的市場行情趨勢中，大部分的短線獲利，同樣來自順勢操作。這個基本原則，在所有投資「大師」的書中都曾提及，或許《股市作手回憶錄》說得最簡潔有力（引自該書第八十八頁）：

> 後來我了解，只有在行情大幅震盪時才有機會賺大錢。而不管造成行情大幅動盪的原始刺激是什麼，趨勢之所以得以持續，是因爲某些基本條件的支撐，而不是靠主力資金的操縱或財務人員的狡詐操作。不管是誰想抗拒潮浪，震盪的幅度、律動和時間長短，都由這個基本動力來決定。

不管是技術分析派或基本分析派，均了解順應市場趨勢的操作價值。基本分析派的投資人和市場分析師，汲汲於研究企業盈餘、作物狀況、長期負債、出口狀況等重要財務、經濟指標，就是希望掌握長期價格趨勢；而技術分析派研究價格線圖，尋找所謂的「突破點」、「頭肩底」等價格圖形，也是爲了掌握趨勢的變化。景氣循環分析師研究經濟趨勢，尋找相同的歷史經驗，目的仍在界定趨勢變化的時間範疇。移動平均線交易系統，更是以時間爲基準，來彰顯趨勢的變化。不論是基本分析或技術分析傾向，大多數的交易系統都是要找出獨特的價格模式，利用它來預測行情以達到獲利的目的。至於搞短線的投機客或「帽客」，對於掌握趨勢也很感興趣，他們將焦點放在找出較短的趨勢，來微調他們手上的部位。也有投資人是以趨勢中的「過度反應」爲交易主調，他們當然也要了解趨勢何在，才能決定行情是否過度反應。

然而，儘管市場上對於趨勢有種種看法、說法和做法，包括移動平均線、景氣循環、長期價格模式、訊號、財務經濟指標、趨勢反轉、關鍵反轉、企業盈餘報告和各式各樣的市場指標，投資人要做到順勢操作還是相當不容易。如果這麼簡單的話，市場上一定有更多的有錢人，讀者也不必費神來看我這本書了。可是我得說，照李佛瑞的說法，趨勢的概念可是簡單的嚇人：

> 顯然地，在多頭市場中做多，空頭市場中做空，事情就是這樣。聽起來很蠢吧？……可是我花了好長一段時間，才牢牢抓住這個毫不稀奇的原則，才了解運用它就是搶占獲利的可能性。（引自《股市作手回憶錄》第八十八頁）

要運用趨勢法則來賺錢，顯然是有些限制因素才會變得這麼困難。大多數投資人寧可當多頭，而不願當空頭。爲什麼會這樣呢？我認爲心理因素本身就是關鍵，是一種「人類獸性的本能」。而更令人喪氣的是，事實上趨勢是非常容易辨認出來的。

趨勢是什麼？簡單說，趨勢就是在某個時間區段中特定的移動方向。圖12—1中，(a)圖是玉米價格的長期趨勢；(b)圖則是更靠近一些來看；(c)圖是由許多趨勢變動中單獨挑出一段來。我們可以像這樣用放大鏡，逐步來觀察趨勢，一直到以盤中價位跳動點所構成的微形趨勢爲止。

如同各位所見，市場的確是以特定方向的趨勢在波動。價格的波動絕對不是沒有方向，價格的起落也不是由亂數表隨機跑出來的。行情的變化是一個具有持續性和特定方向的模式，研究這些模式（或趨勢），投資人就能做到逢低買進，逢高賣出。大多數的交易技巧和市場分析工具不外乎有兩個目的：研究目前行情處於何種趨勢？或者研究目前趨勢何時反轉？爲了搞清楚這兩個問題，大家無不埋首研究，利用各種技術指標、投資工具及各式各樣的指數，進行獨立運算或綜合判斷

這樣有效嗎？我認識一位非常成功的投資人，他說得很坦白：「那些垃圾我可沒用過。我就看價格線圖而已。如果現在的價格比四個星期以前高，而且比四個月以前高，那趨勢就是向上。我會挑個有壞消息出現，而股價下跌時進場買進。有時也會買在最高價附近，不過重要的頂部和底部，我很少弄錯。」這樣做就對了！

既然研判趨勢這麼簡單，那爲什麼要靠它賺錢卻這麼困難呢？我們最好是配合線圖來做

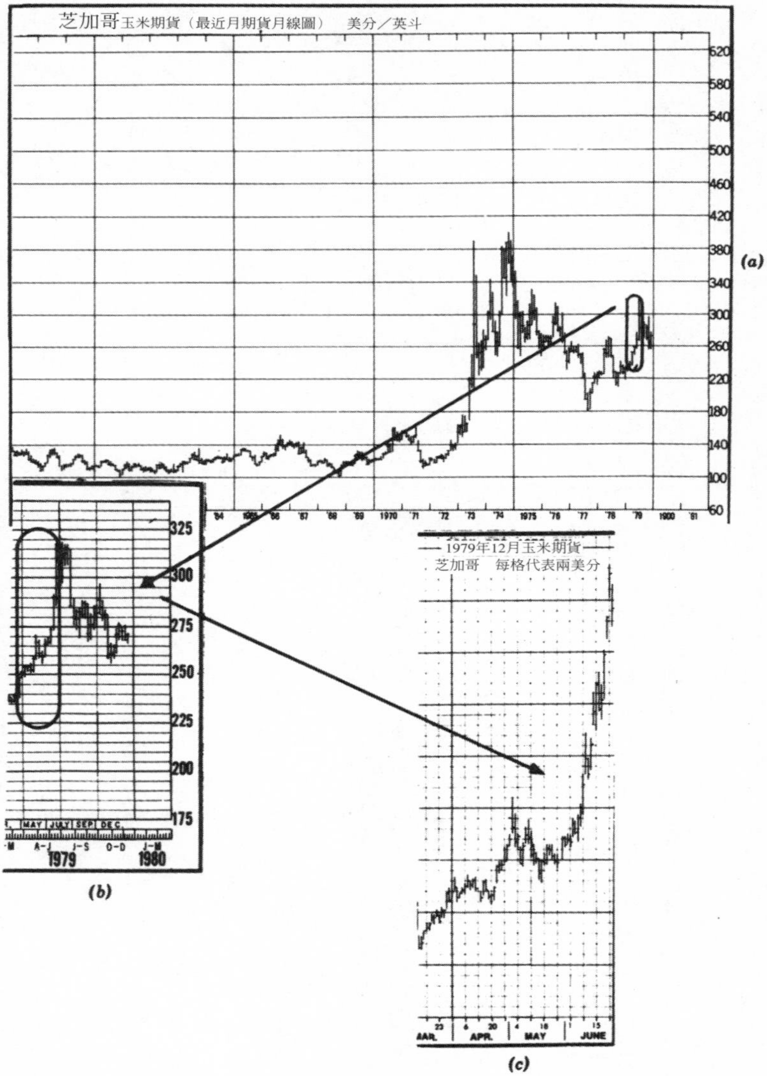

圖12-1 玉米行情的長期趨勢（Commodity Chart Service授權使用）

說明。圖12—2是玉米期貨日線圖。本質上，買賣玉米跟交易黃豆、IBM或任何一家公司的股票一樣，投資人的行動和反應永遠都是最重要的因素。

假設這位投資人現在看到行情一路下跌，不過他討厭放空，或者是不敢放空，所以他要在行情觸底以後，等待「關鍵反轉」信號的出現。關鍵反轉是指當日盤中交易價格在前一日最高及最低之外，且收在高檔，並出現長下影線。很多投資人把這種日線，視爲關鍵指標，圖中可以看到這個信號。就技術上來說，如果投資人嚴格遵循交易系統，在看到這個信號之後就要進場買進（記得我們之前也討論過交易信號和系統的使用）。偉大的日子終於到來，衝鋒號角已經響

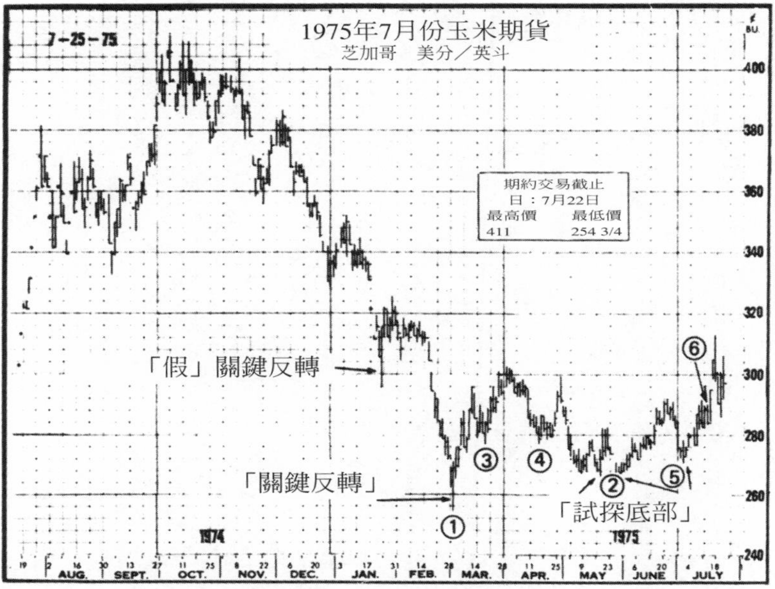

圖12-2　玉米期貨日線圖（Commodity Chart Service授權使用）

起，在這種情況下，大多數投資人可能如此反應：

1.「再等一下，以便反轉型態更明確。」
2.「的確反轉了。不過成交量不夠大。再等等吧。」
3.「如果眞的反轉的話，反正還會持續很久，進場時間多得是。」
4.「之前跌很兇喔，我有點怕怕的。還是等個幾天，確認趨勢確實反轉吧。」
5.「如果現在進場，說不定回探底部時，停損單就被點到了。」

這些反應都是投資人在遇到市場大反轉時的合理化藉口，因爲害怕虧損，所以他們不敢在第一時間遵循趨勢反轉的指標進場交易。潛意識中，這些投資人認爲應該可以做到無虧損交易。他們不了解，犯錯也是交易活動的一部分，做買賣必然是有賺有賠的。這種不務實的態度屬於本能衝動，跟閹割恐懼的童年幻想有直接關係。如果佛洛依德的理論沒錯，閹割恐懼和害怕虧損都來自幼年期間兒童與父母的對立，此後深藏在潛意識中，一直到成年還受其支配。

儘管價格衝上頂峰或跌到谷底時，都會出現特定信號，但大多數投資人在情緒上卻很難即時有所動作。很多人先是苦苦守候趨勢反轉，一旦關鍵的那一刻眞的來臨，卻又嚇得不敢動。之所以如此，理由可能是：

1.不切實際地害怕虧損。
2.缺乏自信，態度也不夠積極。

3.由於負面學習，導致行爲的無能。
4.不嚴格遵行交易系統，缺乏正確的學習。
5.聽信矛盾的訊息。

在大多數投資者將會跟隨的重要信號出現時，卻無力行動的投資人，心理上通常有一些特別的障礙，這些障礙也會在日常生活中顯現。根據我個人看法，這種投資人應該是：

1.父親支配性格非常強，喜歡體罰小孩。
2.父母的教養方式讓小孩產生依賴感，無法自行做決定。
3.配偶牙尖嘴利，當事人如果犯錯，常遭苛責。
4.由於負面的兒時經驗，導致當事人缺乏自信心。

在重大信號來到時無法做出交易決策，其實也不罕見。儘管有些缺陷，投資人如果把它當回事，在損失擴大前做些必要的修正和改善，還是有機會賺取可觀利潤。不過要改變行爲，對大部分的人來說是相當困難的。假定主要反轉訊號出現時，投資人沒有把握到機會，大部分情況來說，爾後市場通常還會再測試頭部壓力或底部支撐（如圖12之的　所示）。遇上這種狀況，投資人又會有什麼反應呢？

1.「再等一等，看能不能等到更低價！」
2.「價格回探得太深了，可能還會破底喔。」

3.「還是等突破近期高價（或低價），確認測試已經完成吧。」

第二次機會又過了，結果投資人還是沒有動作。某些投資人會啓動防衛機制來保護自己，免於面對現實。他們通常會如此合理化：「現在趨勢已經確定了，等回檔就買！」這種投資人左挑右撿，結果是：根本沒回檔；或是有回檔，但回得太少，價位不夠好；回得夠深，可他會嚇壞了；萬事俱備，可是心裡遲疑，動作太慢，以致沒抓到。一次又一次的挫敗，必然會造成愈來愈多的失誤。然而，這些人事實上知道趨勢動向，看到了反轉訊號，也曉得自己應該怎麼做。

有一個最常見的合理化說詞是：「我們要在多頭走勢時的回檔中搶進。」這個說起來很簡單，做起來可是很難的。人們平時自詡善於控制情緒，一旦事情臨頭，需要採取行動時，卻往往有幾千個，甚至幾萬個藉口來規避、閃躲或拖延。心理上而言，回檔行情往往跌勢兇猛，還伴隨一些壞消息，當天下人皆曰快逃之際，敢頂著鋼盔往前衝的，可是少之又少。而且回檔一旦出現，看起來又像是趨勢要反轉了。此其時也，營業員眾口哀嚎，投顧全面看空，大夥都覺得情況不妙，利空新聞接二連三，我們原先信誓旦旦的勇氣，此時恐怕已是三鼓而竭了。處在這種外在環境下，投資人幾乎嚇壞了，豈敢在回檔時搶進。敢殺進市場的，恐怕也挨不到時機成熟，就又早早出場了。會產生這些行爲的心理因素，也是我剛剛提到的那幾項。

股票投資顧問界老前輩羅素（Richard Russell）正是許多在行情大反轉時承認人性限制

的市場專家之一。某次在等待行情反轉時機到來時，他在投資刊物中寫道：

> 所以，我現在告訴各位，要下定決心喔！在指標顯示行情已經觸底時，各位一定要做好準備。……到時你會「覺得」很難進場買進……你身體裡的每一條纖維都在告訴你，股市完蛋了！華爾街垮了！此時，你必須對抗自己的情緒。但這就是買進的好時機。所以，現在就好好準備，在情緒上武裝好自己。（引自《道氏理論投資快訊》第七七九號〔Letter #779 Dow Theory Letters〕）

在市場趨勢轟隆前行的同時，必然有數不盡的藉口，來為自己沒有採取行動進行合理化，可是沒有一個藉口是有用的，是可以讓你成功的。不管沒有採取行動的原因是什麼，結果不但沒錢到賺，而且通常讓人覺得很挫折。事實上，不行動比行動還要更糟、更危險！不去行動會讓人感到挫折，而挫折日久會使人失去判斷力，而且缺乏耐心，增加犯錯的機會。

再回來看我們的例子（圖12—2）。假設①和②的買進機會都沒抓住，而且其他小回檔（③、④、⑤）也都沒順利地建立部位。

順勢操作怎麼會這麼難呢？

現在，在底部階段的機會都沒抓住後，投資人接下來也許要犯下最大的錯誤了。這位沮喪的投資人也許會這麼合理化自己的行爲：「等到突破下一個壓力區，我就進場！」但是等到⑥突破頸線壓力時，投資人卻又更害怕了，他會繼續這麼合理化：「現在價格太高了，我還是等拉回到頸線再進場。」這樣做有時候行得通，但通常是落空的。於是我們這位投資人又是一敗塗地，他既傷心又失望，無法再說服自己，以爲自己大概天生倒楣，註定是個失敗者，態度轉趨消沈，因爲一再的挫敗，而拋棄自己的交易系統，也不再把心力投注在市場上，甚至開始恨起自己來。通常，在行情接近底部或是在多頭最後一段狂飆的時候，投資人會遭受最大的挫敗。當價格持續攀高，市場一片樂觀，以爲行情還會繼續上漲時，才「認了吧！」，敲進！結果通常幾天之內價格就回落了，說不定是當天就反轉。大家均一致看好時，行情也就到頂了。結果是，眞正到了底部，敢進場去買的寥寥無幾，而一旦在做多，出現頭部訊號時，反而沒人注意。碰到關鍵時刻，投資人失去了自我約束的能力，也早就把交易系統拋到九霄雲外了。在這同時，投資人驚疑不定，既期待又怕受傷害，最後是感到一陣被拒絕的挫敗。而套牢的部位卻又緊抱不放。會抱到什麼時候呢？大概就是下次大反彈之前吧！等他認賠出場，價格就翻上來了。再一次，又是極大的挫折。

這種發展情況並不少見，如果你自己就是如此，或者有一兩個地方吻合你的情況，表示你需要一些協助。如果你曾經被其中一兩個失誤所害，它們會帶來什麼樣的虧損，想必你很清楚。你若能愈快改正，未來操作狀況就會愈好，儘快尋求幫助才能免於破產危機。我可以簡單地告訴各位，這些悲劇的成因，只因爲投資不遵守紀律罷了。希望各位再回頭看看前幾章，搞清楚該怎麼改變你現在的行爲。除了先前說過的那些之外，我還提供幾個重點：

1. **反求諸己，探索自身的潛在動機**。我所說的就是平常而簡單地探索自我心靈。把你自己所設定的目標列出來，精確地去了解自己想要透過投資達到的境界和成就。或許你根本還沒設定特定的目標，既然不知道自己要去哪裡，當然就不曉得該往哪條路前進。你要仔細規畫出方向，看看自己設定的目標是否切合實際，思考投資是否是達成目標的最佳途徑，再衡量一下自己願意付出多少努力。要做到這一些，你得對自己百分之百的誠實。有些人做投資、做交易只是爲了他人，想讓人家驚訝於其能耐，或者靠著投資的成功來展現其吸引力罷了。
2. **反省你與父母的嚴重衝突**。許多內化的處世態度、恐懼、逃避反應或錯誤認知，都源於幼年時期的經驗。畢竟，許多學習活動，不管在意識層面或潛意識底層的學習，的確都是幼年時期形成的，如果你不知道父母的教養方式是如何來影響到現在的你，你也許就不夠了解自己的內在動機和態度。
3. **確認你的夫妻關係對於決策能力的影響**。（如果閣下未婚，請檢視自己與伴侶的關係，是否會影響你看待事物的方式和行動。）通常，家裡有小孩的已婚男性投資人，因背負極大的責任而容易導致無力感，而且我們通常很害怕來自配偶的否定態度，在很多事例中也可見夫妻之間常缺乏共同目標，因此如果能跟你的家人、配偶分享投資目標，在做決策時，將可發揮極大的助力。
4. **以先前所述之預定交易法則為操作規範，並嚴格遵循**。如果你始終無法遵照原定法則來交易的話，我建議檢視生活其他方面，看看是否也有缺乏組織性、無法自律的狀況。

5. 回憶及重現可能限制你操作能力的心理創傷經驗。在幼年和小學時代遭受的創傷經驗，到成人時期還時常隱藏在潛意識中。如果你可以記起，讓那些經驗在目前對你不具威脅的環境中「重現」，將有助於排除這些恐懼。這些負面情緒不利於操作績效，如果你可以再教育自己，將這些被壓抑住的情感發洩出來，會很有幫助。

6. 擬定完整投資計畫，自始至終都在掌握之中。搞清楚自己的目標，到底要完成什麼？要如何去做？希望得到什麼結果？哪些問題需要解決？要花多久時間？

7. 尋求他人的協助。跟志同道合的夥伴一起奮鬥通常是有好處的，他們可以指出你的缺點，你也可以幫助他們了解自己的限制。很多投資人組成團體後的運作狀況都相當成功，原因就在於投資團體提供更多的訊息以及集體的決策過程，而且從中可學到自我紀律。

重點複習

1. 在市場上賺錢，最有效的方法就是順勢操作。
2. 要判別市場趨勢並不困難。
3. 雖然行情趨勢及反轉很容易判別，但大部分投資人還是虧錢。

4. 情緒因素對趨勢操作有限制性影響，很多原因都可能導致投資人不願意跟隨趨勢操作。

5. 僅僅以小部分時間順應趨勢來操作，就可以有穩定而豐富的獲利。

6. 投資人不願跟隨趨勢操作的情況是可以矯正的，矯正方法主要是克服心理上的問題。

13 投資服務通訊扮演的角色

大多數投資通訊的問題，不在於刊物本身，而出在讀者身上。在前幾章中，我們就討論過投資人嚴格遵循一套完善投資系統是很重要的，對於這項堅持，我再怎麼強調也不為過。同樣值得我一再提醒的是，投資人很容易誤用或濫用營業員給的建議，或者不適當地援用刊物的建議，身為提供期貨市場服務的出版者，我很清楚投資人訂閱這類投資服務通訊後，可以取得什麼優勢，又該避開哪些弱點，而且我也很清楚投資人會以什麼方式來誤用投顧的建議。一份明文有據，有獲利記錄可查、信譽卓著的投資服務通訊，對投資人是很有價值的，但是根據我自己的經驗，不管通訊的建議多麼有獲利潛力，實際上能靠它賺到大錢的投資人卻沒幾個，反倒是有些投資人在運用後，最後卻落得賠錢出場。這又是怎麼搞的呢？各位大概已經知道（或許是得之於個人經驗吧），投資人運用（或者誤用）這些通訊的建議，盈虧可是完全要自行負責的。

在我介紹運用投顧建議可能遇到的各種問題以前，應該先討論一下，到底投資人該不該使用這些投顧建議呢？對絕大多數投資人而言，投顧建議是非常有用的。大部分的投資人和投機客也許另有正職，沒有辦法時刻盯著市場變化來擬定投資策略，此時，剛好符合個人投資哲學及技巧的投顧建議，當然是大有好處。但是，建議內容不應只是市場原始資料、線圖及基本資訊的投顧建議，這些有時候不但是不必要，說不定還是有害的。雖然，就投資人來說，也不必做到一個價位、一個價位地盯盤，不過有些人的確是太忙了，忙得週末要撥出幾個小時來研究市場也沒辦法。在這種情況下，我倒是建議利用投顧提供的服務。

評估你的需求

在訂閱任何型態的投資服務之前，投資人必須先就它獨特的市場傾向，了解其優缺點、限制及潛力何在。就個別投資通訊而言，也許它有驚人的記錄可循，但並非每位投資人都能靠它賺錢。同樣地，問題仍出在許多投機客不能堅守交易系統，也無法約束自己。連最基本的自律都做不到，投顧提供的服務對他也是沒有用的。而這類投資人偏偏犯了病急亂投醫的毛病，大量訂閱各式通訊刊物，結果呢？結果就是得到太多的建議，以及相互矛盾的意見和分析，把自己搞得昏頭轉向。因此，除非投資人有能力分辨和評估不同意見的價值，否則便無法善用這些服務。要問哪家提供的服務比較好，倒不如先看看適不適合自己。在此之前，我們要先區隔出兩種服務型態，一是偏向資料性的；一是偏向顧問性的。資料性的服務提供市場訊息、價格線圖、移動平均資料及基本分析資料，這種服務並不以投資建議爲重點，而是提供有助投資人做決策的訊息。相反地，顧問性服務則著重於推薦個股或期貨商品。雖然這類刊物中也不乏資料的提供，但主要功能還是在於特定的投資建議。

資料性服務

運用資料性服務，沒有什麼危險要注意。對於沒空自己畫線圖、蒐集市場資料及追蹤基本面發展狀況的投資人，資料性服務可是幫了大忙。投資人運用這些服務，可以省下許多時間和精力，但是這麼一來，他也許就學不會自己蒐集資料，也享受不到自己動手的好處。自己動手做的好處數不完，時常接觸市場訊息，可以讓你保持一定程度的「市場感」，閱讀別人提供的資料，就沒有此一優勢。過去幾章，我一直強調學習的重要性，而自己做功課、蒐集資料，就是一種學習。這類因素都是投資人在訂閱投資服務之前，應該審慎評估的。直接從市場上獲取資料，等同於其他專業的在職訓練，都是很重要的過程。比方說學開車時，課堂上的講授再詳細也只能到某個程度，學員還是得實際上路才能真正學會開車。而靠著別人準備、蒐集的資訊來學習如何投資，就跟要別人替你學開車一樣的荒謬。等你學會決策過程，再讓別人替你做這些事吧。另外，如果訂閱的線圖是每週提供一次，你會發現，要把你一週來在市場上觀察到的重點和自己畫好的線圖和它綜合搭配，實在是既困難又耗時。你過去一週所做的功課並未顯現在訂閱的線圖上，所以你必須重新記下要點，重新畫趨勢線、循環線等，也許這就是使用資料性服務最大的不便。

總結而言，訂閱資料性服務只需考慮些許的心理因素，如果你已經訓練好自己，了解市場種種基本狀況，覺得不必再自己動手蒐集資料，那就去訂閱吧。在訂閱幾期之後，如果認爲幫助頗大，就可以繼續。萬一你覺得自己的市場感或對整體趨勢的感應逐漸失靈，奉勸你還是自己做功課吧。

推薦明牌的刊物

如果訂閱的顧問性質服務，裡頭包含推薦個股或特定期貨商品的部分，那可就完全不同了。能夠成功運用投資服務的投資人，應該是比較有自我紀律的。這個自我紀律，是運用投資服務的必要條件。如果你自己缺乏投資紀律，管不住自己，那麼誰給你什麼建議、推薦都沒有用。投資服務能成功地預測行情，靠的也是一套極爲嚴格的分析、篩選方法。基本上，服務的項目包括投資建議、推薦特定個股或期貨商品、進場時機、停損價位、後續動作，爲投資人評估風險，以及平倉的目標價位等等。換句話說，他們靠的就是一套經過時間驗證的有效投資方法。但是這個情報一旦落到讀者手中，狀況就不一樣了，如何控制這個交易，考驗個別投資人的能耐。要照著投資服務的建議去做交易，你要先問問自己，是否可以確實遵照其程序，在特定時間內貫徹執行呢？

另一個問題是，投資服務給的建議，是否會影響到你自己研究行情之後做成的投資決策。不管是閱讀或蒐集別人的分析、研究成果，都有一些風險要注意。我發現投資人的混亂程度，往往跟他所訂閱的服務成正比。不管任何時候，對某支個股或商品乃至大盤走勢，往往是十份刊物有十種看法，有的說要搶進，有的建議殺出，也有認爲要緊抱持股，眞教人無所適從。而且列出的交易目標，數量也往往超過個別投資人的能力，一次報個幾十支明牌，哪有辦法照單全收，因此一般投資人面對這些被推薦的熱門股時，往往很難做出決定。最後不外乎從每份刊物中挑選幾支明牌來跟隨，或者以個人最贊同者爲優先，但是這麼做的結果卻常常導致虧損，原因呢？還是在於交易缺乏「一致性」。投資服務是根據它所使用的交易系統，挑出個股或商品，而投資人又從中截取一部分，無異破壞了原先交易系統包含的邏輯性。虧損的結果當然會讓投資人不滿意，而且感到挫敗，和一般人一樣，投資人往往有見樹不見林的問題，只會注意到某個情況中的一部分，忽略了整體性。各位一定要記得，所謂操作績效，通常是要長期觀察和累積的，某份投資服務在幾年的期間內所累積的成功操作績效，除非讀者可以嚴格而緊密地追隨幾年，否則難收功效。而大多數的投資人，並沒有這份成功必備的紀律功夫。

使用投資服務，有兩個特別的缺點：

1. 如果想要交易成功，就得在特定期間內，完全遵照推薦指示，不應有絲毫修正。
2. 投資人可能惑於所謂的「專家」說法，而拋棄自己的研究和分析。

一般來說，有自制力、而且懂得遵照交易系統貫徹執行的投資人，都能有可觀的獲利，而那些缺乏這些優勢特質的投資人，不管使用的投資服務過去的成績有多好，恐怕也無濟於事。如同過去幾章我們所討論的一樣，關鍵還是在投資人身上。運用投資服務的成功與否，還是得看個別投資人的自身條件。那麼，我們要如何克服自身的缺點，讓投資服務發揮最大的效用呢？以下幾個建議或許會有幫助：

1. 確認你所使用的投資服務在指示上是很明確的，包括：該買還是該賣、進場價位、目標價位、出場價位、停損價位等。
2. 你使用的投資服務每週不應推薦太多個股或商品，否則很難從中篩選。投資人在市場上建立的部位，應根據自身財務能力嚴格控制。
3. 按推薦所做的每一筆交易，都要遵照所指示的停損價位、目標價位來操作。
4. 投資服務所推薦的交易和你自己交易系統所指示的交易，不應混在同一個帳戶內。你的交易系統不需要投資服務來支持或否定；如果你要採用投資服務的推薦，那就完全照其所建議的價位來操作，不要讓自己的交易系統介入其中。
5. 不要訂閱太多投資服務，二到三份就夠了。你得到的市場建議愈多，就愈沒用。
6. 如果你的自我紀律很差，最好不要先運用投資服務的建議。等你先克服自身的缺陷再說。
7. 結合幾個朋友一起照著推薦來操作，大家互相監視，這樣比較容易成功，理由是比較可能遵照指示來進行交易。
8. 在訂閱任何投資服務之前要先計畫好，完全依照指示來操作，否則寧可只依據自己的交易系統。如果你非常信服某個投資服務的意見，那就完全依照其指示操作，甚至特別爲它開個帳戶都無妨。

交易系統：注意與警告

期貨市場永遠都在找尋更新的交易系統、方法和進出場時機的指標。《期貨》（*Futures*）雜誌和其他市場刊物，每個月都有很多這類廣告，多到一般投資人無法分辨好壞。不過有些廣告也實在是太離譜了，讓人一眼就知道根本是在胡扯，無奈我們心中總是抱著一絲希望。有的廣告宣稱保證至少能賺一百美元，有的說年報酬率四○○%，更有人誇大的表示外匯交易準確率高達八五%，相信的卻大有人在。事實上，這些廣告充滿了誤導，廣告所提供的參考或說明，有些是根據極爲有限的資料，有些則是依據太過樂觀的參數，或者是兩者都有。我們也不必指名道姓，現在有一種極受歡迎的交易軟體程式，就是根據一組太過樂觀的變數來運作的。事實上，不同的投資人運用相同的程式，常常得到不同的訊號，這是因爲大家買到的軟體程式中，使用的參數都已經不一樣了。

大家都知道，美國期貨協會（National Futures Association, NFA）的工作是在阻止這些欺騙投資大眾的不實廣告，不過期貨協會只忙著審查期貨交易顧問（CTA），或者一些情節輕微的違規事項。雖然該協會的確很認眞地檢查平面廣告，或者電台及電視廣告，而且長期以來也對協會會員施以許多強制改善、罰款或驅逐等制裁動作，然而那些不屬於美國期貨協會的成員，只要在某個範圍內，就可以隨便做廣告。如果你是管理資金的投資顧問或要當個營業員，你必須加入美國期貨協會，但是如果只是發行市場快訊或者給投資人建議，則只需在美國商品期貨交易委員會（Commodity Futures Trading Commission, CFTC）登記即可。這樣的區別，實在讓人介意，而且不公平。期貨協會會員的約束法規，要比商品期貨交易委員會嚴厲多了。當期貨協會雷厲風行嚴格管制會員的時候，那些連商品期貨交易委員會也沒去登記的人卻是無法無天。而管制嚴格的美國期貨協會，有些規定則是荒謬無比：美國期貨協會法規禁止NFA會員委託非NFA會員從事業務。如果按字面解釋，我請個水管工人修馬桶，都得先查驗他是否加入美國期貨協會哩！在此同時，非NFA會員卻可以在極少的監督下，做廣告推銷自己的產品。然而，投資大眾哪裡搞得清楚這些，他們只曉得有專責機構在管制，以為自己看到、讀到的廣告都是眞實無欺。這眞是荒唐極了！

到底是哪裡出了毛病？

不管是誰的問題，結果是投資大眾被置於交易系統開發者及販售者的剝削掠奪中。不過我們還是要問，到底這是誰的錯呢？是美國期貨協會沒有嚴格管制嗎？是美國商品期貨交易委員會的不對呢？還是那些刊登廣告的媒體？都不是。問題不在上述這些機構或組織，而是要由個別投資人來承擔這個過錯。決定購買及使用這些交易系統的，不就是出自個別投資人自己的意思嗎？除非你自己願意，沒有哪個廣告、推銷員或營業員可以強迫你使用某個交易系統，所以，責任在你自己身上。可惜的是，很多投資人沒有問對問題，所以也無法得到必要的資訊來做出正確的決定。他們一味聽從華麗的廣告說詞就信以為眞，原因不外乎：一，這些廣告都刊登在可靠的刊物上；二，也許是由某個誠實的營業員推薦的；三，或者是有

「統計數字」的根據。但是你如果搞對問題，就會知道光鮮亮麗的廣告紙張很便宜，而再棒的雜誌也可能刊登十足的爛廣告，誠實的營業員也會受騙上當，統計數字則更是自由心證，可以拿來支持任何事物。在這種情況下，我有幾點心得願與各位分享：

三思而後行

在你用血汗錢購買交易軟體程式之前，建議你仔細思考底下的問題：

1. 這套系統的測試時間有多長？很多系統都用五年到十年期的資料來測試。如果蓄意規避長時間的資料測試，結果也許就會好看很多。而市場本質本來就多變，交易系統必須經得起不同市場的考驗才行，所以也要用不同市場的資料去測試才行。

2. 測試結果是否考慮到手續費？有些交易系統的測試結果非常好看，但如果把交易應該支付的手續費成本加進去，情況就完全改觀了。

3. 交易系統是否考慮到漲跌幅限制？這一點很重要，也是測試交易系統時常被忽略的。如果等價位都飆上漲停板時才顯示買進訊號，或許你等個幾天都買不到！同樣的，也等於沒有跌停板價的賣出訊號。而停損價位如果是訂在跌停板，也有無法成交的風險。很多交易系統根本未顧及市場的漲跌幅限制，測試結果也過度膨脹自己的功能，這種誇大的廣告，有時眞是害人不淺。

4. 交易系統是否經過修正、美化？換句話說，這個交易系統是否在「做假」？亦即根據過去交易資料「做」出來的。所以，它不是用來預測未來行情，而是拿來展示過去績效。這種經過美化的交易程式，以歷史資料測試的成績非常好，但拿到現實中卻是銀粉臘槍頭，不堪一擊。儘管未來常常跟過去很類似，但不會完全一樣，交易系統中包括愈多的規則、愈複雜的參數、變數，似乎就愈行不通。所以，提前發現交易系統「粉飾」到何種程度，是非常重要的。

5.是否以個別市場來做測試？交易系統的測試績效是涵蓋各種市場，或者特別著重在某幾個市場呢？它在個別市場的操作情況，是特別突顯某幾筆賺得比較多的交易，還是列出平均操作績效呢？我個人的建議是，要避免那些只突出幾項交易或個別市場的交易系統。

6.交易系統過去最多連續虧損幾次？如果是曾經連續虧損十次或者更多，那麼就算是最有紀律的投資人，恐怕都很難對它有信心。出現連續虧損的情況並不是不合理，但是次數太高，有可能讓投資人膽怯心寒地將交易系統拋棄掉。

7.最大虧損額是多少？這也是個非常重要的數字。如果過去曾經出現太大的虧損，最好等某一段大幅虧損期過後再進場，不然萬一碰上霉運期就慘了。

8.測試結果是代表最低水準還是最高表現？在評估交易系統績效時，與其看它最好的狀況，不如看它最差會差到什麼地步。當然，大家都對好消息感興趣，不過千萬別讓它給愚弄了，以爲眞正使用時情況會一樣好，這等好事可不常發生。

最後，不要害怕提出深入而尖銳的問題。在你花錢購買系統程式、冒著風險去使用之前，一定要問清楚上面的問題，判斷系統開發者是否有堅實的理論基礎，其系統是否夠穩定，可以符合上述的要求。一個擁有良好訊息的投資人都不見得會成功，何況是只掌握到一些假訊息的人。要購買期貨交易系統程式，注意了，貨既出門概不退換，小心投訴無門！

重點複習

1. 沒有時間自己研究市場的投資人，利用顧問性或資料性的投資服務是很正常的。
2. 這些投資服務堪稱雙面刃，可以帶來幫助，也可能形成障礙。
3. 線圖服務可以讓你節省許多時間，不過你就得不到自己學習畫線做研究的好處。
4. 利用顧問性投資服務，就要依照指示貫徹執行，如同堅持自己的交易系統一般。不能一以貫之，或者游離於多份投資服務之間，將會帶來虧損。
5. 本章已列出正確使用投資服務的指導原則，請參照。
6. 運用投資服務能否賺到錢，關鍵在投資人本身。

14 你是這樣的嗎？

「唉！又虧錢了！」

「明天再畫線圖好了。」

「不要跟隨買進信號好了，不然又要被點到停損。」

「我太常虧錢，所以賺不了錢吧！」

「眞希望市場快點收盤！」

「我的交易系統不準，我想就用直覺來做買賣吧！」

「在轉盈爲虧之前，快點軋平部位吧！」

「我再也無法在市場上賺錢了！」

「除非賠得一乾二淨，不然我絕不退場！」

「我一定是天生的掃把星！」

「看來是該換個新的交易系統囉。」

「都是那個該死的營業員！每次我做得好好的，都是他亂講話，害我出場的。」

「我本來是要設停損的！眞該設啊！」

「我什麼事也搞不定！」

「每次我一沾手，好好的買賣就砸了！」

如果你也說過這些話，或者心中就這麼想著，表示你的情緒不對。或許你無法一天二十四小時都保持高昂鬥志，但也不要沈浸在負面情緒和態度中，讓消極、頹喪來腐蝕你的意志。要改變心情，有幾個步驟幫得上忙。所謂預防重於治療，在問題嚴重化之前，預先解決是最有效的方式。行爲上的問題也是如此。

如果你陷於負面情緒之中，你的交易一定會遭殃。你可能開始誤判交易系統的訊號、看錯價位、塡錯單子，甚至胡亂買賣，這都只因爲情緒在作祟，而這些行爲帶來的只有虧損。爲了預防這些情況，每個投資人都該學著去察覺心中的這些負面情緒。同樣是一樁錯誤的買賣，你積極的態度可以加以挽救，而如果是抱著消極心態，只會讓它變得更糟。現在我們就來說說第一個步驟：辨識。

失敗心態或消極態度有很多跡象可尋，不管是在市場上或在日常生活中，如果不幸遇到一連串的失敗，就要開始留意自己的心態了。少有投資人曉得日常生活狀況會影響市場上的表現；反之亦然。很多人以爲，只要市場上不出問題，全世界都沒問題，這只是個假象，各位一定要徹底拋開。生活中每個領域的各項經驗都會互相影響、牽連、滲透，如果你在某方面遭遇挫折，不管是在人際關係、財務、家庭或教育方面，都可能造成消極心態，而影響到其他領域的表現。知道自己其實很容易受到情緒波動影響，就得隨時當心注意了。愼防消極心態最好的辦法，就是做一份檢查表，這個在本章最後的重點「重點複習」時會提到。

另外，有幾個與行為相關的事項，也可以協助辨識消極心態。第一，而且是最明顯的，就是缺乏按時補畫線圖、整理資料，或按時進行其他技術性更新工作的意願。你會發現自己對研究投資市場萌生無聊之感，甚至會引發焦慮，投資動機日益減弱。你可能會在早上睡得太遲，上班遲到、早退，凡事都抱著「那又怎樣！」的心態。這些都是消極態度的第一個指標，要當心。就是在這個時候，賺錢的交易變得愈來愈少，然後你會發現，心態跟你一樣的投資人其實很多，直到有一天，你會突然清醒過來，看著線圖或基本資料說：「唉呀！這不是個絕妙的信號嗎？我那個時候是怎麼搞的……。」因為感到更大的挫敗和失望，又引發一連串的失利。

另一個朝向災難的指標，是負面的自我評價。在一些原本就不妙的情況之後，你可能會有一些指向危險的想法，例如：

「唉！又虧錢了。」

「我什麼事情都搞不定！」

「做這筆買賣也沒用，反正最後還是會賠錢。」

「我想我最好是離開市場吧。」

像這類負面的自我評價，有成千上萬種，而這些正是大麻煩的徵兆！請記住，每個人都有他自己的一套反應模式。現在就以我自身經驗做例子，來為各位說明。

只要連續碰上四次虧損的交易，狀況就開始了；這時如果再遇上某個重大失誤，事情將惡化的更厲害。有時候光是接到交通罰單，都會讓我鬱卒個老半天。以我個人來說，第一個現象是每天更新線圖的動作會變懶，然後是早早就想下班。另一個相關指標是吃「垃圾食物」，姑且稱之爲「垃圾食品指標」吧。會去吃垃圾食物那一天，鐵定是線圖功課沒做，而且早早就下班。像這樣的情況，可能會連續出現幾天。

另一個洩漏天機的訊號，是接下來幾天我會開始對自己做出負面評價。每天的交易都會賠錢，但又覺得不痛不癢，好像本來就該如此。每一次停損被點到，都有我的份。我開始向營業員說些喪氣話。這一連串的狀況，各位聽來說不定覺得有點好笑，不過眞實情況就是如此，而且還算是個「標準」模式呢！不過我還是要提醒各位，每個人的反應模式不一，你的情況不見得和我一樣，不過觸發後的慘況大致相同，所以一定要提防自己獨特的危險訊號！你愈是能清楚界定自己發生什麼事，愈能即時地辨識出問題和麻煩。對此，當然是愈快愈好，請把迅速辨識問題當成情緒救援的第一個工具。而且，每一次你陷入這種模式，就要趕快記錄下來，看自己說了什麼話，做了什麼事。

也不是每個人每次都有相同的反應。有些人的防衛機制很強，會自行阻撓剛才提到的辨識信號，在這種狀況下，朋友、家人和營業員都能幫上你的忙。事實上，我們都很需要旁人來幫忙，因爲他們比較會注意到我們的行爲出現什麼差異。絕對不要以爲這種事情單憑一己之力就夠了，大大方方地請身邊的人幫你，特別是配偶或愛人，一發現你有任何變化，就儘快告訴你。而跟你關係密切的營業員，幫助更大。要記住，人類自我欺瞞的能力是沒有止境的，這是幼年時期發展完成的防衛機制的返回現象，我們可能出自潛意識來逃避、壓抑、抑制、合理化、昇華問題，甚至是誘發幻想。如同我一再告訴各位（而且還會再說很多次）的，我們在市場上的最大敵人就是自己。

在你知道如何分辨負面情緒之後，還要學會如何排解。首先，最重要的是儘快採取行動！這些負面情緒在被釐清之後，它們往往會抗拒改變，你一定要對抗自己的負面心態，儘管這項任務非常不容易，也絲毫不得鬆懈。會產生逃避心理，進而安於負面心態，是人的自然反應。各位儘管相信我，這可是我身兼醫師及病人的經驗談。解決之道爲何？就我個人的看法，得使用「蠻力」。當然，我也可以說點浪漫的話來唬各位，什麼去沖個涼啊，要試著跟自己溝通、放鬆自我、祈禱、運用自由聯想，讓你回復自我等，這些都沒有用。負面情緒會造成惡性循環，使得情況愈來愈嚴重。你必須強力打斷這個惡性鎖鏈，不管是從哪一點切入，就是要儘快採取行動才可以。

我說的「蠻力」是指什麼呢？非常簡單，就是集中你所有的精神和氣力，勉強自己繼續去做日常的投資功課，例如補畫線圖、閱讀公司財報、照樣下判斷做交易、研究和計算投資訊號指標等等。愈是這個懶勁發作，負面情緒籠罩心頭的時候，你愈要耗費大量的時間來研究你的交易系統，勉強自己朝著與懶勁相反的方向去走。你愈是在辦公室待不住、愈想提早下班，就愈要留下來。你愈是不想做線圖功課，就愈得去做。針對負面的自我評價，也做如是觀。你愈是覺得自己很糟，就愈要讚美自己。我當然曉得要這麼做很難，特別是第一次更加困難，但只要你堅持下去，一次又一次地勉強自己，就會愈來愈簡單。

還有其他很多方式可以幫你，像是利用「排程」，稍後我們會詳細討論。在經過幾次類似經驗之後，你會知道，愈是努力對抗自我，愈可能成功。記住，你就是自己最大的敵人，尤其是在事情不對勁的時候，千萬不要相信自己的情緒。預先準備好一套計畫，一旦負面情緒產生時，馬上可以派上用場。

剛剛說過，排解負面情緒最有效的方法就是使用「蠻力」，另一個有用的工具是行爲檢查表。這個聽來似無高深之處，但是在維持正面心態上卻是非常有效。而且，不管你是否有意要探察負面情緒，我都建議你每天做做檢查表。行爲檢查表是非常重要的方法，我們要用一整章來討論。

重點複習

1. 心態將會直接影響投資績效。
2. 負面心態會讓錯誤交易的損失更為惡化，而且讓心理變得更為消極、否定，進一步阻礙正常投資。
3. 矯正負面心態的第一步就是先辨識它們。
4. 預防勝於治療。在負面心態開始影響到交易績效之前，即應迅速採取行動。
5. 仔細地觀察行為上的徵狀，可提早辨識出負面情緒。

6. 每一個人都有自己獨特的反應模式。
7. 努力去了解自己的反應模式。
8. 一發現負面心態徵狀，馬上尋求矯正，千萬不要拖延、放任。
9. 運用「蠻力」，維持你日常的投資功課，來對抗負面消極心態。
10. 定期執行下一章會提到的行為檢查表。
11. 如果自己無法辨識負面情緒，尋求朋友、伴侶、家人及營業員的協助。

15 正面心態有助於成功

常被人忽略，卻可能是最有效的投資技巧，就是保持積極心態（Positive Mental Attitude, PMA）。在情緒陷於低潮時常出現虧損的交易，相信很多投資人都有這個經驗。運動員、企業經理人，甚至是搞政治的，一定也有類似經驗。由於某種神秘的原因，當你的PMA處於高昂狀態時，似乎什麼事情都得心應手，獲利增加、想法樂觀，好像連天空都是一片藍澄澄的。相反地，當PMA陷於低潮，什麼倒楣事都會碰上，交易屢戰屢敗，動輒得咎，錯誤連連，前方望去茫茫一片。有些人以為，PMA頂多也只是具備心理功能，不應該是這些外在事務的主要因素。不過，主張自我決心、正面動機及積極心態的人可不這麼認為。現在我們就來討論一下，PMA是如何影響你的交易，讓你得到好成績。

早在中世紀的時候，就發展出許多行為治療方法，不過其中大都屬於驅逐「惡靈」的酷刑，做法不外是以強力來迫使惡靈離開身體，或者乾脆在你身上開個「洞」，讓惡靈從洞口跑出來。他們所秉持的理論是，如果你的身體感到不適，惡靈就不會在你身上停留，會因為絕望和不安而離開原先依附的軀體。這種方法有用嗎？有；如果你撐得過去的話。事實上，某些神秘療法或者巫術、咒語都是有用的，在現今這個科學、技術的時代，我們都輕視這些古老的方法，認為它們完全缺乏科學根據，也經不起科學的驗證，但事實是，這些偏方確實有效。到底這些神秘的方法是如何做到行爲治療的呢？這個方法跟PMA有什麼關係呢？在這裡頭，「暗示」是如何運作的呢？

神秘療法就是靠「暗示」，而「暗示」療法雖然非常古老，但時至今日我們對它還不是全盤了解，有些人甚至不能接受。暗示有許多形式，都可以用來改變行爲和態度，儘管當今心理學似乎相當進步，但我們仍然不太了解暗示和催眠到底是如何運作的。就某種意義而言，積極心態也可以稱爲「自我暗示」，比方說你暗示自己一切都會很順利，成功一定會來到，所有的努力都會開花結果，沒有任何事情可以阻擾你，然後呢，你就眞的邁向成功之路了。

在早期的心理治療中，柯耶（Emil Coué）博士就曾經引介過自我暗示療法。病患只要一再覆誦：「我每一天，在每個方面都變得愈來愈好。」果然就產生效果了，這眞是非常奇怪，但靠的就是自我暗示。

我個人以爲，PMA也是一種自我暗示。但PMA並非只靠生搬硬套的覆誦什麼句子，而該說是一種生活方式。個人要維持PMA，就得尋找能夠提供必要獎賞的經驗，而那些負面經驗則要避免、忽略或刻意排除。如果我們以行爲主義學習理論來看PMA，將會更清晰。本質上，如果你想擁有PMA，就要同時掌握學習過程中的刺激和行爲結果，你不只是要把負面刺激排除在外，同時也要確認正面經驗一定要帶來正面結局。如此一來，自然可以塑造追求勝利的姿態。實際操作步驟，當然比我現在所介紹的要複雜得多。

在培養PMA時要緊記，雖然PMA可以透過學習過程來培養，但它並不是靠某種機械性操作或強迫得來的。光是對自己說：「我會成功！我最偉大！我會有錢而且有名！」是不夠的，必須全盤地改變生活方式。幾乎是個人生活的每個面向都要做出對應的改變，使之符合積極的態度。光是靠口頭努力或意志力的堅持，還不足以確保PMA，需要有積極正面而自由的想像力和創造力來做基礎，必須有內化的積極意志、想像力和思維。對此，蒙尼葉在著作《人格》一書中是這麼說的：

柯特博士指出，以意志力來強迫自己，幾乎都比不上自由想像更有效率，這是毫無例外的。……想要從事困難或危險的事情，最好不要緊繃地投入其中，而是採取一種被動的關係，讓自己維持在輕鬆地關注狀態，還比較容易成功。（引自第一五四頁）

只當意志力和PMA確實內化至心裡，我們才能從中得到最大利益，也就是說，讓它變成一種生活方式。總歸一句話，PMA就是追求成功的生活方式。

市面上有很多書籍和訓練課程，教導大家如何擁有PMA。基本上，像是增進自我、成功動機或者超級推銷術的訓練課程，都是一種集體暗示。這些課程如果不是掛羊頭賣狗肉的話，的確也能讓人得到一些助益。不幸的是，大多數投資人都不清楚自己日常抱持的負面心態，因爲辨識不出那些徵狀，因此也無從掌握導向失敗的自我認知。如果想要改變讓人不滿意的心理狀況，就必須先確定我們想要施以改變的前提條件（或環境）及態度徵候。我建議以三個步驟來改變負面心態：

1. 辨識。
2. 開始改變。
3. 內在化及維持。

投資人無法靠「速成班」取得足夠的資訊來啓動改變。積極行爲和積極心態的改變，不會在一夕之間完成，而是要經過數年的培養。愈小的改變，行爲形成所需的時間愈少。那些受過專業訓練，專門觀察人類行爲的專家，可以從外在明顯表現之前，就探知改變的形成。一旦辨識出蛛絲馬跡，即可設定整套的改變計畫。要在投資人行爲中先行分離及辨識出細微的改變，是一門相當專門的技術，而要從自己身上查覺變化則更加困難。根據多年來的個人經驗，我整理出一份初期警訊供各位參考，請見表15－1。開始萌生負面心態的人，也許表中所列狀況會全部或部分顯現，且不一定會按照表列的順序，當然也可能有我忽略掉的其他情況。

如果你注意到自己出現表中的狀況，表示事情不太對勁。只要發現其中某一個警訊出現，就該著手進行心態改造工程。不過因爲防衛機制作祟，我們常看不到自身的狀況，所以最好拜託身旁的朋友、家人和營業員來加以提醒。

表15-1　負面心態的初期警訊

1.在投資市場上失誤連連。
2.不按時間做市場功課。
3.交易投資意願降低。
4.不斷地錯判交易信號。
5.只賺到一點點小錢的交易增加。
6.開始嚴厲批評自己，做出負面自我評價。
7.不顧信號指示，過早敲單入市或平倉出場。
8.常常睡過頭；身體感到不適。
9.上班常遲到。
10.「巴不得趕快收盤！」（適用於每天交易的人）。
11.不關心未平倉部位的浮動虧損。
12.對市場失去興趣。

開始改變

要矯正負面心態，並進而培養積極態度，必須按部就班，針對改變態度來設計。可以使用的技巧有許多種，底下我會介紹一些。不過各位請注意一下執行的順序，有些步驟不可以跳過。以下就是我建議的先後步驟：

1. 改變態度必須以機械性的步驟來進行。

先前我提過，「蠻力」也是可行的方法。在你一開始要改變負面心態和失敗情緒時，我相信這個方法一定很有效。所謂的「蠻力」到底是指什麼呢？就是堅持、毅力、決心和古老而傳統的努力工作！要完成這個步驟，你可以運用先前提過的工作排程及行爲檢查表。此一步驟，我會再詳細論述。

2.每一個特定的負面警訊都要加以克服。請你準備一份行爲清單，再針對每一項負面行爲來矯正。請參照以下例子：

(a)遭遇一連串的虧損之後，很容易讓人意志消沈。此時，如果過去操作績效不錯，就該以此來勉勵自己，在愈是艱困的環境中，愈要著眼於美好的一面。萬一過去操作成績也不怎麼好，那得改弦更張，別再回顧那些不堪一提的往事，不然心情肯定愈來愈糟。你可以看看系統測試的績效，雖然不是眞正的交易，不過至少是個肯定。

(b)改善不按時做投資功課的最好辦法，就是利用排程表。

(c)負面自我評價可以從兩方面來解決，第一，想辦法發現自我詆毀的信號，提高自覺，自然可以減少苛責自己的情況；第二，尋求他人的讚美。

3.只跟勝利者、積極的人及成功的朋友交往。我們認識的人，不僅是認識而已，行爲也會互相影響。如果結交那些心態消極，充滿負面想法的人，光是看著他們，就會帶來心理壓力。因爲我們無法阻擋所有的外在刺激，也很難從中過濾，只放好的進來，把壞的關在門外。但是，我們如果可以嚴格守住第一個關卡，事情就單純多了，而且更容易爲自己創造出一個積極的環境。

4.如果改變不了，就終結負面關係。要改變負面關係最好的辦法，就是「結束」掉。當然，這個說起來簡單，做起來可不容易。不過，如果你辦得到的話，不只是在投資交易方面，生活上也享有好處。這是我的經驗之談。

5.為交易系統信號建立一個制度化的檢驗及平衡程序。這個方法可以讓你仔細地檢查工作狀況，嚴密地監看系統信號，進而提升整體操作績效。如果需要的話，請再複習一下我們先前提過的工作排程。

6.慎選積極的營業員。如果你還不知道的話，我可以告訴你：一個積極而有效率的營業員，能讓你在心態上獲益良多。最起碼，你的營業員也要保持在中立的狀態。各位要曉得，要堅持一套交易系統並不容易，這時如果還有營業員在旁瘋言瘋語，那可就大事不妙了。

7.設定特定的目標。朝向目標前進，等於邁向積極的方向。不管是在什麼時候，心裡都要惦記著目標。如果你把這個目標給忘了，負面思維就會趁虛而入。

8.設定遠大的目標。你的目標不但要實際，而且也要遠大。不要讓自己滿足於小鼻子小眼睛的方向。目標要設在你目前的能力範圍之外，但也非不可及。如此，達成目標的報酬更有助於你維持積極態度。

9.我個人利用「五年計畫」來維持積極方向和態度。逐月或逐年設定目標計畫，然後每個月檢視進度，或半年檢討成果一次。在訂定目標時，應盡可能的明確，例如：明確地設定獲利或積蓄數額？這些錢要配置在什麼地方？要如何運用來賺取更多的錢？另外，也要爲自身設定目標，例如：要如何改善交易績效、教育程度、家庭生活或工作關係等等。

10.把你的交易法則明文寫下，每週拜讀一次。我個人覺得這一招的確能讓我維持積極態度。如果交易出問題，開始有些負面想法時，複習一下自己的交易法則是很有用的。在失敗的情緒高漲時，愈需要提醒自己保持積極。通常交易法則大約十至十五則就夠了。

要啟動改變、促成內化，讓消極心態變成積極，有很多方法和技巧，當你實際去操作，累積一些經驗之後，就會知道什麼方法對你是比較有效的。

內化過程

要讓自己或別人保持PMA，照著上述程序即可。只有在各位花時間去執行、利用它來為你獲利之後，PMA才會內化在你心裡，成為一種自動調整的功能。我建議各位，在日常生活中運用積極心態技巧，對你的人際關係、家庭、事業及投資各方面都將有莫大助益。大部分行為都是經不起「一曝十寒」的考驗，你得時時去運用才不會忘記。以有組織且積極的態度來做事，一定可以創造出讓你滿意的投資佳績。而利用工作排程，正是組織化的絕佳工具（參見第10章）。

重點複習

1. 積極心態（PMA）可以左右交易系統的成敗。
2. PMA是一種自我暗示。

3.為了要獲得PMA，必須遵照三個步驟。
4.辨識出負面心態是很重要的。一般常見的負面心態表徵，本章已詳列。
5.如果想培養PMA，就得進行行為改造。這需要相當的技巧。
6.積極心態必須達到內化，必須一再地運用，直到它成為自我不可分割的一部分才行。
7.要利用PMA來達成目標，就要讓它成為一種生活方式。

16 營業員與客戶的關係

營業員和投資人的關係密切，其影響力可以讓投資人的獲利及虧損均達到最大化，儘管如此，營業員和投資人之間的微妙關係，卻經常爲兩造所忽略，事實是雙方的誤解多於了解，投資人一發生虧損，常會責怪營業員，而營業員則時常誤解投資人的需求。很多時候，雙方若能同心協力，所能締造的佳績往往不是任一方可單獨辦到的。關於投資人和營業員之間的關係，有許多方向可供我們努力。在以下篇幅中，我準備：

1. 定義各類型的投資人／營業員關係。
2. 定義理想的投資人／營業員關係。
3. 討論改變投資人／營業員關係的各種方法。
4. 討論其他投資人／營業員的互動關係。

大多數投資人／營業員的關係觸礁都是來自誤解。投資人常沒有搞清楚營業員的角色和功能，他們的優缺點以及限制何在。很多投資人都以爲營業員是無所不知、絕對正確的，而且隨時都有空來幫你忙，可惜這些想法不一定對。焦躁不安的投資人以爲，營業員跟市場關係密切，一定什麼都曉得才對，但實情卻非如此，身處戰局的營業員，對於行情的判斷也許反不及局外人看得清楚。大家都認爲營業員應該精確無誤地爲投資人股務，同時還能照顧大小事，諸如：提供絕佳投資建議、緊盯市場行情、留心市場消息、隨時隨地都能拿出最完整、最即時的線圖，而且還得空出手來接電話，這種「超現實」的標準，誰辦得到啊！

爲釐清投資人／營業員的關係，我們來看看理想上營業員該做什麼工作，而投資人又期望營業員扮演何種角色。營業員應該負責下列工作：

1. 迅速、確實地接單和下單。
2. 迅速、確實地回報成交單。
3. 如果投資人需要的話，提供他市場消息。
4. 維護及報告投資人帳戶、保證金等狀況。
5. 守在電話旁，投資人要下單時，一定找得到營業員。
6. 掌握手續費、保證金、交易稅及其他交易法規的更新事宜，隨時可供投資人洽詢。
7. 如果投資人要求，可代爲蒐集市場資訊。

光是這些工作，營業員就很不容易達成了，再要求其他的恐怕都是苛求。有自信心的投資人會了解，如果營業員能夠動作迅速確實，徹底執行上述這些工作，已屬難能可貴。無奈營業員所處的位置就是這麼特殊，他們所服務的投資人通常就是缺乏安全感，很多人甚至連自己在做什麼交易、投資都搞不清楚，很多投資人甚至對市場也相當生疏，這些投資人自然會變得依賴營業員，認爲營業員是市場通，這大概就是投資人對營業員最常見的誤會。投資人不知道，營業員應其所求，儘可能地提供資訊，是爲了取悅客戶，當客戶要求他表達意見和看法，營業員當然是恭敬不如從命。

有很多營業員在技術分析或基本分析上下了苦功，所以能提出很有用的意見，爲交易帶來利潤。不過就我個人經驗，這種營業員我可沒碰到幾個，尤其是在商品期貨市場裡頭，他們在忙著接單、下單處理市場業務的同時，並無法兼顧研究行情。

問題不在於營業員給的建議幫不上忙，而在於投資人儘管心不甘情不願，卻還是會照著做，而投資人也常常會將過錯推到營業員頭上，於是很多營業員就這麼吃上官司，或者成爲政府機構監管的對象。事實上，在這些狀況裡往往不是營業員犯了錯，而是投資人對之不當期待而產生誤解。畢竟，營業員所處位置奇特，他們總希望投資人可以儘量多做交易，好從中賺取手續費，但又不希望投資人交易太過頻繁，殺雞取卵不如細水常流。沒有交易就沒有手續費，沒有手續費，營業員就沒有業績，因此營業員在給投資人建議時，總是要維持一個平衡的態勢。他一方面提供建議給投資人，一方面又要抓著投資人的手不放。從這方面來看，營業員的工作跟提供協助的心理治療師還眞有點像。當他提供建議，而投資人依指示進場交易後，雖然那個帳戶的交易不是由營業員控制，但還是覺得負有相當大的責任。我們來看看這個例子：

甲跟乙說：「今天我的營業員叫我買進小麥。」

乙：「結果如何？」

甲：「還不知道。不過他常常太早出場。」

乙：「太早出場？什麼意思啊？」

甲：「唔，有時候他叫我進場，只賺一點就叫我出場了，我應該還可以賺更多。」

乙：「那下次你就照他說的進場，但出場時間自己判斷嘛。」

甲：「這主意不錯，下次我就這麼辦。」

這就是營業員提供建議之後的標準發展模式。事實上，大部分的好建議、好主意，不管是來自營業員、投資顧問或者朋友，都是如此變成「餿」主意的，本來可以賺錢的建議，最後卻讓人賠錢收場。當投資人任意截取營業員的建議，或原本依照營業員建議而進場，隨後卻遂行己意，照自己的方法辦事，那麼原先歸納出這個投資建議的交易系統就因此被破壞掉了。這種情況就好比任意取捨自己交易系統信號的投資人一樣，換句話說，就是交易系統無法獲得適當而充分的測試。而這個情況繼續發展下去，就是大多數投資人／營業員關係惡化的主要原因。我的意見如同各位所見，主要還是放在投資人自己身上。如果各位還記得，我先前也說過，在投資交易各個方面裡頭，投資人是最重要的部分。在上述這個例子中，所有的責任都在投資人身上。再舉一個例子，可以更進一步襯托出投資人／營業員關係的重點：

營業員對客戶說：「我想我們應該買進十二月活牛期貨，停損設定二〇〇點。」

投資人說：「目標價呢？」

營業員：「我估計會有四〇〇點的獲利，賺賠比例是二比一。」

投資人：「好啊，那就做吧。不過幹嘛要等價格往下掉再接？現在就進場嘛，不然也許會錯失良機。」

營業員：「現在不行啦，價格太高，風險太大了。」

投資人急忙指示：「我想不必等了，現在就下單吧！」

營業員勸說：「再等一下啦，現在太早了！」

投資人：「還等個鬼！等它回檔五〇點，也不過是二〇〇美元而已嘛！」

營業員只好聽從指示下單，而且提醒投資人要加掛停損單。「停損？免了！」投資人回辯：「他們要是看到我掛停損單，一定會拉回來把它點掉。不必掛停損單了！你就盯著盤，萬一危險價位到了再通知我。」

「這樣不好啦，」營業員解釋：「萬一我很忙，沒注意到停損價位已經到了，而且說不定我找不到你。」

投資人向他保證：「別擔心啦！」

結果，事與願違，行情剛好相反。營業員打電話向客戶解釋，在極度懊惱下，投資人不願意接受解釋。而且，營業員未獲投資人授權，該筆交易也還沒平倉。投資人不願面對事實，不承認這筆損失。營業員不知如何是好。盛怒中，投資人怪罪營業員：「你應該早點把我弄出來嘛！」

「可是你不聽我的啊！」營業員爲自己辯解。

「這就是你應該做到的啊！」投資人反擊：「不管我說什麼，你都應該讓我照你說的做嘛！你要老千嘛！」

情況就是如此。很多營業員幾乎天天都要碰上這種事。問題在於，營業員無法控制交易的進行，卻又得爲投資失敗負起全責。

這種情況要怎麼矯正呢？以下建議應該很有用：

1. 理論上，營業員除了剛剛提到的多項工作外，不應該再插手其他事務，除非該營業員具備代客操作的法定資格。
2. 你在接受營業員的建議以前，要先探聽他過去的交易記錄如何。雖然這個記錄沒法證實，但至少可以做個參考，評估其正確性如何。
3. 如果你打算接受營業員的建議，就得全盤照收。如果你聽了他的話下單，卻又按自己的意思來操作，一旦有狀況發生，就是對他不公平，也等於是拿自己的錢開玩笑。
4. 絕對不要把營業員牽扯到自己的交易裡頭，如果你任意改變他的建議，就不要把責任推到他身上。
5. 除非他把你下的單子搞錯了，其他任何事情都跟他無關，別苛責他。
6. 除非你絕對不會責備他，或讓他負任何責任，否則不要依賴營業員爲你做交易。
7. 除非你很確定，你的營業員是樂意主動給你意見，否則絕對不要要求他給你投資建議，絕對不要苛求營業員來矯正你犯下的錯誤。
8. 營業員很忙，別期待他會給你建議。他有很多客戶，不可能只服務你一個人。
9. 如果你聽營業員的話而進場，那麼就同樣聽從指示出場。不然一旦發生狀況，別把責任推給他。

有些投資人喜歡「應聲蟲」式的營業員，這種投資人一邊做交易，一邊尋求營業員的認同，以分散自己的不安全感，如果他們得不到所需的支持，就會換個新的營業員。對他們而言，營業員的價值不在於單子執行的狀況，而在於給予投資人多少支持。這種三天兩頭就要換營業員的投資人，必然在很多號子裡都開了戶，因爲他們總是在尋求營業員的支持。他在哪裡得到支持，就會在那裡交易。如果你屬於這一類型的投資人，或者你有這樣的客戶，我想你得小心了。單單是誰贊成你的操作，並不能幫助你做好交易。這個問題必須從行爲方面來解決，請參照之前介紹的方法。如果你是營業員，就不要再敷衍客戶這種要求，以免鼓勵此類不當行爲。

營業員／治療師

另外有些投資人把營業員當成心理治療師，希望從營業員那兒獲得安慰，這種營業員／投資人的關係也很危險。當買賣虧損時，此類投資人會希望營業員安慰他，告訴他一切沒事，情況會好轉。而當交易做得好，已經有獲利時，投資人還是擔心不已，害怕獲利會吐回去，仍然想尋求營業員的保證和肯定。這種投資人時時刻刻都很焦慮，一個鐘頭大概會打五次電話向營業員詢問市場價格，事實上只是想聽到營業員的安慰和支持。一旦交易出現重大虧損，他會反應激烈，希望營業員給他意見，讓他把錢要回來。

像這樣的投資人，需要的不是營業員，而是一個心理治療師。如果我們用佛洛依德的理論來解釋就更清楚了。各位還記得佛洛依德學派治療師跟病人之間的「移情」關係吧？病人會把治療師當成父親或母親的化身，來解決他跟父母之間的一些問題。這時候，治療師要扮演父母的獨裁角色，病人或者順從或者起而反抗，就以這樣的方式來解決長久存在的親子障礙。這樣的營業員／投資人關係，還有許多問題可供追究，客戶把營業員當成「威權」象徵，希望把他跟父母間的障礙「重演」出來，這種需要營業員一再保證才能安心的狀況，其實是一種病態，最後只會帶來交易上的損失。

獵人頭

有些投資人做交易，只想為因自身缺失導致的虧損尋找代罪羔羊，好像獵人頭的遊戲，他們尤其喜歡找營業員的麻煩。這種投資人會從一個營業員流浪到另一個營業員那兒，事實上只是想找麻煩，而專注於找尋失誤、違法跡象或其他可以挑起衝突的行為。這樣做當然無助於投資交易，這種狀況歸因於投資人對於自己的行為不願負起全責。出現這種行為的投資人，應該尋求專業的心理輔導才行。

營業員的問題

那營業員方面呢？是否也有一些特殊類型可供辨識？就大多數狀況下，營業員的問題要比投資人少得多。營業員從事交易工作是為了維生，這是他的工作，而大部分的投資人，則不是靠投資吃飯的。因此，如果是營業員有情緒障礙，不能把工作照顧好，顯然無法長久立足。投資人則不同，他們的主要收入不是從市場而來，只要他還有閒置資金來支應投資需求，不管他有什麼問題，都還能留在市場裡頭。所以，我個人認為營業員的問題其實不大，在情緒、心理方面，他們要比他們的客戶健康多了。

營業員／投資人合約

綜合上述，我們可以從中學到什麼呢？首先，我們了解到營業員／投資人關係的好壞，對於投資績效是很有影響力的。營業員也應該要試著去了解，他所面對的是怎樣的投資人，如果發現問題，又要如何處置。投資人和營業員都應該體認，在投資交易上雙方是合則共榮、分則兩敗。對此，我有幾點建議可供營業員／投資人一起參考，必定有助於提升整體投資績效。不過在此之前，我要為營業員／投資人的「合約」說幾句好話。有些投資人是相當專業的交易員，他們整天就窩在小桌子後頭，埋首研究行情，依照交易系統指示來做交易，甚至還幫忙處理他人的錢財，這類投資人對市場狀況很了解，當然也會知道營業員該做什麼工作，其技巧何在，其限制又何在。這種「高檔」投資人不需要營業員提供他什麼建議，因此本章所列舉的問題他大概也不會碰上。不過，我認爲就算是這麼優秀的投資人，最好也和營業員建立深刻的了解，或者是一份「合約」。在這份合約上，雙方都能在不是很嚴格的情況下，寫明各自的期待，讓對方可以進一步的了解自己，這樣對避免未來的一些障礙和法律衝突是很有幫助的。這種「合約」雖非正式法律文件，或許也不必白紙黑字寫下來，但最好是在開立帳戶時就互相講明。例如，投資人不需要營業員給他建議，那就先聲明；或者營業員不想提供建議給投資人，也可以先說好，取得投資人的認可。這種君子協定可以幫助營業員／投資人不致發生誤解，或任一方抱持不當期待，產生錯誤認知。我相信以下幾點建議對營業員／投資人關係是很有幫助的：

1. 在開始交易之前，投資人和營業員應該建立清楚、明白的了解或「合約」。
2. 投資人應力求自主，以自己的交易系統爲依據，不要受到營業員的建議所影響。
3. 除非投資人對你言聽計從，從頭到尾都遵從指示，否則營業員應該避免提供投資建議給投資人。
4. 對於過度依賴、一心想尋求安慰，而不只是要求營業員照顧業務的投資人，營業員最好避免與之有什麼瓜葛。
5. 營業員應鼓勵投資人使用他自己的交易系統，因爲這樣做的話，對投資績效比較有幫助，而且這個帳戶也比較容易長久存活。

有些讀者至此也許還是覺得，光是營業員／投資人關係出問題就會造成投資失利，這種狀況實在有些難以想像。也對，因爲我剛剛舉的例子都有點極端，不過情緒障礙的本質通常就是非常極端、非常特殊的。大多數遭遇情緒障礙的人，不是無法意識到自己的問題，就是潛意識或有意識地逃避問題，不願意承認自己的行爲發生偏差，這也正是伴隨情緒失調而來的否定心態。我對於某些狀況的描述，目的是要告訴各位，如果置某些小小警訊不理，最後可能會演變成多麼嚴重的問題。很少偏差行爲會一下子就會很嚴重，有些看似突然出現，但是如果由精神、心理專家來仔細觀察，還是可以在情況惡化之前找出種種蛛絲馬跡。成功交易的關鍵在於「預知」，交易必須建立在有正面結果的預知上，而虧損則要控制在更嚴格的負面效應上，投資人才會趨吉避凶，同樣地，交易、投資心理也應著力在「預知」上。要維護良好的營業員／投資人關係，就要以種種技巧來做出預防，本章提出若干建議，都可遵照施行。當然，各位不必照單全收、逐一爲之，但最好還是把它們記在心裡，以收預防之效。

重點複習

1. 營業員／投資人關係可以是建設性，也可以是破壞性的。
2. 破壞性的營業員／投資人關係應加以避免。

3. 營業員／投資人關係如果出現問題，可以利用行為技巧來改善。
4. 有許多營業員／投資人關係，都能加以辨識、定義。
5. 營業員和投資人都應獨立自主，各自扮演好自己的角色，如此合作才能帶來更好的投資效益，並增進雙方成長。

17 綜合研判你自己的狀態

談理論是一回事，但要從理論去得出結果，可就複雜多了。雖然我儘量提供一些實例，跟各位說明如何運用心理學來改善投資交易上的問題，不過一定還有一些投資人仍然不知道該怎麼應用。那麼，我們如何在沒有心理專家的幫助下，憑一己之力邁向成功之路呢？最簡單，而且也毫不稀奇的答案就是：「堅持」。在欠缺經驗的狀況下，一個人得克服萬難才能達成目標，這可不是件容易的事。那麼，一位經驗不頂豐富的投資人，又如何有能力來改正自己的錯誤呢？我這本書的主要用意，就是要介紹各位一個達成自覺、通往成功的方法，而且提供一些指導原則，好讓各位照表操課、逐一施行。

現在，各位大概也都了解，在行為改變的課題上，我個人傾向行為主義學習理論。對於傳統心理學諸多技巧，能否在短時間內改變個人行為，我是相當懷疑的。當然，我不懷疑精神分析的效用，但我認為它不能在短時間內奏效。不管是情緒障礙或者是交易上的困難，這些問題可都等不得，需要迅速解決才行。而我所知道最有效的辦法，就是之前一再提起的行為主義學習理論。我相信，一般投資大眾都可以運用學習理論的方法，成功地改善他的投資交易，不過這個改變也必須循序漸進。

你是否眞的有問題？

有很多投資人總以爲他有市場方面的問題，事實上卻是庸人自擾。我在第8章介紹了一個很不錯的檢查表。另一個很好的指標，就是看你整體的投資獲利狀況。當然，在此我假定各位都遵照一套有組織的交易系統在從事投資。（如果不是的話，請你翻回前面幾章，再複習一下我的意見。）請檢查自己的獲利、虧損狀況，且問自己五個問題：

1. 你平倉的價位，是在行情到頂點或底部的三〇%以內的位置嗎？或者你常常原本賺了很多，最後平倉時卻又吐回一半以上？這個問題是比較屬於投資技術方面，而非心理方面。答案也許就在你如何設定停損單，或者更改停損價位，來保障尙未平倉的獲利。要釐清這類問題的根源，是因爲市場或交易系統，還是因爲心理方面有障礙，的確有點不容易。不過，如果你整體投資仍呈現獲利，似乎就不會是心理方面的，也許你應該先檢查一下你的交易系統。

2. 認賠價位是否就在原先訂好的停損點或其附近？如果答案是肯定的，表示你的確是遵照交易系統在做投資，那麼該檢查的是系統方面是否有什麼漏失。在停損設定上做些小小的修正，有時會使原本帶來虧損的交易系統，麻雀變鳳凰，轉虧爲盈。如果你大部分的停損都在距原始出場價有一大段距離時被執行，那你是在玩弄機會。這是個心理問題，請依我所建議的方法來加以治療。

3. 此筆交易是根據自己對行情的研究，還是聽從投資服務的建議呢？在你執行交易時，是否遵照信號指定的價位，或者常常會提前或延遲？如果是在停損設定方面，你必須愈靠近指定價位愈好。如果交易失敗，尤其是擅自主張把價位定在可接受的範圍之外，就不只是單純的失誤而已，這個問題跟你的情緒障礙有關，而不是營業員、朋友或投資顧問的錯。按照信號指定的價位進入市場，表示你可以遵守交易法則，如果你已經能做到這一點，可是整體交易仍見虧損，那麼就該回頭檢查交易系統了。

4. 你獲利或認賠了結時，會不會對日常生活發生影響？你的家庭生活，會不會影響到你的交易？這些狀況，我們之前在投資人自我評價部分也討論過。要客觀地了解自己的行爲，就得詢問你周圍的人才會曉得。你在市場上的經驗，對生活產生正面或負面影響是相當正常的。不過，不管是正面或負面，如果反應太過激烈，總是個警訊，得小心謹慎。這表示你的確是有心理或情緒方面的障礙。

大部分投資人最常遇到的困難，是無法分辨他們遭遇的問題，到底是出自交易系統，抑或個人情緒障礙。因爲很難清楚地釐清責任歸屬，投資人索性將過錯推給交易系統或他人。這種做法只會讓自己更加喪失自信心，且不願意遵照交易系統的信號行事。在某些狀況下，有些交易系統上的問題其實是源自投資人自己的情緒障礙，例如，沒有在適當時間設定停損，看似交易系統出錯，事實上是投資人自己操作失誤。要預防情緒和系統之間的混亂關係，最清楚的辦法是在技術和其運用之間畫清界限，極爲嚴格地要求自己，切實遵照交易訊號的指示來做投資。我建議各位做一份記錄表，把交易訊號和自己的反應都誠實地記錄下來。

表17—1是個記錄範例，表中列出假想的交易系統信號，而每一個交易信號都記錄了投資人的個別反應及其運用方式。利用這種記錄表，我們可以搞清楚到底是交易系統出了問題，還是投資人自己出了問題。如果你目前的操作方式並不像表17—1所示般，我建議你趕快照著做一份，相信你對結果會大感驚訝。

既然問題在於你，又該怎麼辦呢？

情緒障礙到底有多嚴重，要視它對個人在社會中表現的影響而定。如果根本已經到了精神病患的程度，也許他在社會上已經完全失常，沒有能力去應付了，這就需要專業的精神治療。有時候，市場也會引發投資人一些相當嚴重的精神症狀，相較而言，活動極爲積極的投資人，比那些以長期投資爲主的人，更容易出現一些精神症狀。如果有你情緒上的障礙，要先判斷其嚴重程度。以下幾個問題可以提供協助：

1. 你在市場上賠掉的錢，曾經大到超過自己可以負擔的程度嗎？這種情況不只一次嗎？你是否習慣於借錢來做交易呢？你是否爲了累積投資資金，而放棄掉某些生活上必要的花費嗎？如果在這些問題中，有某個或數個的答案爲「是」，那麼你就不是個投資人，而是賭徒！我這麼說也許相當不客氣，不過我建議你馬上停止交易，並且尋求專業的心理

表17-1　交易信號與對應行動記錄表

系統信號

1.收盤突破三週來最高價。
2.信號1。
3.從信號1再漲20%。
4.從信號3再漲10%。
5.從信號4再漲10%。
6.平倉。
7.再出現信號1。
8.收盤突破10天移動平均線。
9.信號8。
10.從買進價位上漲10%。

投資人行動

1.隔天以開盤價買進。
2.在三週高價下的2%處設定停損單。
3.把停損價調高至獲利點的50%處，改掛收盤價停損單。
4.把停損價調高至獲利點的78%處，改掛普通停損單。
5.市場價格每上漲10%，即更改停損價格，維持在獲利點的83%處，且設定普通停損單。
6.三個交易日沒做交易。
7.跟隨步驟1至6操作。
8.兩天後以開盤價買進。
9.在距過去三個交易日之盤中最低價的1%處設定停損單。
10.自買進價上漲10%即獲利了結，同時加掛新的觸價單（MIT）。
11.連續兩日收黑，在10天移動平均線的低檔加掛停損單。

輔導，萬莫等閒視之。也許在所有跟市場有關的心理問題中，就數這個狀況最嚴重，你一定要馬上尋求專業協助！

2.市場會讓你感到焦慮嗎？你是否有高血壓？是否因爲交易而更嚴重？是否還有其他跟精神、心理有關的生理疾病，例如，腸胃潰瘍或結腸方面的毛病呢？這些毛病是否常在你交易時突然發作呢？很多投資人多少都有這些方面的問題，尤其是那些進出頻繁的投資人，往往都是因爲交易而引發焦慮及其他相關症狀。雖不必因此而停止交易，但必須加以治療，使症狀不致惡化，最好可以減到最輕。如果放任不管，也可能會引發其他併發症，甚至有生命危險。精神性的生理失調是很容易醫治的，傳統方法以精神治療或心理輔導再配合藥物即可見效，如果是用行爲理論來治療更見功效，諸如，生物反饋療法（biofeedback）、相互抑制法（reciprocal inhibition）及反制約法（counterconditioning）等等，這都要由專業治療師來做。

3.是否因為市場而心灰意冷？在投資遭遇虧損之後，你是否變得退縮、心情鬱悶、沮喪、陰沈，而且無法照顧好自己日常的工作呢？如果是的話，情況也相當嚴重。想必你自己也會曉得，到了這個地步，「交易」不單只是交易而已，它在你心理上已經占有一個非常重要的位置，且不僅是市場活動而已。虧損也不只是虧損，而是一種非常痛苦的經驗，這可能跟投資人自己的幼年或青少年時期經歷有關。在這種狀況下，徹底的精神治療是有必要的，建議你儘快尋求專家的協助。

4.在遭遇虧損之後，是否變得狂暴，有暴力、侵略傾向？你是否因爲投資失利，而以動作或言語對旁人施以暴虐的發洩呢？是否無法忍受虧損？如果是，那麼你需要專業的輔導或治療。你目前狀況不適合進入市場，最好是馬上停止交易，並尋求專業治療師的協助。投資虧損會引發如此激烈的反應，代表投資人有更嚴重的人格失調，必須在情況更形惡化之前儘快治療。

5.你的情緒會隨著行情起落嗎？你的日常生活是否跟著行情起落震盪？天下本無事，只因爲行情的變化，就能造成投資人的特殊反應。若這些特殊反應不致阻擾個人在社會上的表現，那就還好，並不需要專門的輔導或治療。我們會受到週遭事務所影響，其實也很正常，反倒是明明賺了一大筆錢，卻不覺得高興，那才是有點不正常。觀察的重點在於，不管是賺是賠，對你影響程度到底有多大？是否會影響到你在社會上的表現？如果事後反應太過激烈，就代表你在情緒上正出現一些問題，必須想辦法改善這種狀況。

交易失誤常是情緒障礙的症狀

關於你在市場上犯下的交易失誤，我要向各位強調的是，通常不是因爲交易系統有毛病，而是由一些大大小小的情緒障礙所引發的。在我們的日常生活中，各項事務、各個面向都會相互影響，其間沒有絕對的區隔。我們在各個地方、各種事情上的任何經驗，都是生命中的一部分而已。大多數心理學家都會強調，我們無法從整體生命環境、背景中，把某個經驗或失敗獨立區隔出來。

心理或情緒障礙也是如此，可能是來自於某些方面的問題，卻從其他方面表現出來。配偶間的失和，也可能影響到交易事務。而你在市場上出了問題，也可能轉而破壞家庭生活。比方說，有個傢伙因爲幼年經驗而造成情緒焦慮，他會把這種不好的情緒帶進市場，結果當然就影響到投資績效。投資失利，更加深焦慮，進而影響到他在日常工作的表現，也可能造成家庭失和。如此惡性循環，他變得更焦慮，投資也虧得更多。

生活上各種事務都會互相影響，產生這樣的惡性循環，而這種個人行爲及行爲結局互動的整體，我們稱之爲「人格」。我要說的重點在於：所謂的市場失誤，往往不只是市場上的失誤而已。就像所有的家庭問題，都不只是個家庭問題；性問題也不只是性問題而已。比方說，性功能出現障礙的男生，在市場上更是好戰成癖，這種例子並非罕見。這種毫無目標的蠢動，只會造成更多挫敗，帶來更大的痛苦。

我建議各位，要非常嚴肅地思考你跟市場的關係，確定自己不是把投資市場當成一個替代品，以彌補你在其他方面的不足；確定你自己做出來的投資決策，不是因爲在家庭生活中遭遇了什麼挫折。如果你覺得在市場上的交易帶來相當大的痛苦、損失及挫折，就必須回過頭到家庭關係中找答案。你必須回到自身上頭，去尋找問題及解答。

先把自己搞定，你在市場上才有成功的希望。

重點複習

1. 本章把之前介紹的理論，放進實際生活裡頭來討論。
2. 我們已經介紹過一些指向情緒障礙的市場交易問題的信號。
3. 我們已經介紹過如何開始行動，以矯正情緒問題。
4. 我們已經說明市場失誤與家庭生活、人際關係等情緒障礙的關聯性。

18 社會心理學與市場

人的感知、行爲及性心理發展過程，都是在各種因素交互影響下，相互形塑完成。個人並不是生活在眞空中，生活中的每一個行動都會帶來反應，而反應又再發揮影響力，如此反覆循環而造成行爲。而個人和他人之間的互動，會形塑出個人的態度、意見、看法及認知，最後也是造成行爲。我之前介紹過的這種「認知過濾」，事實上也可以稱之爲「社會過濾」（social filter）。由於可以提升投資能力，因此我們有必要仔細地研究一下投資的社會心理。

在心理學逐漸擴展其實驗基礎之際，心理學者意識到研究個人社會成因的重要性。由嚴格的實驗設定所取得的實驗成果不足以綜觀全局，看透人類的行爲模式，心理學理論通常還是缺乏眞實生活情境中那種具備預示性質的有效性。社會心理學所研究的，則是個人在社會結構中的種種互動，任何需要與他人緊密互動的行爲，都是社會心理學家的研究重點。日常生活中完全與社會無關的領域其實是很少的，而極爲複雜的投資、交易行爲，更是牽涉到許多人的互動。僅僅是你拿起電話，向營業員報價掛單，就能引發數百種反應，影響到幾千個投資人。因此，解析影響我們的社會力量，可以提供我們一些更深入的看法，對於個人整體投資是很有價値的。對於社會互動，教科書是如此說明：

個人在他人面前的行爲，對他人而言，同時是一種反應，也是一種刺激。因爲他人對個人的行爲加以反應，個人在他人面前的行爲就會受到牽制。個人可能有意識或者無意識地藉由他人的反應而產生後續行爲。個人的後續行爲，就是取決於能否導引他人產生特定行爲而定。（引自賽柯及貝克曼（Secord and Backman）的著作《*Social Psychology*》第一頁）

這段簡短的解釋，只觸及社會繁複運作中的一小部分而已。而投資市場正是個眾人群聚、緊密互動的場合，所以有很多相關主題值得深究。

人際關係與投資

不管你高不高興，我們總是會受到別人的影響，就我的看法，這種社會互動影響最大的，就是妨礙我們做出理性而有紀律的投資決策，偏偏這個理性而有紀律的決策，卻是成功投資不可或缺的要件。我們都很難擺脫情緒的起伏，而情緒好壞跟人際相處關係密切，所以我們就先來了解一下人際關係對情緒的影響，通常人際關係引發的情緒障礙，都是在潛意識運作的。在我們開始討論以前，我想先定義何謂「人際關係」：

在具有家庭、婚姻或經常接觸等緊密關係下的個人間的任何社會互動，稱之爲人際關係。

這個定義也不是一成不變，對於所有的投資決策，我們都要先仔細檢視諸如家人、朋友、商業夥伴等等，這些重要的「他人」是扮演著什麼樣的角色，然後再把注意力轉移到其他不是那麼親密的「他人」，例如：營業員、投資顧問及投資專家等等，這些人又對你的投資決策發揮什麼樣的影響力。本章主要的討論是在回答以下問題：

1. 有哪些人際關係會影響到投資人？
2. 如果是負面的影響，有什麼徵兆可尋？
3. 如果是出現不利狀況，要如何矯正？
4. 如何利用人際關係來提升投資能力？

家庭關係應該是其中最重要，而且最具影響力的，這包括：個人與父母、孩子、兄弟姊妹以及夫妻間的關係等等。一般而言，多數投資人的人格形成階段，都是處於家庭形式的場合，因此日後對其能發揮最大影響力者，也是出自於家庭，這一點應該是沒什麼好懷疑的。如果根據精神分析理論的說法，幼童和同性別的父親或母親之間的關係，導引出的罪惡感、焦慮、嫉妒、恐懼及認同感等等情緒和情感，都對日後成人的性格有著深遠的影響。只是到了青少年階段，由於「幼童遺忘」的運作，我們很難清楚辨識其發生的源頭。儘管如此，很多長期恐懼的根源，往往是在出生至十一歲的幼童階段發展出來的。

對於精神分析學派這套說法，行為理論心理學家當然不會同意，不過他們也認為，人是從出生之後就一直在學習，因此這些早期學習所獲得的反應模式、態度、恐懼和意見、看法，會一直沿用到成人時期。我們大部分人對自己這一套行為模式，是在什麼時候、在什麼地方、以什麼形式學習來的，是完全搞不清楚。有些投資人是「天生的空頭」或「天生的多頭」，其原因大概都可以追溯到幼年時期，而且大部分都跟父母有關。

基本上，兒童都會學習父母的態度，俗話說：「老鼠的兒子會打洞。」並不是沒有道理，這個道理也可以解釋那些徹底固執的空頭或多頭投資人。這種在幼年時期受到的訓練，成人之後或許會帶來災難性的後果。有些投資人不知變通，一味地做多或做空，即使蒙受重大損失，仍不醒悟，對於這種固執的想法或行為，他自己並不清楚源自何處，但卻會一直帶來挫折，終至造成更大的損失。某種類型的父母態度和幼兒教養方式，都有助於形塑某些特殊的投資性格，就大多數狀況來說，投資性格只是個人整體性格的反映而已，因此光是看一個人怎麼做投資，我們就可以了解其性格大概如何。同時，我們也可以倒推回來，從一個人的性格及其發展，來精確地規畫或估量其投資行為。

永遠的空頭

「永遠的空頭」這種行為，通常反映出負面的父母態度。這個「空頭總司令」小朋友，也許出生之後，就在一個單親家庭裡成長。基本上，這類小孩成年後會變得有點冷酷或憤世嫉俗，或者兩者兼備。由於單親家庭在生活上常會遭遇許多困難，因此單親父母年輕時的種種浪漫情懷，很快便被拋在一邊，取而代之的是嚴苛的實用精神，這種講求實際效用、固執、抗拒改變和嚴苛的家庭氣氛，會接著傳給下一代。如果說，這個家庭裡不只一個小孩，情況有可能變得比較和緩，但如果兄姊都已成長或搬離家庭，或者根本是獨生子女，情況就會變得更爲嚴重。這種小朋友通常年紀小小就一副大人樣，一般來說都缺乏童年的夢幻本質，而呈現嚴肅且實際的傾向。從他們玩的遊戲也可以看出端倪，他們會比較欠缺創造力，而且他們的單親父母也傾向於反對新觀念、新產品、新書、新娛樂，甚至連新出線的政客也不喜歡。

這些幼年成長因素，日後都很可能轉化爲空頭態度。請各位注意，我並不是要評判做多或做空哪個好、哪個不好，而是想說明，凡事如果到了「過量」的程度，總是有些心理意涵，而這種情況容易阻礙你的成功，同時代也表心理、情緒上的不穩定。如果你在投資市場上總是偏向空頭，或者，不管你的交易系統訊號爲何，也不管是否蒙受了損失，還是堅持採取拋空操作的話，你很可能就是在前述這種家庭環境中成長的。當然，這種家庭因素只是空頭態度的部分可能成因而已。包括青少年期的老師、扶養人或其他關係密切的親長輩，都可能帶來同樣的效果。由祖父母養大的兒童，也會傾向空頭心態。父母親常年不在，把小孩托給年長者扶養，也會造成「永遠空頭」的性格。

婚姻可能使這種性格變得和緩，或者更形惡化。有空頭傾向的人如果跟同一類型的人結婚，可能變成「超級空頭」。對於個人原本所信服的事情，配偶的類似傾向會發揮強化效果，這對整體投資績效當然是非常不利。如果配偶的態度比較中立，或者是剛好相反，則可以帶來調合效果，甚至是抑制作用。不過這些情況都可能在夫妻間引發焦慮，甚至爭執，而造成婚姻不和諧，或者更嚴重的後果。

如各位所見，「永遠空頭」的投資人所採取的極端態度，會帶來許多負面效應，比起單純的誤判行情所招致的損失還要危險許多。心態偏差造成的損失，並不只是金錢上的虧損，而是會更進一步讓投資人覺得沮喪、挫敗，失去更多。空頭心態的惡性循環、虧錢、愈來愈沉重的挫敗感及不良的判斷力，也會衍生出家庭問題。

這些苦惱的徵兆都是相當明顯的，也該是最容易辨識出來。如果你過去幾年來的投資交易，有九成都偏向放空，而且操作績效也表現不佳，那麼就可以斷定你有這方面的問題。大部分的情況可能是自己視而不見，旁邊的人可是看得一清二楚。或許你還不肯相信別人所指稱的，但證據可是一個接著一個。這種否認的態度，在精神病理學上是相當常見的現象。問題愈嚴重，否認得就愈徹底。如果各位曾經碰過這樣的人，一定可以了解我所說的。

在目前的市場中，「永遠空頭」可算是稀有品種了。從一九七〇年代以來，各個投資市場的大多頭走勢，簡直是把空頭趕盡殺絕。不過，每年還是會有一些空頭生力軍加入其中，所以我還是要對這種情況，提出以下幾點處置上的建議：

1. 透過家庭、朋友或夥伴以威脅的強力手段來改變，是不會有什麼用的，且反而可能造成更大的問題。最好的方法是維持一種正面態度，而不是負面對待，為什麼要用否定來對抗否定呢？

2. 如果是你本身有這個問題，我建議仔細回想童年經驗，設法找出根源。心情放鬆，任意地回想過去，也許可以再次感受到影響你態度和行動的某些關鍵因素。這個最好是透過傳統的心理治療來做。

3. 利用前面介紹過的行爲主義學習理論，你可以「忘記」某些行爲，重新以更爲務實的態度再學習。如果要使用這個方法，必須取得他人的協助。

4. 「紀律」也是個好辦法。如果可以得別人的幫助，我提出幾點建議：
(a)重新評估你的交易系統，它該有的投資績效是否與你的努力結果相等？
(b)跟該有的投資績效相比，實際操作績效如何？請注意其間的差異。
(c)如果兩者績效相差一〇%以上，有必要改變行爲。
(d)請求立場中立或更具紀律的人來幫助你。詳情請參見前面幾章。

5. 試著提高自覺，可運用完形治療法（gestalt therapy）、敏感團體法（sensitivity groups）及自我意識課程等等來做爲輔助。

永遠的多頭

市場中永遠的多頭當然是樂觀派，他們比永遠的空頭要快樂得多，但並不會比較幸運。一味地做多，雖然整體損失不會像永遠做空那麼大，但長期累積下來還是一樣悲慘。「永遠多頭」派的投資人，大概是在宣揚、實行樂觀教育下成長的。就像伏爾泰小說《憨弟德》中天眞樂觀的潘格羅士博士所說的那樣：「什麼都是最好的！在所有可能的世界中最好的！」這種認知觀點是來自於父母行爲的影響。對於失敗的發生，不太當一回事。如果學校成績太糟糕，也不會造成太嚴重的後果。事實上，對於在校成績不好，父母根本視若無睹，而強調把眼光放在未來，這樣做其實也很不切實際。

在這種家庭中成長的小孩，時時刻刻都接收到樂觀的想法和行爲。對事情抱持樂觀的態度雖屬正面，但投資人盲目樂觀就無法充分辨識出危險。這種投資人永遠只採取樂觀的姿態，而不肯承認損失。他們不會承認有什麼事情做錯了，而是採取否定的態度或者設法去合理化失敗的交易，藉口一大堆。但是，任憑你藉口千萬千，市場也不會照著你說的去走。長期而言，這種狀況可能會帶來很大的虧損。

在此要做個區別，有些投資人是害怕做空，這並不等同於永遠做多的投資人。在正常的狀況下，如果眼見行情持續下跌，而投資人又不願意拋空的話，至少可以把多頭部位結清，暫時離場觀望。但是永遠的多頭卻非如此，他不但會留著原先買進的部位，而且還沿路加碼試圖攤平，這種做法跟「不願意拋空」是完全不一樣的。事實上，沒有必要一定得會做多又會做空，很多投資人也不甚了解拋空的概念，他們覺得拋空的風險很大，但獲利有限，當然就不願意嘗試。

如同永遠的空頭一樣，不死的多頭總會找到藉口來支持自己的作法。在防衛機制中，最常見的就是「合理化」。如果交易系統的訊號不符合他們的期待，這種投資人會刻意忽略基本面或技術面的訊息。典型的例子就是錯誤認知及其暗示效果，這點之前已經介紹過了。

如果有這樣的行爲，要如何矯正呢？跟矯正永遠空頭的方式差不多，不過我可以再補充一些技巧和施行程序：

1. 列出一張表，把認賠之後可能造成的行爲結局寫下。
2. 不管是眞實或者是想像出來的，仔細分析每個可能的行爲結局，確認其威脅性是否嚴重，盡量給予適當的評估。
3. 研究父母親的態度和看法，也許你會了解，你的過度樂觀是其來有自。
4. 檢視交易系統在空頭市場的功效如何。在大多頭市場中，或許你是戰無不勝、攻無不克，不過在行情逆轉之後，卻把戰利品雙手奉還。情況若是如此，也許你的交易系統本身是比較偏向多頭，這可能反映出你的多頭看法，因此不能在多、空市場中一體適用。對此，你必須重新評估，再做修正。
5. 如果這些辦法都失效，那就需要專業人士的協助。

朋友關係

人際關係，特別是跟朋友的關係，對於決定我們的社會認知和行動有很大的影響。我們所做的大部分事情，目的不是要直接圖利自己，而是是產生某些社會利益。包括來自家庭及我們所屬的社會團體的壓力，都會引導我們做出最後與自私目的相反的行動，遺憾的是，對此我們往往是不自覺的。因爲父母的態度和期待，我們在幼兒時期就被植入某種價值觀和目標，社會動機可以說在成長過程的初始期就開始運作了，而且在我們實現這些目標多年以後，整個過程會完全自動化。在幼兒及青少年時期，我們還相當自覺，知道自己在做什麼。

事實上，從青少年的反叛可以知道，他們了解別人的期待跟自己想要做的不同，所以才會採取反叛的態度。從另一方面來說，這個養成過程是必須的，因為如此才能提供有效運作的社會交際技巧；但是養成過程也有其限制，我們被教導去做的事，事實上有一些是不需要的。

當兒童成年之後，這些學習和制約的效果已經相當明顯，隨之而來的衝突，則可能造成情感或行為上的困擾。在投資市場上，這些問題常以虧損或不能嚴守紀律的方式表現出來，因此，如果可以檢視自己做出決策、並據以行動的過程，將可避開這些問題。在財務上，社會性因素是具有高度影響力的。如果某位朋友特別熱中某支股票，投資了極大的部位，若我們也照著做，就會感到很大的壓力，特別是如果你很尊敬那位朋友的話，而某位朋友在市場上賺了大錢，你也會感到競爭壓力。這些情緒內化之後，或許就表現出無法持續保持佳績的投資行動。在家庭中，我們也容易有類似的壓力。不過，我們這個討論只限於你最親密的朋友及熟人，以及他們對你的投資可能帶來的影響。

人類的行為是被需求所決定，有些心理學理論所探討的就是關於人類的需求，以及如何去滿足需求的方式。以下以需求及其誘發行動進行分析，來討論我們與朋友的關係，以及對市場行為造成的影響。

競爭需求

從孩童時代，我們便被教導要和朋友及兄弟姊妹相互競爭，而經過多年的經驗之後，成年人自然而然會想辦法去滿足這些需求。

競爭是一種健康而正常的創造性需求，不過如果不是因爲「競爭心理」作祟，有些事情其實也找不到理由來做。從另一方面來看，這些慢慢烙印上去的需求，也會引導我們去冒不必要的風險。在競爭慾求非常強烈的刺激下，我們可能做出不合理的投機行爲。到底是怎樣的因素，會刺激我們採取如此激烈的行動呢？求取勝利的需求，事實上不僅單純地滿足個人，而是想要滿足那個面對社會的我。很多投資人念茲在茲的，並不是想要讓自己快樂，反而是爲了要滿足一些社會需求，全然不顧交易買賣的眞正目標，這樣做當然很容易招致失敗。會因爲競爭衝動而產生非理性行爲，常常是因爲有某種心理障礙，例如不安全感或殘缺感之類的，由於要補償這些需求，才會針對他人的成就盲目蠢動。競爭需求有其情緒化的一面，而且這種社會需求會突然刺激產生不適當的行動。

朋友、熟人，有時是親戚，都是挑起競爭的關鍵對象。特別是長期以來處於競爭、對抗關係者，這種需求更爲強烈。當需求達於巔峰之際，犯下錯誤所造成的後果也必定是災難性的。有幾種方法可以把競爭需求導入正面方向，畢竟，競爭需求是動機的主要因素，我們應該從刺激動力中擷取出有利的部分。以下介紹幾種方法：

1. 如果你曉得這就是你的弱點，那麼請花點時間好好地思考一下，誰是你需求的主要對象？爲什麼你感覺有此需要？這些思考和反省有助於導正需求。

2. 有個預防競爭造成盲動的好方法，就是堅持做第一。預期對手的行動，搶先去做，而不是被動地回應，這樣會比較好。如果你要跟對方競爭，最好是先發制人，領先對手一步。

3. 要主動地去建立規則，而不是被動地受制於別人定下的規則。競爭者的遊戲有很多種，不要讓自己陷入他人設計的遊戲中。比方說，你瞧你大舅子不順眼，但他是個股票選擇權專家，可是你對此一竅不通，那麼就別在他的地盤上撒野，而是主動去選擇自己最擅長的遊戲做戰場。長期而言，誰能在投資交易市場上賺到最多錢，誰就是勝利者。而這應該是你的主要考量才是。

4. 如果能學會忽視那種只想競爭的心理，就可以採取最佳的行動。往後我會介紹幾個放鬆技巧，來紓解競爭心理帶來的焦慮感。到時候，比方說你聽到對手在市場上大有斬獲之際，先別忙著打電話給營業員胡亂下單，而是運用放鬆技巧，來冷靜自己的思慮。

取悅他人的需求

這種需求也是源自童年，小時候我們會想要取悅父母（而且常常是因爲出於恐懼），長大之後這樣的行爲模式會延續下來，尤其對於當權者更是如此，但這種行爲對於投資交易是有害的。不過，市場裡頭怎麼會有取悅他人的行爲呢？很多營業員和投資顧問可能都會幫親朋好友做交易，一旦開始虧錢，壓力就會變大，接下來會出現更多錯誤判斷，這時候那種想要取悅他人的需求會變得極爲強烈，別人一點點的非難或不認同，都會威脅到情緒的穩定。幼年時期遭遇的失敗，通常伴隨著出現懲罰，這種狀況更是讓取悅需求達到最高，甚至因此而忽略其他需求。基本上，幼年時期在這方面有過嚴重創傷經驗的人，取悅他人的需求也最大。那些因爲學校成績不佳而被嚴厲處罰的學童，成長後也傾向有這個問題。像這種狀況要如何處理呢？我有幾點建議：

1. 儘量不要受託為他人做交易、不要提供投資建議給親朋好友，或者去影響他們的投資決策，如此一來，你就不必要去取悅誰了。關於這個建議，我認為所有投資人都適用。
2. 如果你發現曾經因為想取悅他人而犯下決策上的錯誤，那麼日後你為別人處理任何交易時，甚至是為你的客戶，都應該要三思而後行。
3. 如果一定要給他人建議，選擇會完全照你的話做的人，比較不會引發取悅需求。
4. 當然，嚴格地遵守紀律，有助於避開取悅陷阱。

認同需求

我們都需要認同，對於某種做事情的方式能否得到他人的認同，往往會比成功與否還要來得重要。這種希望別人認同的需求，不一定就是想要取悅他人。基本上，當我們想要去取悅他人的時候，通常對自我的評價都是非常消極的，而想要爭取認同的人，在某種程度上，至少還能夠依照自己的方式做好事情。他並不渴求去取悅誰、讓誰高興，只是尋求人家點頭表示同意。人的內在有很多類的需求，但是如果發展到極端的程度，都會造成投資交易的障礙。如果投資人做買賣，只是想得到他人的贊同和認可，最後一定會失敗。這個問題有幾個方法可以矯正：

1. 確認自我認可。可以使用我們這本書介紹過的方法。
2. 找出你爭取認同的對象，並思考其原因。一旦找出那個「重要的他人」，你就可以了解你們之間的關係爲何，而且可以控制這種尋求認同的慾望。

被懲罰的需求

看到這個標題，你大概會發笑吧！不過，事實上很多人有這種需求。有人想爭取認同、想取悅別人，也有人是想要受到懲罰。基本上，施以懲罰的一方，是源於想要成爲懲罰者的需求。在平常生活中，這種慾求是非常明顯的變態。不過，有些朋友關係就是建立在這種施虐—受虐的基礎上。這當然是一個銅板不響的事情。以下，我講個小故事來簡短介紹。

我有個朋友，做交易從不設停損，也因此他的投資績效並不好。他有幾個交易帳戶，可是個個都無啥起色，而這些交易帳戶就是那些相信他能力的朋友們開設的。每當交易失利之後，就會有一個「朋友」打電話來罵他。問題是，就這樣一個願打、一個願挨地罵了好幾年！儘管投資老是賠錢，朋友們還是一直匯錢過來，而他老兄也不客氣地繼續給它虧下去。對於朋友們的口頭責罵，他既不思閃避，也不思改進交易方法。我們可以得到的唯一合乎邏輯的結論是：雙方各取所需，在這樣的關係中都獲得滿足。而他們自己可能都還沒意識到這一點。

如果本身沒有這個問題，聽到這種狀況可能覺得有點詭異吧，不過，這種懲罰心態，事實上會以各種微妙的方式影響我們每一個人。某種精神或心理上的變態，總是在不知不覺間慢慢累積、建立起來，一開始也許只是個無傷大雅、無害的小遊戲，但發展到最後卻變成非常嚴重的問題。以這種非常緩慢的學習方式所建立的心態，一般人是很難察覺出來的。任何出現這種施懲者—受懲者的關係，都要小心。如果你突然發現，在某個人際關係中你長久被某個朋友或配偶所懲罰，或者你大部分的時間都在扮演懲罰者的角色，那麼很可能就是處於這種變態關係中，而這種關係發展到最後，一定會帶來很大的痛苦。典型上，有些夫妻就是處於施虐—受虐的關係，但這並不只限定於親密關係才會出現，像是營業員和客戶之間也可能出現同樣的問題。比方說，你的營業員或某個朋友對你交易上的成功非常嫉妒，因此每當你虧了錢，他就幸災樂禍，他可能會以非常微妙的方式揶揄、嘲笑你，一開始你大概也認爲這種情形無關緊要，然而如果你繼續接受這樣的對待方式，儘管是非常細微，仍可能逐漸影響你對市場的態度，最後引發嚴重後果。

我們大概都以爲這種希望被懲罰的需求應該很少見，但事實上卻遠比我們想像的多。如果夠幸運，能夠察知到底發生什麼事，就可以採取行動來加以矯正。我建議可以採取下列步驟，來偵測及矯正這個問題：

1. 辨識問題。對於自己的人際關係，展開全面總體檢。如果有某段關係帶給你痛苦，而且持續時間已達兩個月以上，你很可能就需要協助了。如果你還是不確定是否有這個問題，可以列表記錄你跟週遭人們的互動與衝突，探測其發生頻率。那些最常出現負面衝突的關係，就是需要矯正的部分。

2. 先確定誰在懲罰你，再避免和他發生衝突。對於這種遊戲只要你單方面先停止，很快就會結束。對那個想要懲罰你的人，你愈是反應，他就愈帶勁。要是你這邊先停止，很快他就沒戲唱了。

3.以正面經驗替換負面的互動，可以很快地把人際關係導向正軌。一開始也許得強迫自己這麼做，不過最後就會獲致你希望的結果。

4.已經矯正改善的關係要小心處理，不要再落入不良的互動模式中。重蹈覆轍再陷入這種關係，是很常發生的狀況，要小心。

如同各位所知，跟朋友間的人際關係還有很多種。我建議朋友歸朋友，公務歸公務，如此可以避開很多問題。人跟人之間的關係，可謂千絲萬縷，非常複雜，而我們日常的活動，各有各的理由，很難個個說得明白通透，解釋清楚。如果要避開這種人際間的陷阱，不致影響到你的投資交易，最保險的辦法就是緊緊守住你的交易系統，這也是另一個要緊守投資交易紀律的理由。人的因素一定要時刻注意、緊密監視，以嚴格的紀律來控制才行。

重點複習

1.本章以市場的角度，檢視社會心理及人際關係的影響。

2.本章討論了幾種投資人的人格特質。

3.對於投資成功與否，投資人與朋友間的關係是個重要因素。

4.有許多重要的需求會影響到投資的成敗。

19 十個投資心理法則

對於市場的投資老手來說，許多歷經時間考驗、為人津津樂道的投資法則，想必早都耳熟能詳。不過，也許正因為大家都知道，結果反而沒人在意。現在，我們就用心理學的角度，重新檢視這些金科玉律，也許經過深入說明，了解其可貴之處以後，各位會樂於奉行。此外，根據前面幾章所介紹的理論，我也在此一併整理出一些新的投資法則來。我會用行為主義理論來說明，幫助各位了解其意義。我想，把這些法則抄錄出來，時時參考，對投資是很有幫助的，可以讓我不致走向偏鋒。

1. 預先且明確地擬定好投資計畫，以便隨時派上用場。主動地把投資活動預先組織、規畫好，可免於在被動的狀況下倉促應變。預先做好簡明的計畫，進退有據，也可以不受他人的影響，而招致損失。不管你用什麼交易系統，投資活動都要有所規畫。簡單地說，要計畫好如何投資，而且照著計畫來做。

2. 個人投資的成敗完全由個人承擔。對於投資成果，不管好壞，都要你自己負責。是盈、是虧，都是你自己造成的。唯有挑起完全的責任，不歸咎於營業員、朋友或投資刊物，你才會眞正體會到投資的嚴肅性，從而不會受到情緒因素所干擾，學會控制整個投資狀況，持續地緊守自己的交易系統。而這分堅持的功夫，正是開啓成功之門最重要的鑰匙。

3. **不要片面地希望行情會照著你的意思走；也無須恐懼行情會跟你唱反調**。希望和害怕都不切實際，屬於負面心態，會帶來情緒化的決策。你一旦做了買賣，在市場中持有部位，那麼片面的希望或恐懼並無濟於事。希望和恐懼是投機的大敵，只會讓人產生假象、錯誤的認知。各位一定要竭盡所能，避開這種有害的想像。只要你能夠更嚴格地執行交易，就愈可能獲利。

4. **謹慎注意投入與回饋，是很重要的**。有件事情很重要，投資人一定要注意：你的交易系統到底管不管用？想要掌握交易系統的操作成績，就要詳細做好交易記錄。徹底掌握交易記錄，對於自己的交易狀況一目瞭然，是很必要的。你一刻都不能馬虎，一定要掌握自己做得有多好、或有多糟。如果情況欠佳，也一定要搞清楚到底是你不行，還是交易系統出問題。

5. **心態是你最大的資產**。想靠交易賺錢，擁有一套優秀的交易系統只完成五分之一而已，還要再加上正面而積極的態度，才足以保證成功。各位一定要緊記在心，阻礙成功投資的因素千千萬萬，唯有保持正面心態，才能對抗損失的負面影響，不受旁人的干擾，在交易狀況不佳之際，也能維持正面心態。

6. **培養有效而正面的關係**。我們都有朋友、夥伴，而且也都會受到他們的影響。如果我們身旁盡是失敗者、失意的人，我們就學不到正面的態度，如果周遭的友人、夥伴是時時惕勵自己，希望能做出一番成就，懷抱雄圖壯志，不畏艱險，奮力前行的人，那麼我們也會見賢思齊。不管是個人的交遊或公務上的合作，都要培養這種良好的關係。

7.不要把市場帶回家裡。如果你是靠投資維生，就得特別當心：一離開辦公室，就把市場暫時拋開。如果你只是業餘投資人，平常工作跟市場無關，也要注意不要花太多時間和精力在市場上。當投資順利的時候，你可能會花很多時間投入，甚至影響到生活的其他事情，這種情況並不值得鼓勵，因爲如此一來將延誤到其他問題的解決。萬一投資不順，且連帶影響到生活的其他部分，則更具殺傷力。市場只是要達成某個目的的手段，不能當做一種生活方式，不能讓它控制你的生活。每年都要有一段時間徹底休息，把所有部位結清，完全脫離市場，也許是去度個假。如果你一直盯著市場，寸步不離，將不易看清眞正的狀況。

8.享受你努力的成果，賺了錢就花掉一點，其他的存起來。獲利之後，要定期將利得取出。你可以花掉一些，其他的存起來。你必須要有直接「享受」這些利得的經驗，如此才能確保賺錢的動力。我建議各位定期享受一下，也許就一個月一次吧。如果放著這些獲利而不去享用，你很快就會失去賺錢的動力。

9.不要太過自信，這也許是你最大的敵人。在市場上做交易，總是有好有壞，有起有落，遇到低潮期，你不可以懷憂喪志；同樣地，碰到手風正順的時候，也別太得意忘形。情緒一旦走極端，就會影響到你的判斷力，對於眼前事務很難以理性來思考和處理。你不能太過勇猛以至於無謀，也不能太過軟弱而變得膽怯，最好是求取一個平衡。交易失利當然是個負面經驗，但也並非完全沒有好處，至少會是個教訓，同樣地，交易成功也可能帶來一些不好的影響，得小心應付。事實上，太過自信也許比沒信心還要糟糕，人如果太自信而盲動，往往干冒奇險而鑄成大錯。

10.擬訂下一個目標。一旦達成當前目標，你就得再設個目標來挑戰自己。我有個很熟的朋友，他是期貨交易員，有一年他手風大順，賺了數百萬美元，隔一年卻全部賠光，而且差點破產。我問他怎麼回事？他說：「簡單啊！當你登上山頂，坐在世界巔峰之際，那眞是孤絕！既然沒地方好去，就只好走下坡了。」不過，如果你懂得爲自己再設定一座大山，有了新的挑戰，就不會摔得這麼慘了。

當然，除了這十條之外，還有許多法則可供參考、施行。而我們剛剛討論的那些，也未必放諸四海皆準。各位請以自身情況做考量，也許只有依循自己的交易法則才能獲得最大的利益。

你必須要先搞清楚自己的需求、優缺點、技巧優劣和目標何在，才能訂定出完善的法則來。要達到這個地步，最好的方法是使用自我評量技巧。少數的人只需稍加思考，就能了解自己的需求，不過大多數都需要借助一份檢查表或其他評估工具，才能清楚評量自身的狀況。這個方法，我們會在下一章詳細介紹。

重點複習

1. 有些市場心理法則經過時間考驗，確實證明有效。
2. 每個投資人都要把這些法則牢記在心，儘量時時運用。
3. 本章介紹了十條法則。
4. 擬定自己的交易法則前，要先進行自我評量。

20 認知因素

有兩個投資人焦急地等待XYZ公司發布盈餘報告，其中一位做多，所以期待報告利多；另一位做空，當然認爲業績狀況不好。報告公布了，雖然盈餘比去年同期減少，但這兩個投資人卻有不同的看法。拋空的投資人說：「報告利空！盈餘比去年低很多，照這個減少的速度來看，今年盈餘會比去年降低三七％，跟前年相比則降低六七％！股價不會漲了。」

多頭投資人則說：「不盡然！這分報告看似利空，實則利多。這是個誘人拋空的陷阱。雖然盈餘跟去年相比的確是減少了，但是減少的幅度在整體經濟中來看，還是相當輕微的。目前消費支出大幅減少，所以第一季盈餘只減少三七％，一點也不嚴重。事實上，跟同類公司相比，減少幅度也比較少。記得吧？去年盈餘和營收都創記錄地大幅成長，今年略見回檔是很正常的，絕非利空。」

空頭問：「但是，你原先不是期待盈餘會增加嗎？」

多頭堅持：「那也沒關係！不管盈餘狀況如何，總之我認爲股價會漲。盈餘報告其實也不重要。」

空頭反唇相譏：「唷？那去年盈餘大增，怎麼你就認爲很重要啦？」

多頭說：「那是去年囉。之後我就曉得，盈餘報告根本不重要。重要是股價走勢啦，現在談這個浪費時間，明天走著瞧！」

隔天，XYZ公司股價以下跌三點作收。空頭投資人當然覺得自己贏了，而他也的確是贏了。不過多頭投資人還是不死心地辯解：「光看一天的行情是看不出長期走勢的啦。現在多頭暫時退讓給空頭，之後就要上演軋空行情了！這種情況我可見多了。」幾個星期之後，股價已經比當時進場買入時下跌十五點了，現在那位老兄早該認賠出場了吧，不然也會有點沮喪。不料他仍死抱著股票，而且還振振有辭地表示：「投資人遲早會了解這支股票會漲，這只是時間的問題罷了。孤單地做個多頭是很艱苦的，不過我會勇敢地撐下去，等待雨過天青。事實上，我還加碼攤低成本，到時股價翻紅，我一定可以大賺。」

接著，又要公布盈餘報告了。我們這位永遠的多頭已經買了更多的股票，而站對邊的空頭投資人還是繼續拋空。結果，這一季的盈餘報告還是利空！儘管感到失望，樂觀的多頭還是不願放棄，自以爲有理地認爲等到年底，整個情況一定會有所改善。現在盈餘報告看來似乎偏空，其實還是利多。多頭投資人就是這麼一直誤判市場狀況，雖然虧損不斷擴大，他還是死抱著套牢的股票不放，苦苦等待那個遲來的勝利。等到股價開始反彈，我們這位多頭卻已經等不到了！他在股價最後的趕底階段驚慌賣出，而觸底之後，股價就開始反彈。

這到底是哪裡出了問題？我們這位多頭投資人是怎麼走錯方向的呢？他對未來的預期太一廂情願，也太過幻想了嗎？他以爲不斷地買進股票，才能表示後市看漲嗎？他到底是從哪裡開始誤入歧途的？這整個狀況，又是怎麼發生的呢？如果你也曾身歷其境，想必體會甚多。也許你就可以理解，當投資人堅持己見，不管事實、不講理性、不顧虧損，也不管旁人的勸說，會是什麼樣的情況。這種情況反映出一種認知上的問題，這樣的問題很常見，但後果特別嚴重。類似這樣的認知問題，當然不只是發生在市場上而已，日常生活中也相當常見。個人會根據生活經驗的總合，以自己的方式來解讀身邊發生的狀況。過去的經驗對我們每個人都會有影響，它們有時候扮演障礙的角色，有時又能提供幫助。在我們剛剛看過的那個例子中，固執的多頭看法反倒成了投資人邁向目標的障礙。以下，我們就來探討認知因素，以及其衍生的問題和矯正的方法爲何。

各位請看下面這個例子：有個女人在街上溜狗。狗看到一隻貓，狺狺而吠，緊扯繫繩，想去追那隻貓。剛好繩子絆倒了女人，狗也被扯到一邊。狗更生氣了，一直狂吠著，試圖掙脫繩子。此時，路過的一名男士看到女人跌倒在地，他趕忙過去想幫她，但是狗叫得正起勁，不分青紅皀白便對著陌生人猛吠。此時，又有一名男士騎著摩托車經過，他以爲陌生人在攻擊女人，於是趕緊停車，出手就打。第一位男士想解釋，但這時豈容他分說？拉扯中，一位警察路過見此，他因爲無法肯定誰才是攻擊女人的惡徒，於是拿警棍先制服這兩個男人，以結束這場混仗。結果是，三個人跟一條狗全部受了傷，可是誰也沒錯。

這三個人都有各自的認知。在大街上女人被襲擊的事情絕非少見，當然在此例中它是個錯誤認知，但是在某些狀況下，你已經學會這個預期，而且你就照著預期來反應。如果我預期什麼狀況會發生，我就會根據這個預期來設定反應，結果照著預期來反應反而被騙了，這裡頭便存在著兩難處境。當然，對於現實的認知是非常重要的，但有時候這個認知可以運作得很好，有時則否。透過經驗，我們可以判定哪樣的認知是合適的，哪些會帶來痛苦，但是在一些突發的新狀況中，並沒有足夠的基礎和經驗，讓我們來判斷某個認知是否合適，而很多錯誤就是這麼發生。通過一些心理原理的探討，我們可以了解這種錯誤認知是如何產生和發展出來的，同時也可以運用到市場上來解決一些問題。

何謂認知？

所有的訊息要進入我們腦中幾乎都要經過感官，雖然也有所謂的「靈感」或「第六感」，不過主要來源都是環境因素的刺激。觸覺、嗅覺、味覺、視覺及聽覺，是主要的認知接收器。遠自胚胎時期，我們就會接收到各式各樣的環境刺激，並以之發展成經驗，成為我們對於周遭世界的認知。長久以來，心理學界一直在爭辯遺傳因素和環境因素之間的關係，最後則傾向綜合性的結論，也就是說，先天因素和後天的努力對投資人都會有影響。為了理解一些不同的觀點，我們先來看看一些觀念和基本發現。

很多研究文獻都指出，各個新生兒的反應模式都存在著差異（詳見渥爾曼的《*Handbook of General Psychology*》第八七五至八七七頁）。有無數的研究報告指出，遠自出生那一刻起，甚至還在母體之內，幼兒的反應及認知就個個都不一樣。每個小孩與生俱來的反應模式都不同，例如，同樣是緊張的刺激，卻在不同新生兒身上喚起全然不一樣的心理反應模式。對於相同的狀況，不同的新生兒卻馬上有不同的反應結果，因此兩個成年人遇上相同處境，也會有不同的反應。這種與生俱來的反應模式將會伴隨我們一生，並對一些類似事件的反應或認知，產生極爲深刻的影響。

對於這種個體自出生伊始即有不同認知模式的例子，還有很多。例如，有個相當有名的例子是，患有先天性白內障的嬰兒，儘管出生後不久就接受手術矯正，但日後還是會產生視覺認知的問題。研究人員認爲，在新生兒階段，即使是短暫的環境或感官障礙，都可能在成人以後演變成嚴重的認知問題。研究同時也發現，在動物的成長過程中，各個器官也各有不同的重要發展時期。例如，在黑猩猩小的時候，如果把牠的手綑綁起來，長大後就會產生很嚴重的感官及運動神經上的障礙，而且是無法矯治的。其他還有諸多類似的發現，尤其是針對哺乳類動物。

所有這些例證顯示，在感官能力的發展中，遺傳因素跟環境因素是緊密相扣、相輔相成的。剝奪個體感官的實驗顯示，狗如果在幼年時期得不到飼養主人的撫摸，在低刺激度的環境中成長會變得愚鈍，而且對正常的學習模式反應缺缺。把這個實驗結果類推到人類身上，可就蘊義無窮了。

我要表達的重點其實很簡單：由於各種原因，我們「看到」或「認知到」的事情，其實都不太一樣。對某個人來說是危險的事，另一個人也許覺得很有趣；對某人來說是挑戰，另一個人也許覺得無聊透頂。根據阿德勒的說法，心理失調的主要徵候，其中之一就跟認知有關。

阿德勒是最早跟佛洛伊德分道揚鑣的心理學家之一，他特別強調人際經驗及情境影響人類行爲的重要性。阿德勒著重研究自卑感、手足競爭以及人類的統合、團結等範疇，以更容易被人了解的方式來解釋這些心理狀況，比佛洛依德理論更廣泛地爲人引用。阿德勒原本也是佛洛依德的同事，是維也納心理分析協會的領導人。以下，我將引用阿勒德的說法，來說明我對於認知的看法。

阿德勒對適應不良及精神失常的行爲，自有一套描述，其中即包括「認知」及「思維」。關於認知的特質，他指出在心理失調時會有兩個重要特點：

> 認知的選擇性。在發展「個人世界觀」時，精神病患並不像一般人那樣地辨識事物，對於與其看法相反的事物，他不會有反應，而是選擇性地選取跟他原本觀念相符者。
>
> 認知感受度。……他過度地以預設立場來接受詮釋，不管其預設是否恰當。
>
> 思慮。固執、死板，跟正常人相比，精神病患的思考方式顯得缺乏彈性，甚至死板。
>
> （引自福特與烏賓（Ford and Urban）合著的《*Systems of Psychotherapy*》第三四一頁）

現在我們稍稍複習一下：

1. 我們認知事物的方式，是由遺傳因素跟環境因素混合組成的。
2. 有情緒困擾的人，不容易看到事物的眞相。
3. 有情緒困擾的人傾向以符合其病理的方式，來解釋和認知眞實。
4. 精神病患的思考呈現死板的特質，不易改變。

我們再回到學習典範（參見第6章）。各位請注意，在學習典範中，有一個「認知過濾」，現在我要把這個過程加進來，也許這正是整個學習典範中最重要的一環。

假設，某人對於情況的認知是錯誤的，就以本章一開始的例子來說，固執的多頭交易員一再地誤解原本是利空的盈餘報告，表現了他思考和認知上的死板和固執。這種狀況其實也沒什麼好驚訝的，很多投資人都以爲他所做的交易是合理的，因而扭曲事實，爲了那些他們執意相信的事情奮戰到底，根本不管眞相爲何。像那種死抱錯誤交易，一意地辯解，不惜扭曲事實的狀況是很常見的，這種戲碼幾乎天天都在上演，長期持續下來，破壞力則是很大的，而這種情況發生在市場上，更會帶來災難性的後果。這種投資人所遭受的損失，大約有一半即是因爲他們錯誤認知現實所致，所以我才認爲，了解這種錯誤認知（我稱之爲「失敗認知」）是如何造成的，以及要如何去矯正是非常重要。

另外，我認爲失敗認知是一種包含遺傳因素的學習行爲，不過，遺傳因素在此存而不論，事實上我既無法證明，也無法否定它。但僅針對行爲方面，我認爲是可以透過再學習來矯治原先的錯誤預設。現在我們來看看，失敗認知是如何從幼年時期的某種行爲方式發展出來的。這種錯誤認知變成習慣，有兩個不同方式。我們每個人都常常有這種錯誤認知的時候，不過只要不是在重要時刻發生，倒是可以避免人際關係上或財務上蒙受過多的損失。我現在要討論的是針對習慣性的適應不良認知。

父母對於幼兒的反應，會受到他原本的性格所限制。假設有某個孩童在特定情況中會感到焦慮，父母對此一狀況可能有好幾種不同的反應。其中之一，也許他們會安慰孩子，以合乎邏輯的方式向他解釋這種情況沒什麼好焦慮的，也許再配合口頭上的獎勵或其他更有力的方式，讓幼兒覺得更安心。這種刺激—反應模式再三重覆，幼兒再碰到相同狀況，就學會忽視這種焦慮，或者可以降低它的影響。通常這種焦慮是針對學校、考試或同儕團體而發出的，雖然其間的互動要更爲複雜，不過一般而言，認知及對認知的反應即是如此發展和改變的。小孩放學哭著回來，看來很煩惱，他的父母試著安慰他：「你怎麼哭了？」小孩答：「我害怕考試！」爸爸問：「考試有什麼好怕的呢？」小孩答：「老師說如果考試沒考好，放學後要留下來輔導兩個禮拜。」爸爸說：「喔，原來你是怕這個啊。」這時媽媽開導說：「不過，可能就因爲你感到害怕，所以反而考不好喔。有時候我們就是因爲太害怕某件事情，所以很難把它做好。有時候我們原本知道該怎麼做，但正因爲感到害怕，結果反而把它搞砸了。」爸爸跟著說：「大家都有害怕的時候，只要你排除掉這份恐懼，更用功讀書，就可以考好了。」雖然這些對話相當簡單，不過可以看出，父母親正試著改變孩子對某項威脅的反應，他們會提供獎賞，以鼓勵孩子改變他對狀況的認知。雖然孩子這時或許仍把考試視爲一個威脅，但也許之後就能以不受此一狀況所影響的方式來做出回應。時日一久，經過幾次同樣的狀況，領受到一些行爲正面結局，其他的行爲模式就會有改變。再加上父母親的獎勵，這種改變將深深烙印在他的認知反應模式中。

不過父母親的反應也可能反而造成兒童的「失敗認知」，這種父母通常會以焦慮的方式來教導子女，或者本身即對眞實狀況產生錯誤認知。以下的例子在一九五〇年代的親子對話中可是很常見的：

兒童：「我下個星期要考試。」

父母：「你最好考個好成績，不然的話……。」

兒童：「不然的話，怎樣？」

父母：「不然的話，我會打得你又青又紫的！」

兒童：「你爲什麼要打我？」

父母：「這都是爲了你好啊！考試考不好，長大只能去擦皮鞋或掃水溝！一輩子窮困，撿垃圾過日子。」

兒童：「眞的嗎？」

父母：「是啊！這就是考試的目的。老師才會知道誰夠聰明，可以去當醫生或律師，誰以後只能去撿垃圾和當乞丐！」

兒童：「所以我下個星期如果沒考好，以後就會當乞丐？」

父母：「不是的，要考壞很多次才會去當乞丐啦。不過你每考壞一次，老師就會記錄下來。到了學期末了，老師會把這份記錄交給下一個老師，一直記到你學校畢業。如果你的成績太差，他們就會把你踢出學校，送你到修鞋匠那兒當助手，一輩子苦哈哈的！」

雖然這段對話看來有點做作而且有點傻，但可以反映出過去許多父母常常採取的態度。

父母把恐懼注入兒童心中，也把他們純眞的認知反應轉成受到威脅的狀態。單單只是一次小小測驗的結果，被誇大到這等地步，使孩子的心中預設了恐懼和焦慮，萬一考試眞的考壞了，還得遭受父母的罰懲，形同受到雙重的痛苦。如果這種情況一而再、再而三出現，小孩難免會發展出非理性的認知模式。儘管日後他也許會知道這種想法並不正確，但那份認知到的威脅感卻會持續存在。這種威脅感會以非常微妙的方式保留到日後，直到成年之後仍然對他發揮影響力，在某種狀況下讓他產生某種反應，但他卻早已不記得這一切是如何開始的。

在兒童認知模式的形成、維持和改變上，父母的角色非常重要。我們在成年之後的認知模式，大部分都是幼年時期在家裡學會的，這就是爲什麼我們大都是知其然而不知其所以然，而且普遍是根深柢固，難以撼拔。父母對子女的教導也很難恰到好處，往往不是注入太多的痛苦，就是太少；不是忽略太多東西，就是過度關注太多的刺激。能夠剛好恰如其份地教以「中庸之道」，那是很少的。總結而言，父母可以教導小孩：第一，忽視可能會有的負面認知；第二，注意並擴大某個情況的負面認知；第三，對特定狀況形成新的認知。透過學習過程，這些認知都會轉變爲成人時的行爲，而經過綜合與歸納的作用，這些行爲會再應用於其他狀況中。

現在，我們就把這種幼年形成的認知應用到市場中。拿我們的老朋友，那個永遠多頭的投資人來說吧，他預期股價上漲，所以買進XYZ公司的股票，這裡，關鍵字是「預期」。可是他的預期落空了，但他無法認知到這個狀況的眞相，也就是「虧損」。毫無疑問的，他無法認知「虧損」的事實就是一種「失敗認知」。我們可以說，這位投資人的認知已經出現問題，最可能的情況是因爲幼年時的發展，才造成他無法認知消息的利空眞相。這種錯誤判斷，即對眞實的錯誤詮釋，也可能在生活中的其他面向出現。有些人可能以爲，這個投資人只是捨不得認賠，他知道自己已經錯判行情，但不願承認失敗，的確是有這樣的情況，不過，也有很多投資人事實上根本不曉得自己的認知已經錯了。

事實上，這種認知障礙是某種更普遍症狀的一部分而已。精神病患所以會有錯誤認知，可能是藉此作爲適應世界的工具或防衛機制，不管是哪一個，學習都扮演著重要的角色。各位回想一下學習典範，如果愈常受到獎勵，就愈可能形成永久行爲。你也許會問，既然錯誤認知會帶來巨額的損失，那麼爲什麼不會因受到教訓而有所改變呢?很簡單，因爲錯誤認知不一定會造成損失，有時候可能還能獲利，因此這位投資人的錯誤認知反而有了隨機的強化效果。而我們之前也說過，這種隨機強化效果所帶來的習慣是最難矯治的。

我要說的重點是，這種錯誤認知往往是由非常有效的強化排程來維持，這樣的習慣最難根除，而且會造成重大損失。此外，在投資市場中，還有各式各樣不同的錯誤認知，投資人不只會誤判盈餘報告而已，包括潛在風險、股票或商品的潛在價值、技術性交易指標、號子的行情看法以及其他一些重要情報、訊息，都可能會有錯誤認知的情況發生。任何由感官獲取到的資訊，都可能成爲錯誤認知的犧牲品。

錯誤認知的另一個型式，是史基納所說的「制約辨識」(conditioned seeing)。史基納對於這個主題的討論，明顯是以行爲主義來解釋認知的本質，以及認知如何演化爲行爲。史基納提出的概念，對投資心理學是相當重要的，以下是引述自史基納《科學與人類行爲》

（*Science and Human Behavior*）一書中的一段文字：

在制約反應的模式下，人可能看到或聽到「未呈現出來的刺激」：他可能看到X刺激，但事實上X刺激並未出現，而是過去那些常常伴隨X刺激而來的其他事的物出現而已。聽到晚餐的搖鈴聲，不但會讓我們流口水，而且也會讓我們看見食物……普遍來說，制約辨識可以解釋，人爲什麼會根據過去的經驗來看這個世界。我們所處的世界中，某些屬性是很常見的，因此「認知法則」會導向那些已經制約的行爲……我們通常會看到像是完整的圓形、方形或其他的形狀。

各位應該還記得前面我提過的帕夫洛夫的狗流口水的實驗，狗不但被制約對食物流口水，也會對鈴聲產生反應，因此在此實驗中，食物和鈴聲是一起出現的。一旦被制約之後，狗就分不清食物或是鈴聲，這兩者都會讓牠產生流口水的反應。雖然把這種況狀由狗推衍到人身上還沒有獲得科學的驗證，不過我還是要借這個實驗一用。換個說法來講，狗因爲聽到伴隨的鈴聲，預期到會有食物，因此才會流口水，現在我們大膽地把這個結果推衍到投資人身上。根據實驗結果推論，兩種同時出現的刺激應該可以獲得相同強度的反應，換句話說，「某個刺激產生另一個刺激的效果」是非常可能的。

我們常常看到有些投資人買賣股票，是出於某些非常奇怪的理由，事實上這些理由原本都是跟獲利—刺激有關的刺激，而這些行爲是在史基納稱之爲「有效辨識」的範圍之內。在這方面，我要再引用一個史基納的名詞「迷信行爲」，例如：有個投資人打電話給營業員，下單買了股票，結果賺錢了，這一整套行動，日後可能會一釐不差地重新複製。比方說，投資人當天是用紅色話機打電話，那麼他可能開始迷信紅色話機跟獲利有關。要是碰巧幾次用紅色話機下單的交易都賺了錢，也許眞的就變成一種迷信，把紅色話機視爲獲利的象徵，認爲紅色話機和交易獲利之間有一種神奇的關聯，甚至把紅色視爲幸運符。這種認知行爲推演泛化的速度是很驚人的，也許他連買股票時，都要挑選名字與「紅」有關的公司，很離譜嗎？倒也未必。各位想想自己的習慣，也許不難獲得相同例證。

我們再舉個例子。你打電話給營業員，他說謠傳蘇聯大買小麥，你問：「那怎麼辦？」營業員在電話那頭大叫：「在消息影響市場之前，我們快買些小麥！」你說：「好！買進小麥，不過咱們賺幾毛就跑。」於是你敲進小麥，而不久市場受謠傳刺激，麥價飆漲，營業員也遵照你的指示獲利了結，結果你在幾分鐘內賺了幾千美元。還有什麼比這個更有強化效果？你對一個謠傳做出的反應，讓你迅速地賺了一大筆錢。在事情的表面之下，有好些可能性會導致迷信的行爲，我稱爲「不適當地認知眞相」：

1. 如果你在某個特定時間的交易總是賺錢，潛意識會認定該時段爲良辰吉時。配合獲利的正面結果，該特定時段將形成一種制約。
2. 如果你在特定地點打電話下單，接連幾次都賺了錢，或許你就要開始相信該處是個吉穴財窟了。
3. 過去幾次賺錢買賣之前，你做了什麼事情？或許這些活動內容也能成爲迷信的對象，讓你產生錯誤的認知。

像這種會讓投資人誤以爲是賺賠先兆的狀況還有很多，如果有一群投資人或交易員都對某項刺激產生相同反應，那麼這項刺激的效果就會變得更爲明確。如果許多投資人都相信某個交易訊號會賺錢，大家都做出買進的動作，這個訊號也就眞的可以發揮賺錢的效應。獲利的狀況也許不能維持太久，但大多數投資人還是會繼續產生相同反應。這時候，最後的勝利者就是那些能夠預期訊號出現的人，他會比一般人更早進入市場，等到大家把價格推向他希望的方向時再獲利了結，像這種情況各位一定都看過不少。再如，戰爭的威脅會造成股價下跌，因爲大部分投資人都視此爲利空，他們都認爲戰爭會影響到市場，其集體反應也就產生普遍化的效果。即使只是謠傳戰爭，也會有所反應，而這種謠傳最後都沒法證明爲眞，結果有些投資人就因此而虧損，但是有些眼明手快的人在謠言散布開來以前就買進，等價格突然上揚時，馬上賣出，因此大賺了一筆。

認知與錯誤認知並不只限於我們對外部環境刺激的詮釋，有時投資人也會對內部刺激產生錯誤認知。例如，投資人可能以爲某些心裡感覺或心理反應是幸運的，比方說：「我覺得今天是我的幸運日。」或者：「不曉得爲什麼，但我就是覺得今天可以大賺一筆！」這些感覺大概都可以回溯到過去的成功交易，或許兩次的感覺一樣，因而成爲一種制約，在心裡喚起相同的勝利感。

我用行爲主義來解釋透過經驗學習的認知模式，還有許多正、反意見可以介紹，不過，只要我這些說法可以在市場上加以驗證，應該就不會錯。那麼，錯誤認知模式該如何矯正呢？投資人如何在市場研究中，發現自己認知上的缺陷或盲點呢？我們該如何利用他人的錯誤認知來獲利呢？我相信這些問題的答案，都是靠預先擬定有組織的投資計畫來解決。對錯誤認知採取的最佳防禦，就是在投資策略上做最強的攻擊！要避免因錯誤認知而造成虧損，最好的辦法就是有組織地擬定投資計畫，而且嚴格執行。這樣就可以把外來訊息的負面效應降至最低，因為把這些不利影響排除於計畫之外，我們也就消除了這些因素會產生的負面結局。

重點複習

1. 每個人對現實的反應都不一樣。
2. 先天遺傳因素和後天環境因素交相運作，使得不同投資人有不同的反應。
3. 強而有力的證據顯示，認知也是一種經由經驗學習的行為。
4. 史基納討論「制約及有效辨識」，做為學習認知的例證。
5. 認知與錯誤認知會影響到整體的投資績效，萬萬不可忽視。
6. 要避免發展成錯誤認知及它所造成的負面結局，就是遵照本書一再提醒的嚴格擬定與執行投資計畫。

21 潛意識認知——無意識反應

要徹底了解和具體說明智性活動的內在過程，即使不是不可能，也是困難的。刺激在顯現出反應之前，要經過一些心靈內在，即潛意識的轉化過程。許多年來，心理學家都試著探索從認知到表現反應之間的諸多變數，其目的在矯正一些人類心靈容易罹患的官能障礙，以減輕那些思考程序失常、錯誤的病人的痛苦。而許多心理學家的最後目標，是想要控制和利用人腦的巨大力量。

我們先前提過，現代心理學思潮本質上可以分爲兩大學派，一邊是所謂的傳統心理學家，把心理內在過程理論化，運用實驗方法、觀察和假設來驗證理論的有效性，這種人道的心理學家，喜歡比較不獨斷的研究方法，但仍然關心人類思考和意識中的「質料」或「物質」的一面。另一邊則是行爲主義心理學家，以其最爲純粹的方式，表現如下的態度：

> 行爲發生的過程，並不如產生行爲的「輸入」項那麼重要。我們必須把人體視爲一連串的輸入和輸出。
>
> 藉由研究輸入，來比較最後產生的輸出（行爲），我們可以制定出一連串的「法則」，如果這些法則是正確的話，就可以讓我們預期和控制行爲。因此，研究中間的過程是不必

要的。因爲我們根本「看」不到人類心靈內在是如何運作的，所以還是避開的好。這也不是故意貶低或輕視個人的獨特性或人的質性，而是因爲在研究人類思考和行爲時，必須維持純科學、務實和實證的觀點。

我相信，評估行爲的內在過程可以學到很多東西。雖然我們無法只靠著洞察力來改變行爲，但在發現過程中激發的想法，也許可以導向改變的開始。

如同前一章所討論的，認知因素傾向於在刺激和反應之間發揮作用，而對於引導我們走向決策反應的中間過程，我們常常是一無所知，所以對這中間過程的任何透視，都可以幫助我們矯正交易的失誤。

也許，投資人最難以對付的現象，就是在重要時刻失去理性。在股票及商品交易的歷史中，在築底時爆發恐慌性賣出，或明明在做頭時卻在搶進的例子，實在是太多了。例如，古巴飛彈危機造成的恐慌、甘迺迪總統遇刺時的恐慌、一次又一次的愈戰「停戰謠言」，還有基本利率常引發的反應，這些都是非理性的例子。事實上，有些技術性指標的基本原理，即是根據人類對於特定政治、經濟因素的情緒反應而編製出來的。我們都很清楚，任何單一狀況並不構成市場事件，而某一個事件總是要經過一段時間的發展，最後才會突然爆發出來。戰爭爆發之前，不會毫無預兆，和平也不會在一夕之間就突然降臨。如同許多成功的投資人和交易員所指出的，新聞常常是大部分交易員的敵人，因爲他們並不曉得如何利用它。

新聞對於市場的重要性，並不在於新聞本身，而在於它被解讀的方式，換句話說，投資大眾在以某個特定方式接收到新聞時做出的反應。有許多例子顯示，原本是利多消息，結果卻變成利空效應；有些消息原本是大眾極為期待的，但發布之後卻讓人非常失望。這種什麼是利多、什麼是利空的認知，每天都在改變，時時刻刻都不一樣，而且每個交易員的看法也未盡相同。在刺激與反應之間，還有人性這項變數存在。經濟現實無可避免地一定要通過認知過濾這一關，也就是人的大腦，而不管解讀是否正確，人就是根據他的認知來行動。經濟法則到最後還是會發揮效用，但往往都要經過相當長的時間，消息才會塵埃落定變為眞實。而在經濟消息變為眞實之前，有九成以上的價格波動都是在段期間產生。如果人不根據認知來行動的話，價格反應會幾乎是立即而正確的。我告訴各位的這些事情，裡頭並沒有什麼偉大的發現，在股票、商品和房地產價格的波動中，大都存在著人性的弱點，這其間也沒有什麼神秘的眞理。

市場指標

有一些市場指標，就是明白地或含蓄地在利用人性的因素，換句話說，從投資大眾熟知的大部分價格趨勢型態，可以量化人性的反應。現在，讓我們來檢視其中一些指標。

穿頭與破底

當價格沿著特定方向的趨勢行進時，會一路吸收動能，有愈來愈多消息刺激來推動價格，價格也就加速地上漲或下跌。一般認爲，價格移動的第一波，是由機構投資人的買進所推動，這時候稱爲累積期，接著才是投資大眾開始介入。等到價格以最大加速度上漲或下跌，則是由投資大眾扮演最主要的買進或賣出角色。最後，趨勢走到了最高或最低時，機構投資人應該大都已經出脫手中部位，他們已經慢慢地把部位丟給投資大眾承接。

投資大眾從新聞中接收的訊息，只是確認股價趨勢，根本不管其間到底包含哪些眞實的涵意。股價追隨原先的走勢，劇烈地上飆或下挫，似乎永遠也跑不到盡頭。在多頭市場的氛圍中，大部分消息都被解讀爲利多，股價一旦下跌，就被視爲是搶進的好時機。當多頭消息來到，就被看做是股價趨勢的確證，例如，在多頭市場的最後階段，標準的「搶買高潮」出現之前，通常會有如下狀況：

1. 大利多消息，這可能是幾個月以來的最大利多。
2. 爆出幾個月或幾年來的最大成交量。
3. 價格飆上幾個月或幾年來的最高水準。
4. 市場處於熱切的多頭氣氛中。

這段期間內的價格走勢型態也是相當特殊，圖21—1顯示其中部分型態。我們注意到，在一段相當長的時期內，價格節節上揚，有時連續數日收盤都相當強勁。然後突然到了某一天，價格在盤中創了新高，但收盤價卻比前一交易日的盤中最低價還要低，而且爆出很高的成交量。就是典型的「搶買高潮」，完完全全是因爲投資大眾的情緒過度反應造成的。再來

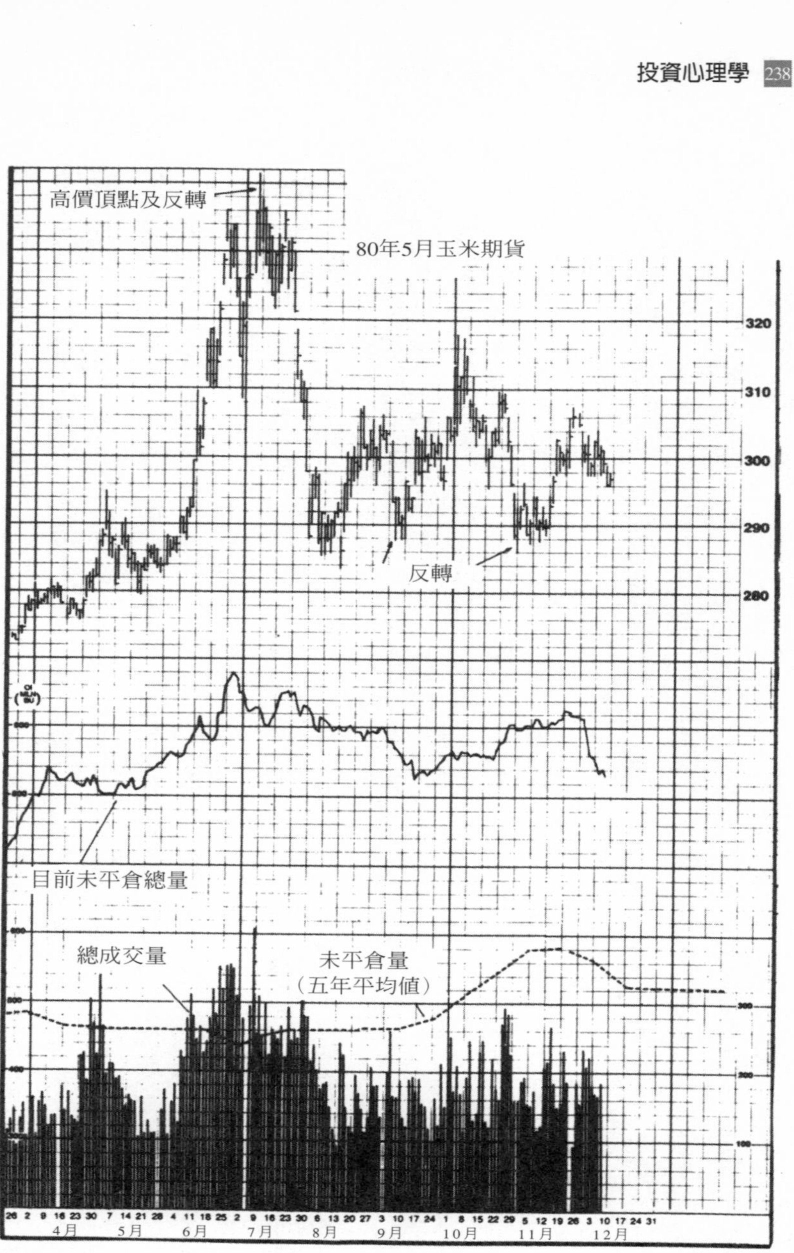

圖21-1　典型多頭市場 (Commodity chart Service授權使用)

還會有幾天反攻，希望能夠回復到原來的走勢，不過此時多頭反攻大都失敗，然後整個趨勢開始轉變。在價格飆升穿頭的那一天將會爆出大量，而趨勢開始反轉，幾乎完全就是投資人對新聞的認知所造成的。一直到反轉的那一天爲止，投資大眾把所有消息都看成利多，但市場的態度和氣氛出現重大轉變。賣壓擊潰買盤，於是頭部形成。在此之前，機構投資人早就利用投資大眾對於新聞的錯誤認知，以相當好的價格軋平大量部位。走勢剛好相反的賣出高潮，情況也是如此。在這種價格技術型態中，認知、態度、情緒及驚慌，都是關鍵成份。這些都是心理因素，也錯綜複雜地跟全球大事和經濟消息有關。

看漲與看跌的輿論

看漲與看跌的輿論，也是認知因素的指標。在大部分的關鍵性頭部，看漲輿論都非常高昂，而在關鍵性底部又剛好相反，幾乎沒人看漲。因此，像拋空比率就是表示市場空頭氣氛的重要技術指標，而且在股價觸底時，往往也是賣壓非常沉重的時候。圖21—2爲期貨市場中看漲和看跌輿論的對比，也是市場氣氛的指標。

除了這些指標之外，還有很多市場諮詢服務提供各式各樣的指標，包括市場氣氛指標、交易員巨額買進或賣出、業內交易、低價股的震盪和其他相類似的市場因素。所有這些指標都可用來判斷投資人整體氣氛如何，而投資氣氛則源自於投資人對市場消息的認知。

美國開放民間持有黃金一事，是投資大眾因爲新聞的認知而誤入歧途的絕佳範例。多年以來，除了金幣及珠寶飾品之外，美國人不得私自持有黃金，一九七〇年代初期，黃金價格

金屬類

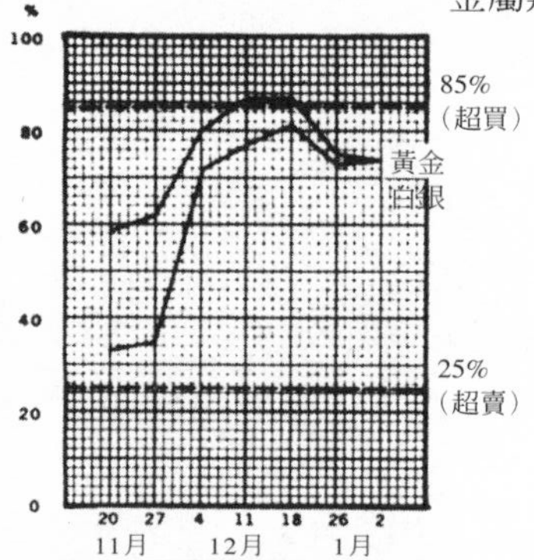

多頭比率							
黃金	59	62	80	87	87	75	74
白銀	33	35	72	77	81	73	74

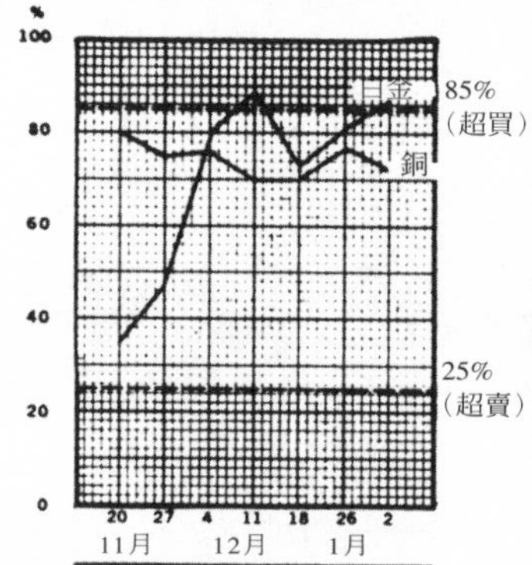

多頭比率							
銅	80	75	76	70	70	77	72
白金	35	47	80	89	73	81	87

黃豆製品類

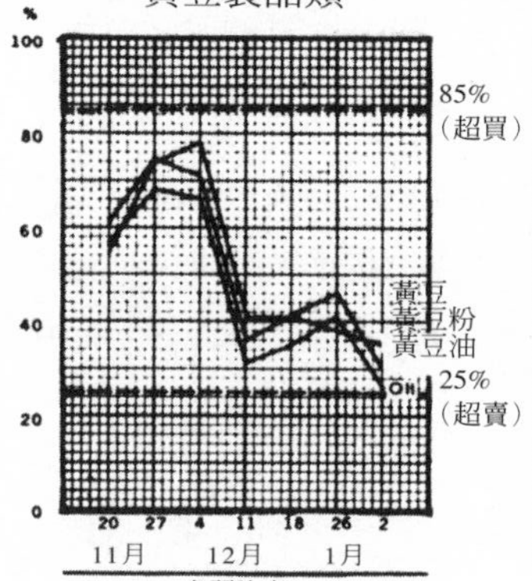

多頭比率							
黃豆	61	75	71	36	41	38	35
黃豆油	57	68	66	31	35	41	26
黃豆粉	55	74	78	41	41	46	30

（接下頁）

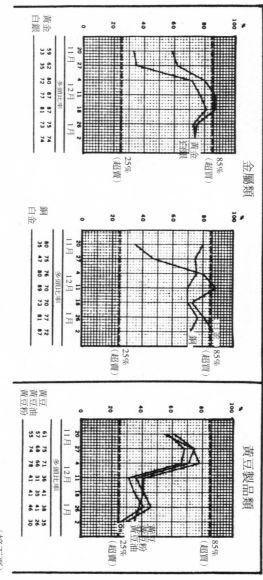

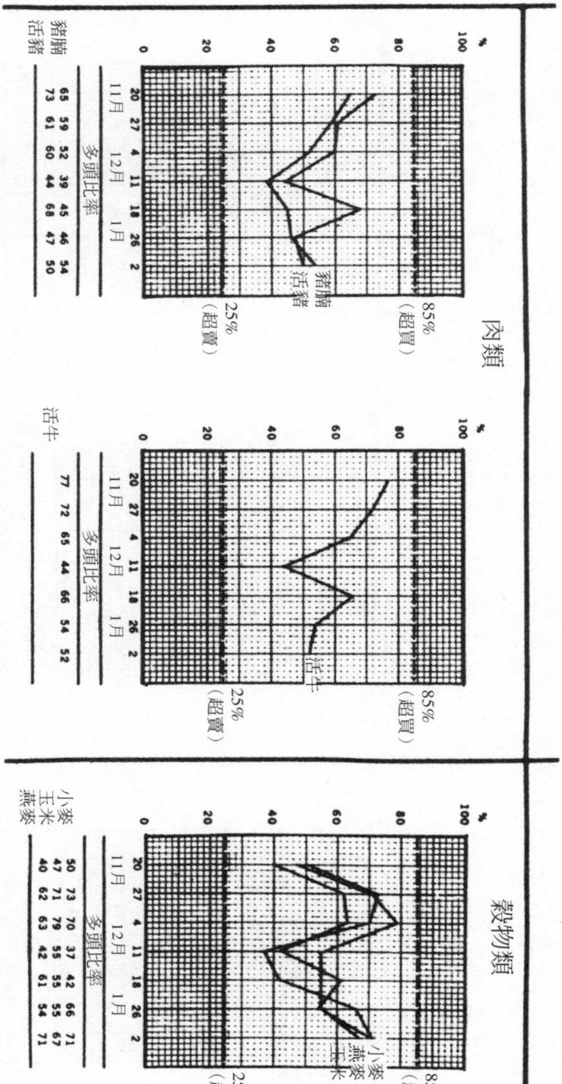

21-2 市場氣氛指標——多頭輿論觀點的圖示。

（接下頁）

（續上頁）

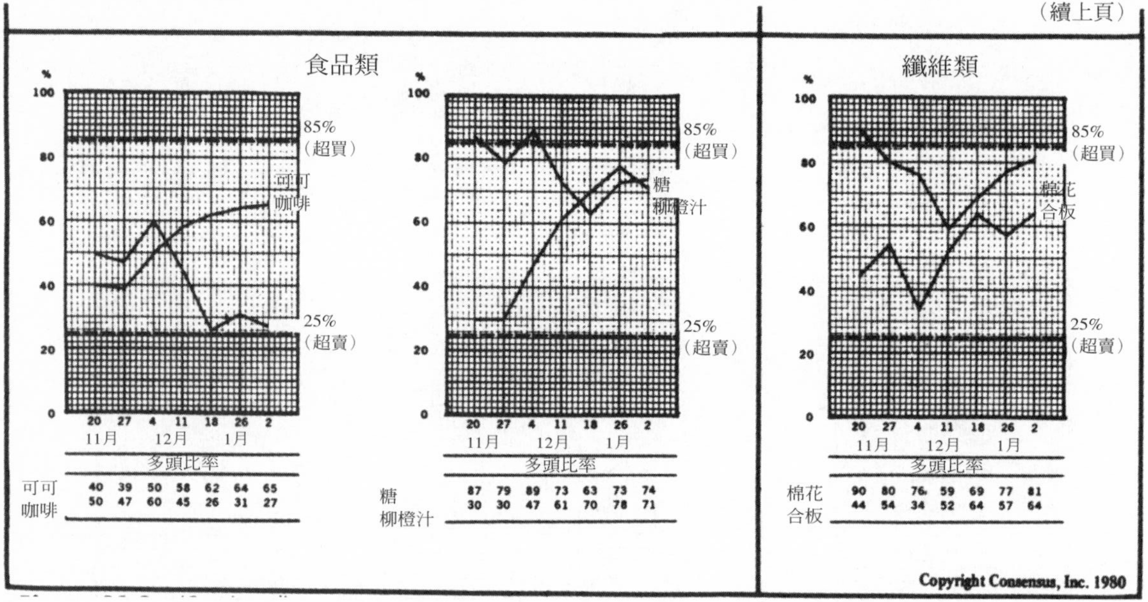

21-2 市場氣氛指標——多頭輿論觀點的圖示

注：市場氣氛指標（market sentiment index）反映專業投資顧問及營業員市場通訊的看法，由美國俄勒岡州波特蘭的商品展望公司（Commodity Outlook, Inc.）蒐集觀察，輿論公司（Consensus, Inc.）繪製圖表。此一指標原本只是作爲指導原則。「逆向操作理論」認爲，當85%的分析師都看好時，市場已進入「超買」階段，價格很快就會反轉；相反地，當75%分析師都看空（指數即顯示25%看好），市場可能就是「超賣」，價格很快就會回升。（Consensus, Inc.授權使用）

變得比較活躍之後，美國民間開始呼籲政府解除黃金管制。當金價從每盎司四美元水準穩定上漲之後，黃金持有合法化的需求就更高了。圖21—3所示，為黃金持有眞正合法之後，金價的波動狀況。讓很多人驚訝的是，經過長久的等待，黃金剛解除管制時，並未帶來投資人原先預期的買氣。在開放合法之前那波上漲行情，是由專業投資人帶頭推升的。當黃金持有眞正合法化，他們就開始高價出脫給預期價格還會再攀高的美國投資大眾，結果，投資人對這個事實的認知正好是錯誤的。

相同的一幕，多年以來在許多市場中上演。在消息曝光後，預期化為事實再去買進，實非上策，這點在市場上已經是個通則。換句話說，事件本身在市場上所呈現的通常不像事件本身所應有的那樣。為何如此？是什麼引發投資人毫無理性地行動、錯誤地認知現實呢？是否可能在並未眞正了解是什麼在刺激我們行動的情況下，就針對特定的認知來反應呢？現在我們進入「潛意識刺激」的範疇了。我強烈希望各位特別注意接下來我要介紹的部分，這也許是本書最重要的部分——關於心理的眞相。潛意識刺激，可能是大多數導致市場損失的幕後眞正原因。

潛意識刺激

一九五〇年代，派克（Vance Packard）出版他的經典巨著《隱藏的說服者》（*The Hidden Persuaders*）。這本書詳細檢視了廣告界的做法，讓美國人曉得，他們的購買習慣實際上是受

黃金（商品交易所）　紐約（最近期期貨當月最高、最低及收盤價）

美元／盎司

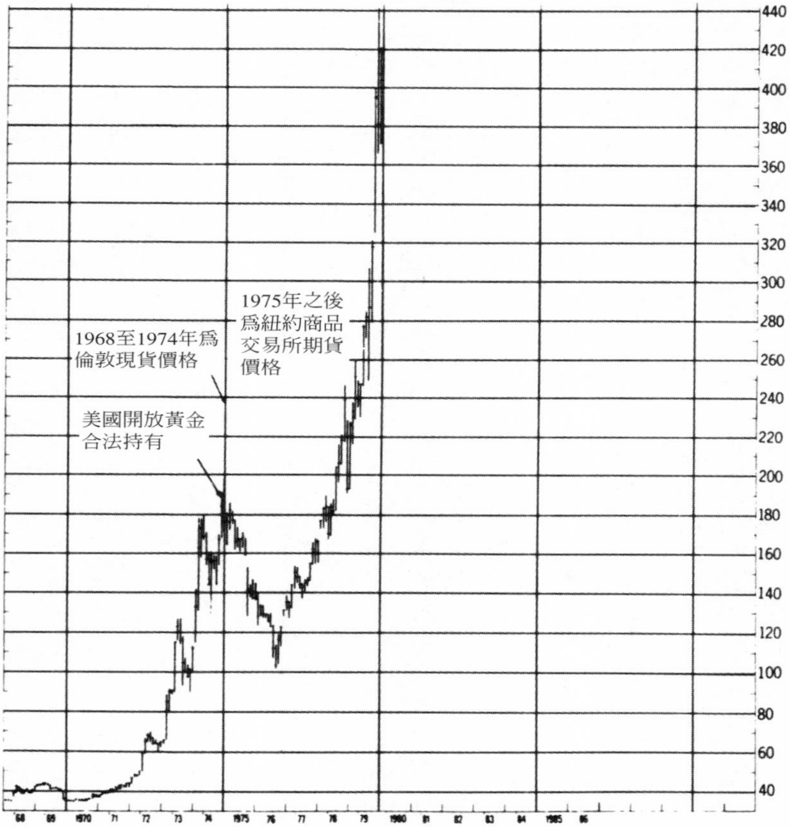

圖21-3　美國開放黃金民間持有後金價走勢 (Commodity chart Service授權使用)

到一些非常巧妙的心理技巧所操縱。對於廣告界使用這種「閾下效應」（subthreshold effects，編注：指刺激值低於受試者可意識到刺激存在的最低閾值）及催眠手法的道德性，也引起了相當大的關注。

《倫敦周日泰晤士報》頭版報導，在一九五六年年中，有些美國廣告商實驗以「閾下效應」通過大眾的意識警戒，希望把銷售訊息滲透進去。報導指出，當時在紐澤西有一家戲院，在正常播放影片的時候，插進冰淇淋廣告快速放映。由於廣告每次出現的時間很短，人的眼睛無法辨識出來，但仍足以被潛意識地接收到。報導說，結果很明顯，冰淇淋銷售果然增加了。報導解釋說：「閾下效應，包括影像和聲音，有些實驗心理學家已經知道很多年了。」報導並推測，有些政治宣導或許也可以讓大眾在不知不覺中接受其訊息。

如果沒錯的話，這段引文跟我們現在的主題是一致的。投資人是否可能被潛意識或閾下刺激所影響？其可能性是否有心理學的根據？我相信在這方面，實驗證據大體上已經支持了這個結論。這裡頭的確是有些論據的。在討論中，我將交替使用「潛意識的」、「閾下的」和「未經察覺的反應」等詞彙。如果我們使用更精確的定義，或深入探討認知防衛機制，將會使我們的討論變得太過複雜，對於此一主題有興趣的讀者，可以在最近的心理學文獻找到相當多的材料。

心理學家使用一些心理指標，以判定被實驗者是否接收到刺激，或對刺激做出反應。最常見的就是賈伐尼皮膚反應（Galvanic Skin Response, GSR），這種方法是測定皮膚的導電率，當情緒受到刺激而有變化時，GSR 值也會改變，它是測謊器的主要配備之一。如果被實驗者接受到特定視覺或聽覺刺激而產生情緒反應的話，GSR 值會對應出現改變。有許多研究（麥克里利與拉札魯斯〔McCleary and Lazarus〕，一九四九年；郭德堡與菲斯〔Goldberg and Fiss〕，一九五九年；維納與席勒〔Wiener and Schiller〕，一九六〇年；艾力克森〔Eriksen〕，一九五八年、一九六〇年）都使用 GSR，部分口頭報告也證實了閾下認知的存在。換句話說，視覺及（或）聽覺刺激雖然出現的速度太快，被實驗者並未看到或聽到，但實際上還是接收到某些訊息。賽柯及貝克曼的結論指出：「實驗顯示，雖然人並未自覺地接收到刺激，但還是能夠像接收到刺激一般地做出反應，這個就是潛意識認知的現象。」

在一九六〇年代，這個主題有了更多的研究。在一份詳盡的摘要中（一九六〇年），普羅查（Plotzl）以佛洛依德曾引用過的夢境視覺刺激的研究爲主題。這項研究利用〇・〇一秒速度播放的風景圖片來影響被實驗者的夢境，果然這個圖象常再現於被實驗者的夢中，後來的許多研究人員也一再證實這些發現。這些效應的存在，成爲支持佛洛依德許多理論觀念的依據。在此，爲免我們直接做出沒有根據的結論，我必須說，也有很多研究反駁這些發現。雖然潛意識刺激的效果的確有文字記錄下來，不過目前還未能確切地知道，這些刺激是如何及何時影響行爲的。而這種刺激和最終引發的行爲，其間的交互反應是如何運作，目前仍有許多理論爭執不下。

我們暫時先假設，未經察覺的反應的確是眞實存在。照我的看法，的確是有證據可以證明這個說法是成立的。對於偏見、歧視、態度及意見的改變等等心理狀況的研究，都傾向於證實我的看法。這對投資大眾有什麼意義嗎？很多，而且很重要。第一，潛意識反應的概念可以解釋投資人在做決策時，何以會採取某些看來動機不明的行動。而且，也能讓我們了解那些影響廣泛的意見和態度，特別是那些受人尊敬的重要人士或專家們對我們最後交易決策的影響。

我之前曾說過，接收到太多訊息會帶來潛在危險，其中特別提到投資顧問服務和號子的市場通訊。如果投資人去看這些意見的話，很可能會受到這些訊息的影響而採取對應行動，即使他本人可能也不知道他是因爲這些訊息而採取行動。在這個例子中，訊息顯然是在投資人視界範圍之內，但是它仍然可以在投資人根本忘了這則訊息之後，繼續影響到他的行動，而訊息所引發的行動，更可能不是投資人原本想要的。在聽覺感官上也會有同樣情況，投資人聽了其他人的意見，也可能對個人的獨立投資做出反應，產生原先不想要的競爭性影響。這就是我建議各位隔離掉外界訊息的原因，不論是口頭或書面上的訊息都是如此。因爲每天都有很多額外的訊息，進入潛意識而發揮同等的影響力。

有很多社會或社會心理變數可以發揮中介效應，放大或縮小特定反應的量度。這方面是屬於社會心理學的概念，我們會在下章簡短地介紹。

超感官知覺

最後要談一個更難以理解的概念，即「超感官知覺」（extrasensory perception, ESP）。現在有愈來愈多的心理學著作在研究 ESP，有些學院及大學也都承認這是一門專門學科。雖然到目前爲止，還沒足夠確切科學資料來證實 ESP，但我們在某些時候都曾經驗過超感官知覺。有些成功交易員以「第六感」來採取行動，事實上即是受到超感官的刺激，或者是極微量的潛意識刺激所致。《股市作手回憶錄》中有一段文字，就是跟 ESP 如何影響某些交易員有關：

我一直盯著看板上的價格，到最後，我已經看不到任何數字，看到那塊看板，也看不到任何東西了。我只知道，我想賣掉聯合太平洋公司（Union Pacific）的股票。不過我也不曉得爲何這麼想。

那時候我朋友站在我旁邊，一定是看到我有點奇怪。他突然用手肘推我一下，說：

「喂！怎麼啦？」

「不知道。」我回答。

「睏啦？」他說。

「沒啦。」我說：「我不是睏了，而是想去放空那支股票。」我靠預感總是能賺到錢。

我走到一張桌子前面，那兒有些空白交易單。我朋友也跟著走過來。我塡好賣出一千股聯合太平洋的單子，然後交給號子經理。那時他原本掛著笑容，等到他看到我的單子以後，就只是看著我，不再笑了。

「沒搞錯吧？」他問我。我只是盯著他看，然後他就趕快把單子交給營業員。

「你在幹嘛？」我朋友問。

「我放空它！」我告訴他。

「放空什麼？」他對我吼著。如果他是多頭，我怎麼會是空頭呢？有些事情不對勁了。

「一千股聯合太平洋。」我說。

「爲什麼？」他很激動地問我。

我搖搖頭，表示我自己也不知道……

他知道我過去做交易都是有原因的。我已經放空一千股聯合太平洋，一定是有很好的理由，才會在盤勢這麼強的時候拋空這麼多股票。

「我不知道啦！」我又說了一次：「我只是覺得有什麼事情要發生了。」

「什麼事要發生呢？」

「我不知道啊！我沒有什麼理由可以告訴你。我只知道，我想放空那支股票，而且我還想再放空一千股！我不知道爲什麼，只曉得我想放空而已。」我說。

「我要。就是這樣而已。」這個慾望是如此強烈，後來我又拋空一千股……

我把這種事情跟朋友講，其中有幾位告訴我說那不是預感，而是創造性的潛意識心靈的作用。這種心靈作用讓藝術家完成作品，但自己卻不曉得是如何完成的。對我來說，也許是平時一些小事累積造成的，這些事情個別來看也許不重要，但全部合起來就很重要。也可能是我朋友無知的多頭態度才讓我想反其道而行，之所以挑中聯合太平洋是因爲它的買氣很旺。我無法告訴各位，預感到底是什麼原因或動機而起的。我只曉得我特地到大西洋城哈丁兄弟公司的營業處，在盤勢正強的時候拋空三千股聯合太平洋，而且一點也不擔心……

隔天，就傳出舊金山大地震的消息，眞是場可怕的大災難……再隔天，愈來愈多消息傳來，市場開始走軟……這時我加倍拋空，再賣出五千股……我把所有的運氣全部押了上去，再加倍拋空，又賣出一萬股……

嗯，再過一天，我就全部回補進來，總共賺了二十五萬美元。那是到當時爲止，我最大的勝利，而且是在短短幾天之內。

關於潛意識和超感官的過程，還有許多尚待了解。根據目前所知的有限科學資料，已經可以證實一些結論，我會條列在重點複習中。

重點複習

1. 從刺激到反應的中間過程是很難釐清的。
2. 從純刺激到最後反應之間的認知過濾，某些參數性質是可能被確認的。
3. 我們介紹了潛意識反應的角色，而且引用實驗資料來支撐這個說法。
4. 關於投資人決策過程的「未經察覺的反應」，我們已經做了說明。
5. 我們說明許多「技術性市場指標」跟投資人的認知有關係，並舉了一些例子。
6. 賈伐尼皮膚反應（GSR）是測量反應強度的方法。
7. 我們再次確認，有限度的訊息輸入對投資人是有好處的。
8. 關於潛意識知覺，我們已得出如下結論：
   (a) 投資人可能不知道自己行動的原因。
   (b) 這樣的行動基本上是非理性的，會帶來虧損。
   (c) 別人的意見，不管是口頭或書面上的，都會對投資人造成潛意識或暗示效果，可能讓他不自覺地採取行動。
   d. 愈是限制此類訊息輸入，投資人整體投資就愈成功。
9. 關於超感官知覺，我們用了一個例子來說明。

22 將壓力最小化，健康和獲利最大化

面對極大的壓力和緊張，每個人的反應都不同，有些人可能會發展出獨特的行爲癖性，例如臉部痙攣，有些人則可能把緊張和壓力內化，而造成心理病徵，不管最後是如何表現出來，都不可忽視壓力和緊張是影響投資活動的關鍵因素。在不同的程度上，所有的交易員、投機客及投資人，都會受到壓力和緊張的影響。由於大家都可能是壓力和緊張的潛在受害者，因此我們有必要了解壓力和緊張是如何發展的，又是如何表現在行爲和生理上，最重要的是，我們要如何才能有效地把它的影響降至最低。焦慮和緊張容易導致績效下降，這種情況屢見不鮮。人在高度激勵的狀況下，大都可以反應得更快速，不過反應的品質卻會降低。過度反應和沒有效率的反應，是壓力下的典型徵候，在投資市場中，這種情況可能造成莫名其妙的虧損、錯誤的決策以及不佳的自我紀律。而且如果長期處於持續或沈重的壓力下，其後遺症尤其嚴重。對於把錢放在市場中的投資人，持續的緊張和壓力所帶來的效應，會不斷累積，長期而言，交易和投資所獲得的金錢利益，可能會因爲個人健康的惡化而得不償失。

幸運的是，現在有愈來愈多人研究壓力、緊張及其他相關課題，許多心理學家針對動物和人類的研究，幾乎已經涵蓋了有關壓力和緊張的所有面向。這些研究中，尤以賽耶（Hans Selye）最爲深入。賽耶的發現證實，壓力和緊張會對動物和人類生理造成全身性的影響，處

於壓力狀態下的生理反應包括：多種荷爾蒙分泌增加、血壓上升、心跳和脈搏加快、胃酸增加，還有頭痛、肌肉酸痛、後頸痛、背痛、疲倦、失眠等症狀也會增加，情緒波動的強度和頻率都會上升，會變得更具攻擊性，更常有挫敗感，以及性功能障礙。另外，還有一大堆特殊效應都跟緊張和壓力有關。

我們也可以確認許多心理病徵跟緊張有關。有些研究人員宣稱，已經發現部分精神病徵和特定荷爾蒙水準的上升是因爲緊張所造成的。基本上，有些心理生理失調，例如痙攣、消化道潰瘍、潰瘍性結腸炎、高血壓和偏頭痛等，在工業社會中一直有增加的趨勢。這方面已經有相當多的心理研究，發展出許多很有效的技術，可以防止壓力和緊張的累積，並且在發作時加以治療。本章主要是討論，壓力和緊張對投資人和成功投資可能造成的副作用。

交易決策的壓力效應

在前面幾章，我強調成功投資的條件是：明確性、結構、穩健方法、理性和組織性。最能夠獲利的方法，就是在決策時把負面人性因素的影響排除在外或降至最低。我們都曾經因爲衝動或焦慮而做出錯誤決策，採取不適當的行動，這種所謂的「攻擊—逃避」（fight-flight）反應，主要是用來對付生命受威脅的情況，其所產生的高昂狀態，是自我防衛和保護的自然機制。這個機制對所有的動物都很有效，但是人類具備高度心理能力，很多時候並不需要使用這種只求生存的反應。在大多數狀況中，鎮定沈著而合乎理性所帶來的效用，遠遠超過驚慌時的反應。

要理性地處理壓力和緊張，必須先察覺個人在過度反應時常以何種方式呈現，而就心理上來說，要刺激察覺能力，最好的方法是利用信號機制。也就是說，要防止過度反應，要在該反應逐漸升高、尋求表達時先加以攔截。這種可以視爲信號的機制，對每個人說都不太一樣。我們常說的要生氣時「先數到十」，就是一種信號機制；在反應之前，先數到十。一般相信，人在發脾氣或被挑起侵略性反應時，將會蒙蔽他的理智，此時信號可提醒他的理智：他快發脾氣了。這是希望能以合乎邏輯和具備控制力的較高等處理方式，來阻斷攻擊—逃避反應。雖然這種方法好像大家都用濫了，不過還是具有經得起時間考驗的價值。對那些自以爲溫和或老於世故的人來說，這種「數到十」的方法或許仍嫌不足。日常中還有許多方法，其基本概念也都一樣，只是我們不自覺罷了，例如：敲手指頭、拍腿、胡亂塗鴉或畫畫，都是試圖克服緊張的做法。當我們處於焦慮或緊張之中，而且了解衝動反應並非上策時，自然就會轉向內在機制，以尋求其他因應方式的支援。

在投資市場中，因緊張而挑起的衝動反應，也要以同樣的方式來克服，我們以下面這個例子來說明。某投資人剛買進很多股票，但幾分鐘以後營業員打電話回報，說該公司才宣布要停止發放股利，於是股價開始下滑。很自然地，這時很可能引發標準的攻擊—逃避反應。如果產生逃避反應，那麼他會立即賣出股票，我們先前說過，這樣的行動可能就違背了交易系統的指示，而且會造成虧損和懊悔。要是出現攻擊反應，投資人可能會發脾氣，血壓可能上升，潰瘍可能惡化，而他可能以買進更多股票來反擊。也許，最後證明買進更多股票反而是對的，但這樣的反應還是違反了交易系統，因為後續的加碼並不在計畫之中。如果利用信號來提醒自己不要過度反應，也許就可以避免掉情緒反應。他的信號也許是來自營業員的警告：「小心，不要過度反應了。」事實上，聰明的投資人可能會先把這個方法納入交易系統之中，例如他原本就設想到可能會有些狀況發生，因此在買賣股票的當天或當週，規定自己不能被任何消息所打擾，不管該消息是利多還是利空，這種方式將有效阻止焦慮或緊張所引發的過度反應。

幾乎在所有預期計畫之外的情況，都會引發相同的基本反應。因為焦慮、察覺威脅及（或）緊張而引發的最後行動，不但代價高昂，也會帶來身體上的不利影響。挫折感會引發侵略性，侵略性會引發反應和過度反應。反應和過度反應會造成損失和衝突，然後帶來更大的焦慮。就此狀況而言，這樣的惡性循環必須被打破才行。不過，避免因為驚慌或焦慮而產生反應，雖然是個有利的決定，但仍無助於平撫可能造成的生理傷害。之前討論的許多處理方法能有效限制因為焦慮和緊張所帶來的損失，而且更好的是可以防止因情緒反應，導致財務損失的機會，最理想的狀況則是可以防止緊張對於生理和心理的潛在傷害。

處理壓力的技巧

最好的防禦就是強勢的攻擊。對付壓力最好的辦法，是在需要治療之前先防止它，當然，這並非總是可以辦得到。假設有很多投資人，尤其是活躍的交易員（投機客），已經處於緊張的環境中，我將提出一些平常應付緊張的有效方法，並評估各個方法的潛在價值。

感情的通風換氣

這個方法是由佛洛依德加以普及化的。在精神分析時，其操作方式非常簡單，如同其名。病人藉著說出讓他感到緊張、焦慮的情況來「通風換氣」，消除因該情況造成的無意識緊張和焦慮。有句話說：「別把情緒憋在心裡，不然它會從裡頭把你吃掉。」的確是眞的。使用這個方法，佛洛依德幫助許多病人立即得到解脫。

要讓感情通風換氣有許多種方法，「發洩」是其中之一。在第二次世界大戰和韓戰期間，許多軍人因爲長期處於戰鬥的緊張環境中而精神崩潰。當時發現，雖然緊張可以讓人保持警覺，但有些人不能明確地應付緊張，這些人的行爲會逐漸出問題，變得退縮，常常出現精神疾病的症狀或預兆。當時有一種方法，是使用催眠來治療這些因爲壓力而精神失常的病人。精神崩潰常是在某個突發事件之後，例如目睹好友被殺、遇埋伏而受困，或者受了傷之後而發生的。病人要先被催眠，再被要求回憶及解除那件突發事件。這麼做之後，所有伴隨的痛苦、緊張、恐懼和壓力，都會在一個安全的環境中獲得滌清。在經過治療後，病人幾乎都能奇跡似地復原。這個方法的關鍵，就是情感的通風換氣。在情感通風換氣之後，許多內化在心裡的壓力和緊張才會被消除。這種方法當然也可以用在投資人身上，讓壓力在累積到沸騰點以前，以社會可以接受的方式釋放掉，如此即可減少虧損、降低生理傷害，也避免許多人際衝突。一般的投資人要如何讓情感通風換氣呢?再來我們會討論幾種方式。

1. **自由聯想**。這個方法，我喜歡說是「對自己說話」。我建議只在每次或每天市場收盤以後才做，這是給非常活躍的交易員的建議。不必要到酒館買醉、用酒精來消除緊張，只要每天花點時間，獨自找個安靜的房間，坐下來自己說說今天發生的事情。對那些帶來最大焦慮、痛苦、挫敗和激怒的事情，尤其要特別注意。如果願意的話，也可以把自己吐苦水的話錄音起來，以後再放來聽聽看，這對於追蹤自己的進步會很有幫助。對那些交易不是那麼頻繁的投資人，我建議每個星期一次就可以了。附帶一提，這個方法可以解除所有的緊張，並不只限於投資市場所造成的壓力。
2. **每天寫日記**。雖然很容易，不過每天寫日記也可以發揮和自由聯想一樣的效果。差別只在於，這不是用說的，而是用筆草草記下想法和緊張。施行這兩種方式時，要讓想法自己跑出來，如果設定太多規矩和框架，反而會造成壓抑。
3. **運動**。除了可以增進身體健康之外，運動也有助於消除緊張。最近愈來愈流行的慢跑、壁球、網球和手球運動，都可以消除緊張。任何一種運動——游泳、散步、輪鞋等等都有好處。運動帶來身心健康是有根據的。運動時，可排除一些因爲緊張而累積的有害荷爾蒙，一旦消除之後，這些不好的荷爾蒙就不會造成生理上的失調。

放鬆技巧

有很多方法可以促進放鬆效果，包括瑜珈、靜坐沈思、自我催眠、生物反饋療法、傑克布森肌肉放鬆法、交互抑制等。這些方法都有一個相同的目的：放鬆全身緊張的肌肉。關於這些方法，書店裡可以找到許多相關資訊。我要特別推薦傑克布森肌肉放鬆法，尤其是對高血壓患者。生物反饋療法最近的進步，使它成爲控制高血壓的優先方法，高血壓病患都應該去了解一下。事實上我一直以爲，在二〇〇〇年以前，生物反饋療法一定可以治療許多生理及精神疾病。

飲食、日程安排及睡眠

我不是營養學專家，所以關於這個主題，我不會花很多時間，只是就個人經驗和觀察，我了解這些因素在解除和抑制緊張上也非常重要。例如，我個人發現多吃紅肉會增加緊張程度，這個說法是有道理的，因爲很多動物性荷爾蒙會增加心跳的速率。又如，素食者的心跳和血壓都明顯地比非素食者來得低和少。還有，就我個人的看法，酒精並無助於消除緊張，因爲酒精主要是一種鎮靜劑，反而可能把緊張鎖在潛意識底層。

尼古丁和咖啡因的效果，也會帶來很多生理現象。尤其是咖啡中含有足夠的咖啡因，會對大部分的人產生精神焦慮的刺激。大部分的人如果喝下一定量的咖啡，肌肉緊張程度會劇烈地增加。所以，飲食也是增加或降低個人緊張的因素之一，你跟市場的關係愈靠近，飲食方面就愈重要。

日程安排和睡眠也是個重要因素。如果你每天計畫排得滿檔，沒有足夠的休息，緊張和壓力當然就會變大。有些管理階層的人很容易有這種現象，一定要特別注意日程作業的安排。在心理研究中，很明顯可以看出管理階層或決策階層因爲工作帶來的緊張，比較容易出現潰瘍或高血壓的問題。最後要提到睡眠，睡眠可一點也不能輕忽。足夠的睡眠對於身體和心理都是非常、非常重要的。靠藥物雖能達到睡眠的目的，卻無法提供正確的休息狀態。睡眠必須能讓身體整個進入休息狀態，讓潛意識心靈可以獲得釋放和調息。睡眠時，鎖在心裡深層的衝突會刺激夢境的發生，相當多的研究顯示，作夢也是消除緊張的機制。許多新佛洛依德學派的心理學家相信，作夢是解決問題的機制。被實驗者如果在實驗室環境中被剝奪作夢的機會將會出現性格缺陷、幻覺經驗、極度的疲勞和不良的判斷力等問題。因此，儘管有足夠的睡眠，作夢還是必需的，而正常的入睡，有助於刺激夢境的產生。

工作環境

我們很常忽略工作環境的重要性。操作積極的交易員坐在桌子前，一整天盯著價格看，如果要把緊張狀態保持在最低，工作環境就很重要。包括你使用的桌、椅，室內的燈光照明、溫度、濕度，還有壁紙和粉刷，所有這些環境因素都具有降低或增高緊張的效果。電話的鈴鈴作響、遮單時的呼嘯以及報價或新聞的跑馬燈等等，也都是重要原因。你應該把工作場所的噪音減到最低，把舒適感提升到最高，室內照明調亮一點。電話鈴聲可以換成音樂鈴聲，而且把音量調低一些。

偶而調整工作環境也很重要。所謂的「霍桑效應」（hawthorne effect）已經明顯展示出環境對於工作產出的重要性。雖然它不是特別跟緊張有關，但是霍桑效應顯示，諸如改變室內顏色、照明、溫度和濕度，將有提升產能的作用。

休假

關於解除緊張，我最後一個建議是：「遠離市場一段時間」。有很多人是天天在做交易，因此累積了相當大的壓力。包括營業員、場內交易員、股票專業經紀商、帳戶經理人等等，都常常處於嚴重緊張之中。爲了要幫助消除一些壓力，建議要撥點時間遠離市場。這其中的道理應該非常明顯，不必再多加解釋。

防止緊張的最後叮嚀

我的建議也許不是所有的投資人都適用，不過在某些方面，這些建議對個人都是相當重要的，不論你是男、是女，還是非常積極的交易員，或者只是偶而玩玩的投資人。緊張的升高有許多種不同的來源，幸運的是，當代心理健康專家都已經知道緊張在行爲失調中所扮演的角色，也分離出各種緊張環境所引發的特定生理問題，不過最大的成就，還是在於預防方面。我建議各位謹慎地考慮我討論的各種技巧，花一點時間設計一套消除緊張的方法，這將爲你帶來前所未有的投資勝利。

這裡所提到的主題，還有很多變化的方式，你的醫師、書店及圖書館，都可以提供許多參考，包括許多種課程、訓練學校及書籍等等。絕對不要低估一套消除緊張方法的重要性，事實上，各位也許應該把這個當做最優先的要務。

重點複習

1. 在整體投資計畫中，緊張扮演著重要的角色。
2. 嚴重而持續的緊張會帶來生理問題。
3. 緊張也會導致許多不恰當的市場行為，並擴大虧損。
4. 緊張有許多徵候，我們提到幾個比較重要的症狀。
5. 我們討論了克服壓力的放鬆技巧，也介紹了幾種有效的方法來消除緊張。

23 常見的問題

我經常以期貨市場及投資人心理爲主題舉行演講，很多聽眾都會問我一些相同的問題，底下的部分就是針對這些常見問題的答案。如果對前面的內容你有什麼疑問的話，大概都能在這裡找到解答。

處理虧損「最好」的方法是什麼？

雖然投資或交易總是會有認賠的時候，但這並不代表我們可以欣然接受。然而，能在交易系統發出訊號時馬上認賠出場，卻是成功交易員的一個標記。任何過早或太遲的反應，都會造成預料之外的後果。有很多投資人拒絕認賠，這種無法認賠或不願意認賠的原因，在前幾章已經討論過了，這種對於認賠的恐懼，通常是來自於投資人預期虧損會帶來痛苦。不管是什麼原因，無法在必要時接受虧損，都是一種心理問題。有些投資人可以很快地認賠，卻不能處理伴隨而來的痛苦、否定、羞恥及其他負面情緒。

有幾種方法，可以幫助投資人更成功地接受虧損。以下是幾點建議：

1. 確定你已經設定好總虧損上限。換句話說，投資計畫開始時，就要確定自己可以負擔多少損失。假設你設定總虧損以一萬美元爲限，就要在眞正投資前先設定好，如此你會知道如果情況不妙，會壞到什麼程度。這麼一來，一筆、一筆的虧損，看起來就不會是沒完沒了的慘劇了，你會發現虧損的威脅性降低很多。

2. 你可能希望混合並用我在矯治交易問題上所提到的多種建議。例如，如果依照指示而認賠，就要給予獎勵。你在適當時機做出正確決定而得到獎勵，它就能幫助你來處理這個問題。

3. 做一些先前討論過的放鬆技巧。在一個沒有威脅性的環境中，把每一個虧損「釋放」出來，是個不錯的主意。當身體處於放鬆狀態時，虧損會變得比較容易接受，緊張也會因此消除，這個原理跟行爲主義療法和系統化放鬆所採用的一樣。我最好的建議是，在每一次虧損時，都做一做放鬆技巧，那種因爲認賠而帶來的痛苦，幾乎都可以完全消除。

投資人該如何處理對市場的不特定恐懼？

這個問題的解決之道，正是前一問題所建議的。不論焦慮、緊張來自何處，最好的辦法就是每天利用放鬆技巧幾次。把你在何時、什麼情況下會感到焦慮，全部記錄下來，如果你能知道問題會在什麼時候發生，也許這正是你最好的情報。這樣記錄一個星期下來，以後你在預期「焦慮時間」要到的時候，即趕快實行系統化放鬆。這種深層放鬆，只要花幾分鐘的時間即可。每次十分鐘，也許一天只要分散做個四次或五次，就能保持身心鬆弛。不過，有些投資人的徵狀比較嚴重，必須要專業治療師的診治才行。

如果你利用本書（或其他書籍）介紹的方法，卻還是無法放鬆自己，或者日常作息仍被嚴重影響的話，我建議你去找心理醫生或心理學家的協助。你可以請你的家庭醫師推薦專家，或到美國心理學會或美國醫療協會請求幫忙。請緊記在心，如果這種恐懼會影響到你行為的有效運作的話，很可能是有某種更為深層的問題，這跟市場可能沒什麼關係。一般而言，個人如果身心方面尚稱健全，家庭生活方面也沒有重大衝突的話，是不會時常對市場感到焦慮的。

有效處理貪婪的方法為何？

如果不是因為太貪心的話，很多投資人都能成功。很多人進行交易時機是選對了，但卻在賺了錢之後還死抱著不放。他們忽略了原先所訂定的目標價，那種理性交易的基本原理已經棄之不顧。如果不是因為這樣，很多投資人原本都能成功，問題就在於缺乏紀律。在價位達到原先設定的目標卻還不能獲利了結，大都就是因為缺乏組織性和紀律的緣故。我建議使用先前提到的一些方法，目標價一旦決定之後，就不能任意更改，除非交易系統有新的訊號出現。或者，旁邊有親朋好友共同監督，也有助於投資人在預定目標到達後下決心獲利了結。要避免貪婪的關鍵，在於組織性、紀律和依照目標來做交易。

如何找到最適合自己的營業員？

這個問題要詳細討論，可以談上幾個禮拜。當然，有很多營業員都很能勝任他們的工作，也有很多營業員本身就是非常優秀的市場分析師，對大多數投資人來說，要選到一個既適合投資人個性及需求，又不會直接或間接干涉其投資計畫的營業員，的確是有困難的。

這裡有些方法，可以在選擇營業員的過程中加以運用。第一，而且是最重要的，我建議你在真正跟他做交易之前，先設法認識他，確定雙方都能了解彼此的關係跟想法。投資人和營業員各有所求、有各自的權利和期望，有些營業員希望客戶會常常打電話給他，有些則除了接單之外，不喜歡被打擾（除非是要改單），有些營業員喜歡幫助缺乏安全感的投資人，有些則不喜歡涉入其中，有些營業員喜歡提供建議給客戶，有些則不願意負起這種建議的責任。以下提供一些準則，我想任何投資人在選擇營業員時，都該遵守：

1. 如果你準備聽從營業員的推薦來做交易，那就得全部遵守。以營業員的指示來做交易，跟使用交易系統完全一樣。如果你不準備全部照著營業員的指示來做，就不要在找他詢諮之後，又自己胡亂猜測。
2. 把你希望的營業員條件詳細地寫出來，然後按圖索驥，確定你找的營業員符合這些條件。
3. 你對於營業員的期望必須具體而明確，不能只是希望營業員提供你「好訊息」，而是要把「好訊息」定義清楚。

4. 讓營業員了解你的期望，把你列出的條件表列給他看，以求確認。

5. 讓營業員也列一張表，條列他對你的期望，這個也很重要。如果先這樣做的話，你就不會成爲營業員與客戶病態關係的犧牲者。

6. 不要用情緒問題困擾你的營業員。你應該不會是那位營業員的唯一客戶，他可沒時間跟你商量這些事情。我先前提到一些行爲學習計畫，可能需要營業員的幫忙，不過要先確定這麼做是在他能力範圍以內，而且不會占用到他的時間。客戶不應該依賴營業員來獲取安慰與支持，或建立自信心。

7. 我建議各位挑選具備下列特質和技巧的營業員：

(a)接單後不遲疑，具有正確且迅速處理交易單的能力和意願。

(b)願意避免提供建議給投資人，不管他同意或反對投資人的作法。

(c)在客戶需要時，有能力幫客戶取得技術面或基本面市場訊息。

(d)出勤記錄良好，準時上班。當你需要營業員時，他一定在！

要確定營業員及客戶間的關係是否運作良好，最好的辦法就是時間的考驗。如果你發現過了一段時間之後，這位營業員跟你的配合情況並未改善，那就換個新的。不過要先確定運作不良的責任並不在於你自己。跟我相處得最好的營業員，就是除非我問他，不然他絕不會跟我說話的類型。讓營業員把他的工作做到最好，你也可以得到最大的利益。

營業員在整體投資活動中的角色，我再怎麼強調都不過分。有很多投資人抱怨，都是因爲營業員他才會買進或賣出，其實多年以來，營業員一直在爲不守紀律的投資人揹黑鍋。現在，我們就不要再因爲自己不遵守交易紀律而責怪營業員了。我建議各位，馬上重新評估你跟營業員的關係，別輕易責怪你的營業員，因爲問題也許就是出在投資人身上。

我應該在哪個市場交易？

並不是每個市場都適合每一位投資人的脾味。有些人比較擅長做股票，有些則在期貨市場表現較佳，要決定哪個市場比較適合你從事交易，應根據三個不同的因素：經驗、性格和財務能力。也許經驗和財務能力都配合得上，但個性卻不行。對於剛剛進入投資市場的新手，我建議先不要做期貨，因爲這方面需要一點時間來累積技術和情緒上的強度。

有一種普遍現象是，小交易員往往以不太有名氣的公司的低價股，和交易量很低的股票爲主要交易對象。我不建議使用這個方式。如果你是個小交易員，只從「小」處去著想的話，那你永遠都那麼「小」。這並不是要你去操作超過你財務能力的投資項目，但你還是可以在個人能力範圍內，去操作你希望交易的股票或商品。當你的交易系統出現訊號時，就照著訊號指示去做。不過，也不必要過度「投入」，抱著個人無法接受的巨額部位。雖然大膽躁進會犯下很多錯誤，但有更多錯誤卻是因爲畏首畏尾、太過膽小。

現在，我們也可以來討論有多少個市場可以投資。如果你是全職的交易員，無須負擔其他職責，那麼同時在數個市場中建立部位是不會有問題的。但倘若你不是完全以市場為主，那麼最好只專注於有限的幾項交易就好。而怎樣才算多，完全要看行情跟你的預期相背反時，你個人所感受到的關心或焦慮程度有多大而定。如果你感到極為焦慮的話，表示你抱了太多部位。長期而言，只有經驗才能引導你。一開始的時候不要操之過急，小心地交易，而且在資金有限的狀況下，不要做得太多、太大。

決策過程由幾個人共同參與是否明智？

對大部分交易員而言，「集體決策」的方式並非有效。也許有某種交易系統，本身就需要幾個不同的輸入，才能產生訊號指示。不過，如果交易系統本身就非常明確而有效，也就不需要額外的解讀或判斷。對於訊號所指出的交易，不必再靠一或兩個以上的個人來參與決定。在最後的決策中如果參與人數太多，通常會造成很多爭論和歧見，民主式的方法對於研究長期基本面也許很不錯，但可能無法迅速做出決定。

另外，不同的性格也許會相互衝突，整個決策過程變成權力鬥爭，反而破壞了系統功能。在投資社團中，往往有些人會急著發表自己的看法，如果參與者夠成熟，只把焦點放在事實上面，不會受到性格因素所影響，那麼這種方式還是可以運作良好。不過，現實上是不可能的。以我個人經驗和觀察成功交易員的操作方法，我始終相信，個人做自己的交易、自己決策，不管是光榮或悲傷，都自己來承擔，這樣的狀況最好。關於投資的「失敗者」還有很多可說的，我之前已經強調過，在市場中，訊息太多反而危險，決策過程也是如此，太多廚子是會砸鍋的。

長期投資優於短期交易和投機嗎？

這得視個人情況而定。從歷史經驗來看，靠著價格的大幅波動可以賺到最多的錢，不過這不是經常可以辦到的。由於某些理由，許多投資人認爲多次進出市場是爲了保護自己所有的部位。他們害怕原先的獲利會被吃掉，這是一種不安全感的表現，反映出投資人紀律不佳，而且操作技巧上有問題。也有很多投資人只採取短線交易的方式，他們有某種需求，希望立即得到滿足，這種狀況也跟心理因素有關，而且可能帶來很多的虧損。對於個人來說，引發最低焦慮的方式就是最好的投資，因爲壓力、緊張、焦慮和痛苦都會造成許多額外的損失，任何會增加這種情況的方式均屬不智。而對於投資社團而言，有九成以上大概都只適合長期投資。所謂長期投資，我認爲期間至少在幾個月以上才算。要緊抱部位幾個月不放並不容易，尤其是價格已經抵達虧損底限的時候。短期持有的部位通常是賠錢的；而長期持有者賺錢居多。對大多數成功的交易系統而言，基本上就是如此。至於專搞「搶帽子」或當沖交易，卻能保持常勝不敗者，則是少之又少。能如此藝高人膽大的，只有場內交易員，或交易大廳裡頭的專戶操作員。你想跟這等高手較量，等於自陷於不利的環境中，最後通常會招致嚴重不幸。

長期投資優於短期投資。就算是交易員，持有部位數星期，也比短期來得好。我建議九成的投資人都該持有長期部位。至於投機，則保留給那些以此為志業的專家吧。

要如何知道需求助於心理健康專家？

街上很多人都以為自己需要精神治療，但也有很多人需要治療，卻沒有得到應有的治療。我們怎麼知道自己何時需要幫助、為何需要幫助，以及到哪裡尋求幫助呢？是否有什麼信號或徵兆，顯示應該去找心理健康專家做諮商？判斷是否需要接受治療的最好指標是，看個人生活機能是否還能正常運作。

如果行為失調已經到了非常嚴重的地步，影響到生活機能的運作，那就是該需求協助了。比方說，偶而情緒低潮是正常的，不過如果沮喪到早上無法去上班，那可就非常嚴重了。這種情況在行為失調的極後期才會出現，因此除了找專家做治療以外，沒有其他選擇，也許還需要住院治療才行。失調的早期也會有許多警訊出現，如果在持續一段時間裡，徵兆增加的次數愈來愈多，也許就是第一個跡象。仰賴酒精或藥物，也是即將出現問題的徵兆。觀察重點在於，徵兆出現次數是否增加、情況是否愈來愈嚴重，以及是否出現新的徵兆。

這裡所說的「徵兆」是指什麼呢？典型上，徵兆包括嚴重的焦慮、沮喪、心智混亂、遺忘、失眠、妄想、幻覺、濫用藥物或酒精、非常興奮或易怒、非生理性的高血壓、結腸炎、潰瘍、痙攣、結巴、人格解體（depersonalization，即不知道自己是誰，或不知道自己在哪裡）、無緣無故地發笑等。另外，還有很多件隨發生的徵兆，表示更爲嚴重的精神狀況。不要諱疾避醫，想自己處理。如果發現自己的生活機能已經受到妨礙，就要去看醫生。我們先前介紹的一些簡單方法，主要是用來矯正投資問題，不適用於嚴重的精神障礙。

哪裡可以找到專業協助？

如果你或你的朋友需要治療，要從哪兒開始最符合你的需求呢？是沒有拖太久的話，我建議先找你的家庭醫師，也許他會開藥物給你，幫助你度過難關。不過除非是短期間的危機狀況（請參見下一個問題），不然我不建議使用藥物。大多數的情況下，你的家庭醫師會爲你推薦心理健康專家，不管是精神科醫師或心理學家都行。如果你還是搞不清楚的話，也可以找各種心理健康治療組織在當地提供的服務。他們會協助你找到你所需要的專業治療。在這方面，我建議各位不要捨不得花錢，隨便找些最便宜的醫師。不要管價格了！我建議去找受人尊敬而且有能力的醫師。

藥物如何影響人格和投資？

在一九七〇年代，我們看到服用藥物的情況急劇增加，濫用藥物者遍及所有年齡層和不同背景的人。過去最常見的是就是使用酒精，不過這種情況已經慢慢在改變，但是其他藥物的使用則逐漸取而代之。不管是使用什麼藥物，它都會對人格帶來負面效果。另外，醫生處方藥物也見增加，例如，情緒提升劑、鎮定劑和飲食醫療藥物等等，這些也會對各方面的表現有不良的效果。使用藥物的好處往往遠不及其副作用，我建議各位，千萬不要跟投資混為一談。

投資市場不就是另一種形式的賭博嗎？

根據態度的不同，市場可以是投資的工具，也可用來賭博。以一種預先計畫、實用、一致和完善研究的方式來進行，市場可以幫助投資人對抗通貨膨脹，比平均速度還快地增加財富，提供退休安全保障。而賭博，不管是目的或能力上，都無法達到這些目標。目標整件事的核心就在於動機，如果投資人沒有長期目標，就很容易淪為賭徒。不斷地想要做交易的需求，在市場上就是賭博的徵兆。虧損如果增加，而沒有減少的話，會讓認真的投資人提高警覺；但是對賭徒而言，輸了之後只會刺激他做更大的冒險、更少的理性行為，借錢來翻本，而且陷入對於價格波動的瘋狂中。銀行存款被提領出來，家具被賣掉，甚至偷錢都要去賭。如果事情發展到這麼嚴重的地步，投資人已經變成賭徒了，需要專業的心理協助。

自己的錢應該自己管理或找專家代為操作？

有很多人不承認自己沒辦法在市場上賺到錢，他們一次又一次地虧損，卻不願意把錢交給更會操作的人。大多數投資人和專業資金經理人的差別在於，資金經理人就是靠這個工作為生的，所以他的投資方法會更組織化、更明快俐落、更客觀，也更專業，而通常專業的資金經理人會比一般投資人做得還要好。當然，投資人虧錢，也不過就是把自己的錢虧掉而已，但有些資金經理人卻會賠掉更多的錢，這也是為什麼委託經理人代客操作的決定是非常重要的。不僅要了解經理人過去的操作紀錄，也必須要了解這個在管理資金的人。

有些投資人不自己做交易，卻喜歡比手畫腳地指揮，這種投資人不肯接受伴隨投資計畫而來的責任，也不想付出應該要有的努力，而只想監督、指導資金經理人。他們會常打電話給經理人，詢問投資操作的動向。這種作法只會激怒大部分的專家，不值得鼓勵。不過，在你把錢委託他人代為操作之前，要先問自己幾個問題：

1. 我在情緒上是否可以接受由他人來操作我的資金？萬一賠掉了，是否會太過悲傷？如果賺了錢，是否又會自我膨脹？
2. 我是否能夠給予資金經理人足夠的「呼吸空間」，讓他可以做好工作？
3. 對於自己沒法親自做投資這件事，是否滿意？
4. 把資金交予他人操作，是否我的壓力和緊張就會解除？

我建議各位，在做決定之前，要先考慮這些問題。

勝利者和失敗者的人格特質是否有差別？

這也是個可以用一本書來探討的問題。我相信投資市場上的成功者，的確具備很多的特質，以下列舉其中一部分：

1. **有紀律、有組織性**。投資決策是以有把握的態度、組織化的投資目標，以及嚴守紀律地操作投資法則為基準。
2. **堅持**。勝利者一定願意一再嘗試，直到成功為止。在我認識的最好的交易員中，有一位對生活上的任何事情都拒絕失敗，如果有什麼事情他辦不到，他就會去學。當他的交易系統失敗之後，他就從新規畫，一切從頭開始。
3. **積極心態**。這是個重要特質。樂意說自己會成功是很重要的，這個我們之前已經討論過。
4. **獨立**。成功的交易員傾向不理會別人的建議和意見。他們認為自己做得最好，而且只依照自己的交易系統做買賣。即使訊息是由其他來源蒐集到的，他也會很有信心地以獨特的方式來重新組合和執行。
5. **自信心**。這是積極心態和堅持的綜合。你相信自己可以完成應該要做的事，就是自信心的表徵。

6. 逆向思考。成功投資人的行動，往往跟群眾相反。當某一趨勢強勁之際，他會跟著潮流走，但一旦趨勢有重大改變，他會是最先改變方向的人，而且不理會旁人怎麼說或怎麼做。

7. 孤立隔絕。很多成功投資人蓄意把自己和群眾隔離開來，不過有一些人天生就是古怪、反常而孤僻，這並不是成功必備的特質。如果接收到太多資訊，很可能會阻礙思考、妨害決策，不過成功的投資人可以用系統化的方式將這些干擾排除在外。

8. 面面俱到的個人生活。許多投資人很能融入市場之中，但個人生活卻很痛苦，結果到最後，投資活動也跟著一起垮。而那些生活上面面俱到的人，社交、人際、生理及專業上都能顧及，往往也是市場上的常勝軍。

家庭生活眞的會影響市場上的表現嗎？

如同家庭生活會影響到你的工作和人際關係一樣，它也會影響你的投資和交易。如果你曾經有過感情創傷、嚴重的個人傷害或在家中的劇烈爭吵，你會發現各方面的決策能力都會受到影響。在這種狀況下，最好就是遠離市場，愈少做決策愈好。萬一你的家庭狀況持續惡化，那麼你的投資績效也會更糟。好的交易是從家庭開始的，不管遇到什麼樣的危機，在你進行重大投資計畫之前，都要先解決它。

同樣地，交易問題也會影響到家庭生活，要採取必要的步驟，把問題留在辦公室才好。公私之間趁早做個分明，如果你是靠交易維生的話，尤其該這麼做。

「自我改善」課程有幫助嗎？

有的。如果你認眞學習他們所教的，會很有價値。有很多人巡迴全美各地，舉辦這種自我改進的討論班，不過其中只有部分値得花錢、花時間去聽。我這兒不提名字，不過我建議各位，要注意這種課程班的背景。只有那些設備完善，有長久紀錄的課程班，才値得列入考慮。而從課程班中學到的技巧，擱久了不用就會忘記。如果你準備把辛苦賺來的錢，花在諸如培養自信心、自我紀律或積極心態的交易班，切勿以爲上完課就可以了。你在上課時要認眞學習，上完課之後更需要格外努力。

參加交易及投資討論班有用嗎？

過去十五年來，我曾經領導過很多市場討論班，來參加討論的人大都很熱情，對市場很感興趣，而且很有企圖心，但是這些人往往不知道怎麼用最好的方法，來使用課堂上講授的資訊。他們不做筆記、聽課不夠認眞，沒問出什麼好問題，也沒有發表切實而有力的評論，只是忙著錄下我的意見，回家之後把錄音帶安全地收在抽屜裡頭。如果你花錢來參加這種昂貴的市場討論班，就要讓你的錢花得有價值。要怎麼做呢？我有幾個建議：

1. 做筆記、問問題、把你的想法講出來，而且積極參與。
2. 上課的前一晚，要有充分的休息，上課時要確定全程緊跟著講師的思路。對什麼內容感到困惑，馬上發問。
3. 上課之前做些準備，試著去了解主題內容。
4. 把預先準備好的問題記下來。如果它們跟主題有關，但沒有得到解答，馬上發問。
5. 不要害怕或覺得不好意思，只要覺得有必要就發問。如果你對什麼內容有疑問，可能很多人也一樣。
6. 想辦法取得講稿內容。
7. 取得講師的連絡地址，如果以後還有不懂或不清楚的地方，可以寫信去問。
8. 試著把課程所授，和你原先知道的相關訊息加以整合。
9. 要在市場上利用課堂上所教授的技巧之前，最好先測試一下。講師所教授的不代表一定是對的。
10. 去圖書館找相關資料做爲補充學習教材。
11. 對那些宣稱「必定成功」、「快速致富」或「終極交易系統」的討論課程，切勿輕信。這種課程通常收費昂貴，但所教授的技巧卻很難運用，而且你要證明它根本沒用可能更困難。上這種課，你大概會失望。

什麼交易系統對我是「最好的」？

之前我就說過，沒有哪個交易系統可以含所有獲致成功的必備答案，或許也沒有任何辦法可以讓任何投資人，獲得所有的自制和紀律，讓他不論投資或投機都可以賺到錢。有某些類型的投資人，自然會被特定的交易方法所吸引，例如，工程師會比較喜歡偏重數學和技術性的交易系統，學者或經濟學家偏向基本分析，很多剛入門的投資人則著迷於技術分析式的交易系統，因爲它比較不花時間，而且比基本分析更容易掌握。

不管使用什麼方法，其結果都要看使用者。我之前已經說過很多次，也許各位也可能親自觀察到：找到一個好的交易方法是一回事；如何正確地操作、使用，又是另一回事。所以，對你「最好」的交易系統，就是能讓你維持更嚴格紀律的交易系統。有些技巧比較容易形成規律，有些則留下太多詮釋、解讀和判斷的空間。我建議各位，根據你的自我紀律和自信心水準，來利用特定的交易系統。如果你過去不太遵守交易法則，那麼就需要一套非常嚴格的交易系統。假如你一向遵守交易紀律，那麼差不多任何交易系統都適合。

最後，近幾年來，市面上公開販售的交易系統顯著增加，這個現象在商品期貨市場更是如此。基本上，這些交易技巧都以高價販售，購買的人也答應不外傳或洩密，販售者則保證系統一定有效、無效退錢，很多書籍也會如此宣稱，或提供類似的保證，這些都是以人類心理中基層的強烈慾望和貪婪做訴求。文宣廣告如果做得好，幾天之內就能吸引許多人的回應，但是購買者最後多半都會非常失望。這不代表交易系統沒有價值，很多都是因爲使用者自己的錯誤、情緒、缺乏紀律或缺乏組織性所造成的。結果，那套交易系統永遠沒有機會正常測試它在廣告上所說宣稱的功能。促銷廣告保證無效全數退費，不過要使用一段時間證明它無效，例如一年，但如果在一年之內達不到標準就無法退錢，這不也是販售交易系統的人在找藉口。我不相信誰擁有了萬無一失的交易系統還捨得把它賣給別人，果眞如此，那傢伙一定是個大蠢蛋。我在市場上的很多技巧是不會跟別人說的。雖然我對那些販售交易系統的人頗爲懷疑，不過我更懷疑那些會去買的人。

我應該訂閱投資服務嗎？如果需要，要訂哪些？

這個問題跟先前問到是否該找經理人代客操作，以及選擇營業員的問題差不多。訂閱投資服務並沒有什麼不好，關於投資服務的種種，我們之前也已經討論過了。以下，再提供一些原則，在訂閱前應詳加考慮：

1. 這份刊物提供特定的推薦嗎？這些投資標的是否適合你的財務狀況？如果一次推薦太多標的，在財力上很難全部照做，結果你就無法完全遵照其交易系統來操作。

2. 刊物中所有推薦標的，都會全程追踪嗎？是否每期都更新操作指示，一直到平倉爲止？如果沒有的話，你也許就不要訂了。

3. 你確定要訂閱，讓多個訊息管道來干擾你原有的交易系統，或者妨礙你根據自己的研究所做的交易嗎？在允許其他來源提供資訊之前，最好先親自處理交易事宜。

4. 在訂閱任何刊物之前，要先確定你了解自己爲何想訂、你相信可以從投資服務中得到什麼你自己辦不到的，以及你做決策時需要些什麼讓你得到想要的結果。

5. 這份刊物有多少閱讀人口？通常追隨過於廣泛發行的投資服務所刊出的推薦標的，是不太有利的。也許你下單交易時，也有幾千人做出同樣的動作，如此一來要成交的機會就不高了。

包括股票和商品期貨，有很多投資服務都提供很棒的市場分析和推薦，這些刊物大多數也都是努力而誠實地經營，貢獻一己之力，他們的操作績效也在一般平均水準以上，而且可以幫助那些沒有時間研究每個市場的投資人。但是，他們沒辦法幫助那些不願意或不能遵守紀律的投資人，這一點我們之前就一再提及。如果你要訂閱投資服務的話，就要確定自己會利用它。就算你故意去訂一份操作紀錄不佳的刊物，目的是爲了要跟它逆向操作，那麼也請貫徹到底！操作手法縱使千變萬化，嚴守一致性是無可懷疑的。

可能會太過自信嗎？

當然！任何極端情緒都不好。缺乏自信心會讓人犯錯，太過自信也是如此。在接連幾次很成功的交易之後，很多人就會變得自滿、驕傲、自負，然後草率、隨便、不當回事。在快速就能賺到錢，證實交易系統運作良好之後，投資人很自然會以為自己萬無一失、所向無敵，結果判斷力就會減弱，只憑著「第六感」來做決策。如同各位所知，這可不是做好交易的訊號，而且通常會帶來虧損。我個人就知道有好幾位投資人，在很短時間內賺了大錢，結果卻敗在太過自信和伴隨而來的不幸。

在你的投資活動中，時時謹守「中庸之道」，不走過激之徑即屬上上之策。如果你在某個極端花費太多時間，那表示有些事情不對勁了。此時可以採取、而且應該採取的最有效辦法，就是回到最基礎的地方，以更爲嚴格的紀律來約束自己。你必須堅定而認眞地採取行動，來矯正過度反應。另一太過自信的表現就是同時抱持太多部位。以下列舉幾種「徵兆」，可以幫助各位能夠早期發現、早期矯正：

太過自信的徵兆

1. 願意承受比平常還要大的風險。
2. 在同一個市場中，抱持比一般平均水準還要多出許多的部位。
3. 在不同市場中，抱持比平常更多的部位。
4. 開始不遵守交易法則。
5. 開始不理會與當時部位相反的指標。
6. 願意比平常承受更長時期的虧損。
7. 更常以「冒個險吧」的心態做交易，而且偏偏都快速地賺到錢。

8. 不肯在原定價位到了之後馬上獲利了結。
9. 心情維持亢奮，而且老是以爲最棒的時間還沒到來。

很多人都有其特有的自負綜合症狀，建議各位仔細觀察自己的心態和行爲，了解自己在太過自信時是如何表現。如同其他很多行爲一樣，朋友和親密的伴侶可以在事情不對勁時給你警訊。

市場上的表現會影響到家庭行爲，該如何做個區隔？

很多人會把工作上的種種帶回家裡，如果他們在公司表現很好，那麼家裡一切沒事；萬一在公司度過糟糕的一天，因爲工作造成挫折感，就會發洩到周圍的人身上，這種情況在投資市場中也很常見。對一些在市場中非常活躍、積極的投資人或交易員來說，有些問題甚至更嚴重。這種情緒「外溢」的現象頗常見，也有許多方法可以防止它破壞你的家庭生活。很多投資人和積極的交易員以酒精來麻醉自己，但這不是個好方法。雖然酒精可以提供暫時的解脫，但這只是把徵狀隱藏在後，不能適當地抒發情緒，而且可能不需多久，就會顯現出生理副作用。爲此，我建議各位在回到家以前採取一些步驟。如果在進家門之前辦不到的話，那麼一回家馬上就做，愈快愈好。第一，而且最重要的，我建議各位利用之前介給的全部或部分放鬆技巧。這有助於抒發處於閉鎖的種種情緒和心情。把壓力釋放掉，就比較不會波及身旁最親近的人。

第二，我建議你從使用的交易系統的角度，全程思考每天的活動，明確地找出哪些地方出了岔。不管是什麼問題，你都要準確地了解原因何在。如果是因為交易法則執行不力所致，那麼就接受這個失誤，適當地載入交易紀錄或日記中，而且要下定決心不再犯。

第三，承認自己今天很不好過，承認自己正處於失意、挫折、焦慮，以及（或者）暴躁易怒中。在認知自己處於情緒化的狀況下，會刺激自我控制的機制發生作用。

第四，讓家人知道你今天過得不好，警示你處於緊張狀態，家人最好避開一點。第五，回到家之後，找機會放鬆自己。洗個熱水澡、悠閒地吃頓飯，或者聽點輕柔的音樂，都很適合。第六，早點去睡覺。讓睡眠的天然治癒機能，來釋放你的緊張和挫折感。你可能會做噩夢，不過這有助於壓力的釋放。

防止市場影響到你的家庭生活，其重要性是很明顯的。此外，家中碰到的困難也會產生逆向的影響力。家中的問題會影響到你的交易，結果將更增添緊張和壓力，使得家裡頭出現更多的困難。

一般投資人如何利用市場心理？

小投資人要利用市場心理，有兩個不同的方法。第一，而且是最重要的，投資人要能了解自己。他們的目標和期望，要能清楚地表達出來。一旦情況有了變化，目標已經達成，就要設定新的目標。我們之前已經介紹過一些準則，可以幫助各位做好這部分。另外，也有很多書可以參考，改進投資人對自身的洞察力。

一般投資人可以利用市場心理的第二個方式，就是去了解其他投資人的心理運作。諸如：恐慌性行情、穿頭或破底、逆向思考及新聞等等的意義，都應該清楚加以了解。從歷史中我們可以學到許多教訓，而歷史總是不停地重覆發生。每個投資人都應該採取獨立行動去學會必要的市場指標。雖然藉由傳統的安全模式，很多投資人愈來愈難在市場上獲利，但還是有很多機會。

在幾次交易失利之後，如何克服伴隨而來的沮喪？

沮喪也許是最難克服的徵兆之一。有些理論指出，嚴重的沮喪可能跟生物化學因素有基本關係。大家偶而都會受到悲傷、痛悔、自責和沮喪所影響，我認為最好的辦法是防範於未然，預防重於治療。為了防止沮喪發生，訂定一個有紀律、有組織的計畫是很重要的。

沮喪會妨礙你處理重要的事務，它會讓你覺得再也不必採取什麼行動了，反正不管怎麼做都會失敗。對那些陷於沮喪深淵的人，那種無法採取行動的感覺，幾乎就像是種解脫一般。如果你允許自己處於無力行動的狀態中，沮喪就會變得更難拔除，這就是為什麼有些團體會針對沮喪採取立即的行動來加以治療。沮喪時的最好辦法是繼續工作、繼續嘗試、繼續研究市場。

在某些例子中，壓抑狀態可能源自於特殊的生理原因，我建議各位，一旦有這種徵兆出現，馬上去看醫生，由他來判斷你的情緒問題是否來自身體組織上的原因。很多人自己無法分辨生理疲倦感和臨床上的沮喪，這可以求教於醫生，由他來幫忙排除身體上的原因。

如何知道缺乏組織化是個人的重要市場問題之一？

很多問題只要在你的投資方法中做些小小的調整、更動，即使無法完全消除，也可以被控制到最小，其中最重要的一個就是「組織化」。你曾經錯失市場機會，只因爲你忘了更新行情線圖嗎？你曾經錯失最好的平倉機會，只因爲你忘了還持有那個部位嗎？你曾經遍尋不著重要的市場資料，後來才發現原來是放錯了地方？這些情況都代表著缺乏組織化的現象，而且都很可能會導致虧損。我相信那些可憐的投資人如果能夠做到必要的組織化，他們會更爲成功。我建議以下的矯正步驟：

1. 仔細評估自己目前情況。對自己完全誠實，你敢說你從來沒有因爲缺乏組織化而蒙受虧損嗎？

2. 問你自己以下問題：

(a) 我的市場研究和相關資料，都能在幾秒鐘內找到嗎？或者是亂糟糟地散置家中（或辦公室）？

(b) 東西常常不見了嗎？你幾天前才剛用過的行情線圖或統計圖表，塞在抽屜或某個文件夾之後，就再也找不到了嗎？

(c)你做交易計畫，是每天、每週還是每月一次？你是否有固定時間來研究市場？你是否定期做市場功課？你是特地撥出時間登錄交易單嗎？

(d)你自己覺得有組織嗎？你覺得自己對於市場的長期、中期、短期，都有很好的掌握嗎？你是否做好書面的長期規畫，或者只是零零碎碎的？

這些問題的答案，可以幫助你了解自己組織化的程度，你很可能會不高興地驚訝於自己的答案吧！如果是如此，我有幾個建議：

1. 參考前面介紹的工作排程。

2. 每天紀錄各個時間的活動。把日常所有活動全部記下，何時開始、何時結束，完成什麼事情。你很快就會知道，自己的時間全跑到哪兒去了，而且因爲缺乏組織化，到底浪費了多少時間。

3. 訂定一個非常詳細、具體而有組織的計畫，試行一段時間，看看它對你的交易獲利效果如何。試行的正面效應，會讓你知道欠缺組織化正一直在妨礙你的投資。

24 性與市場：眞實或幻想

讓我們短暫回顧之前介紹的性心理學的發展。在了解人格及官能障礙方面，佛洛依德相當強調性衝突和感情方面的因素，事實上，因爲他的理論極爲偏重這個部分，因此也被稱爲「性心理發展理論」（psychosexual theory of development）。根據該學派的說法，性意識自出生即開始，一直到兒童長大成人，過程中會經過幾次的變化。

有很多出版品詳細介紹佛洛依德理論，特別是他自己寫的作品。性心理理論的菁華指出，性的意識、經驗、焦慮和恐懼，對我們日後的生活有深遠的影響。父母和子女之間的衝突，許多都跟性有關，關於權威、罰懲、控制和成就的主題，很多也跟性發展有關係。在「童年遺忘」（之前已介紹過）之後，許多性衝突和性意識都被深深地鎖在潛意識之中，往往在我們不自覺的情況下影響我們的行爲。

先前也提過，佛洛依德提出的這套理論，多年來持續遭到別人的質疑。雖然佛洛依德提出的結論並沒有獲得多少實驗證據的支持，但他的作品卻的確通過了時間的考驗。在他提出的觀念中，有許多仍然受到精神科醫師和心理學家的高度重視，另外，從他的原始理論也衍生出許多派別，這些不同流派的共通主軸即是性心理發展的觀念。神經性或精神性疾病的患者，常常都是應用佛洛依德治療技巧來給予協助。

當然，任何方法都有它的缺點和限制，精神分析技巧即被行爲主義治療師抨擊爲不科學，認爲它缺乏經驗論據。他們也宣稱，傳統佛洛依德理論對情緒問題的治療方法耗時過久，要治療一位恐懼症患者，精神分析學家要耗費數年之久，但採用行爲主義的方法則只要幾個月，而且效果往往更好，花費也較少。精神分析學家則反擊說，行爲主義治療師治標不治本，忽略其潛在病因，他們說以這種機械式療法（請參見先前介紹的行爲主義方法）矯治的行爲，會轉爲其他形式復發，這叫做「症狀替代」。臨床上及實驗上則沒有證據顯示，完整實施的行爲療法會導致官能障礙的復發，即並沒有所謂的「症狀替代」。這方面的爭議仍然持續進行。行爲主義者掌握了實驗資料、有效技巧，也獲得了成果；古典精神分析學派則有傳統、有歷史，也同樣獲得了一些成果，兩種方法都有效。我個人有自己的偏好，不過兩種派別我都會介紹。

再回到佛洛依德的性心理發展理論，我們將會知道，爲什麼了解一個人根深柢固的性意識和衝突是很重要的。如果它會影響到成年後的行爲，不管任何時候，我們一定要知道其影響及結果。如果能了解或洞察潛意識的動機，也許有些行爲是可以避免的，確切來說，這就是傳統精神分析（及其他很多）理論的關鍵論點之一。把壓抑的情感、意識釋放出來是必要的，我們必須深度挖掘潛意識心靈，探知其中的經驗和情感，把它們帶到意識層面來，經驗及感受它們，使其各歸其位。以下要舉的例子，也許會讓佛洛依德理論的追隨者批評爲不夠完整，不過在有限的篇幅內，我實在沒辦法完整呈現佛氏博大精深的理論，但我可以提供必要訊息，讓各位對這個主題有個概觀的了解。許多具備洞察力卻不自知的讀者，或者沒有這份洞察力的投資人，也許會因此受到啓發，而開始研究佛洛依德及其理論。

某交易員剛賺到一筆前所未有的大錢，他對交易系統運作如此成功感到非常得意，每個步驟他都做得很對，獲利是預料中的事，他在預定的目標附近平倉，得到了他想要的結果。勝利的幾個小時之後，他在交易場上開始覺得胃有點疼，那天稍晚，他開始知道自己愈來愈焦慮，還沒到晚上，他已經非常緊張了，變得神經質，胃很不舒服，睡不到幾個小時就醒了。讓他最困擾的是，他完全不了解爲何自己會有這些感覺，對於交易成功，他應該很高興才是，結果卻享受不來，更糟糕的是，他開始賠錢了。連續幾天，他還努力想達成目標，但交易都做得很差，結果賺來的錢又賠光了。直到賠光之後他才鬆了一口氣，同時又感到沮喪，之後有好幾天他又感到焦慮，這次是因爲他不了解爲何獲利會賠回去？爲什麼這樣也沒讓他覺得好一點？爲什麼他很沮喪？爲什麼他破壞了自己的成功？他該怎麼辦呢？而且他爲什麼這麼困惑？這個例子就是標準的性衝突。也許你看到「性」這個字眼出現在這個討論裡會覺得有點驚訝吧。那麼，它是怎麼進來的？

這位交易員遭受的是潛意識的性衝突，觀念上，不應該忽略他的完整個性，而單獨分析這個情況，不過爲了舉例，我將會這麼做。佛洛依德寫了很多文章，來處理「閹割焦慮」和母親對男童的性吸引力。他的理論指出，男童會被母親所吸引，而女童被父親吸引，因爲經驗到這種性吸引力，男童會害怕父親的報復（或者女童害怕母親的報復），這份恐懼主要是跟感受性歡愉的器官有關，也就是生殖器。在孩童對世界只有粗淺了解的狀況下，他害怕父親知道他迷戀母親以後，會除去他的生殖器及相關部位以示懲罰。在女童方面，這種感覺也是相同的，女童以為自己沒有生殖器，是因為她迷戀父親，而受到摘除生殖器的懲罰，這兩種情況所引發的就是「閹割焦慮」。但是這份恐懼並非到此為止，當孩子長大成人之後，這個感覺還是存在。在某些案例中，這個非常強烈的恐懼感，仍然深藏在潛意識中，有些案例則因為父子或母女的正面經驗，而使恐懼獲得解決。在小孩長大成人之後，他已經不知道這份感覺是因何而起，他所知道的只是感到焦慮而已。在他的童年成長期間，對閹割的恐懼已經一般化成為對權威的恐懼。

孩子會常害怕如果他成功地戰勝或完成什麼大事，將會激怒父親而慘遭閹割。經由一般化的過程，恐懼會緊跟著任何一次的重大成就出現，他會變得焦慮，害怕被懲罰，害怕被閹割，而會引發罪惡感、沮喪，然後招致一連串的損失。虧損就是潛意識中為其勝利感到後悔的一種方式，這個投資人如同在說：「現在我成功地征服了我的媽媽，我最好彌補這個損失，把她還給我爸爸，希望他不會把我閹割掉。」

夢中的性衝突

性衝突也常常在夢中以象徵性的方式出現。病人會因為某事的勝利而睡不安穩，他可能會做些跟這個問題有關的夢，不過他自己並不完全了解。以下的例子，是這個交易員可能講述給治療師聽的夢境：

我坐在一輛正往山上開的車子內，坡道很長而且很陡。我爸爸開車，媽媽坐在前座。我坐在後座。突然，車子偏了，撞到一顆大石頭，爸爸受了傷。不知道什麼原因，我們決定把爸爸放在車子的行李箱（病人笑了），現在想起來有點好笑。我不知道為什麼要把他放在行李箱……

唔，其實……嗯，好像行李箱是什麼醫院吧……眞好笑……不過那裡可以先急救。不知道爲什麼……然後我媽媽叫我開車。雖然在夢中我年紀很小，但仍扶著方向盤把車子開到山上……我媽媽很高興……然後我就醒了。

這個夢境有很深的象徵意義，病人夢見他爸爸受傷，而且把他關在行李箱，然後換病人來掌握「方向盤」、控制車子，讓他媽媽覺得高興。病人同時征服了山、母親和父親。

夢境以象徵性（或潛意識）的笑聲，來表達交易員對於在市場上勝利的感覺。事實上，這個夢境可能會有續集，到時爸爸會從行李箱掙脫，然後懲罰孩子，重新控制車子。無論如何，這個夢就是由他的潛意識創造出來的，如果了解這個夢跟他目前處境的關係，交易員也許可以洞察某些事情，從而解除他的焦慮和閹割恐懼。

性無能與市場

還有很多其他狀況，市場行爲會受到性意識的支配，或者應該說，市場行爲並不是唯一受到性衝突所影響的部分，而根據佛洛依德理論，整個人格甚至可能是被這些事件塑造完成，不過我只是把焦點放在它對投資行爲的影響上。底下再舉一例，也是說明性意識如何影響市場行爲，假設情況如下：某位投資人在市場上非常積極進取，想在最短期間內盡可能賺取財富，在此期間，他完全以自我爲中心，顯得自負而傲慢，他相信自己就是市場的救世主（如果有這玩意兒的話）。他在市場上不僅活躍、且富侵略性，而且完全不管謹愼小心、保守或常識那一套。這樣一位交易員，有時的確是可以賺到大錢，不過有時也會在毀滅邊緣打轉，他整個行爲就是個「賭徒」。他的自信已經到了病態的地步，才會完全不顧現實中許多眞實狀況，我們如何從精神分析的角度來了解他的行爲呢？

就我的觀點，這種行爲的表現是因爲無能而想有所補償的典型。很可能是因爲他覺得自己被閹割了，所以需要補償，不然就是他的性器官機能不全，無法正常運作。這種感覺可能源自童年，如果不是受到什麼威脅，就是被灌輸自己很渺小、很無用的想法。到了成年之後，可能會發展出幾個反應模式。在這個例子中，我們的被實驗人過度補償他的自卑感。在他的內在，很可能對自己充滿了負面想法，也對市場感到害怕，不相信自己可以成功，許多遭遇相同感情折磨的人，都會出現這種行爲模式。例如，有一些故意表現得非常有男子氣慨的單身漢，四處追逐女人，認爲自己是上帝賜給女人最佳的禮物，他實則是在補償潛意識中的性無能或可能是同性戀的傾向。

語言線索與性慾

另外，市場中還有許多常見的表現和態度，都是反映潛意識的性傾向。佛洛依德本身就研究了許多反映潛在意識的行爲徵候。不只是夢境很重要，其他諸如自由聯想、說錯話、笑話、做白日夢等等，也都有其內在情感的象徵意義，而大多數交易員跟市場的關係，也傾向於以性的方式來表現，並且表現在行爲或口頭上。根據純佛洛依德式的解讀，不論是在交易所的交易廳或交易檯裡，我們都可以聽到「性」的因素存在其間。很多年來，場內交易員和交易廳的專戶操作員幾乎都是男性，不過這個狀況漸有改變，現在有愈來愈多的女性積極投入。交易場上就好像父親與兒子，爲了獲得母親而展開競爭一般；或者像是母親和女兒爲了父親而競爭，因此這層競爭關係會衍生出許多情緒來，不管是親身在場中，或是間接地坐在辦公桌後面，潛意識中很容易以「性」來看待。不幸虧損，也不僅是個虧損，潛意識將之視爲閹割，而那些在童年時期有過創傷的人，尤其會有這些想法。典型上，他們會發展出某種樣式的神經失調。在女性方面，情況也是如此。

在這方面，還有相當多的例證可舉。例如，很常見的說法：「這下子全搞屁了！」語雖粗俗，卻眞正反映出他們對市場的態度。他們的感覺是，市場在性事上頭占了便宜。以這種方式來表述市場，並沒有什麼客觀理由存在，唯一實際的解釋，倒是可由佛洛依德的作品中看出梗概。市場裡頭還有很多常見的影射用語，不過此處不擬贅述。

本章只是簡略敘述傳統精神分析概念如何應用在市場上。當然，有些人可能會有不同的解讀方式，也有些人可能以爲我在此所做的簡單介紹，仍不足以涵蓋這整個主題。由於受到本書性質所限，就算我願意，也沒有時間、沒有篇幅，針對任何主題深入鑽研。不過，有興趣的讀者可以在圖書館找到足夠的相關教材，要一輩子浸淫其中也沒有問題。

重點複習

1. 佛洛依德理論強調，性心理發展是成人人格中重要的部分。
2. 兒童所面對的多種情感，會對性的經驗產生許多不同的潛意識反應和態度。
3. 這些情感將會一般化，變為成人時整體行為的一部分。
4. 夢、笑話、言語措辭、口誤及態度，都是潛在的性態度的象徵。
5. 治療師可以透過幫助病人了解這些情感，來施以矯治。

25 利用心理學讓投資達到最大成功

從專業或個人態度而言，我只關心一件事情：結果。所有我想告訴各位，我希望能夠傳授給各位的，不管是用舉例還是講授的方式，除非各位去利用它，不然就什麼也沒有。假如你的投資是正當的，那麼你到底用什麼方法並不重要，重要的是結果是否賺了錢。如同一開始我即說明我的重點並不在於交易系統，而是放在交易員身上。讓我們簡單地檢視一下我們曾經提過的、我們應該學的、我們還可以學到的，以及該如何運用這些介紹過的內容。

從受教育到身體力行之間，還存在著廣袤的智性曠野，我們從書本裡學到的知識，也許永遠也不會化爲行動，如果我們可以把所學所聞全部吸收、整合化爲己用，很多人生問題應該都可以解決，遺憾的是，我們對於資訊的行動能力總是有其限制。不過，有一些已證實有效的心理技巧，可以幫助我們運用這裡所介紹的方式來獲利。學習有三個要件：複習（review）、重覆（repetition）、反應（reaction）。因此，我建議各位現在就去看看我們每章最後的重點「複習」單元。我建議各位，就把這本書當做教科書，對於先前我們介紹的內容做份大綱、提要，要研讀這份提要，檢視每章最後的「重點複習」單元，確實地吸收消化。各位也不必急著同意我所說的，你只需要把它拿到市場去驗證，看看是否有效。

接著，再次重覆這個過程，儘可能讓自己置身其中，如此就可以跟這些觀念親身接觸。

你無須貿然大張旗鼓，全盤改弦更張，而是在有限幅度之內先嘗試一些想法，先感受一下會出現什麼狀況，再來判斷是否有用。如果你是對的，市場當然很快就會讓你知道，如果某個觀念確實有效，那就繼續下去，採取進一步行動。

最後，是針對本書更多特定部分來反應。訂定目標、執行、設定自己的計畫和步驟、閱讀一些推薦書籍、詢問相關問題，但最重要的是行動。不要只是坐在那兒、虧錢、做出錯誤的投資、自怨自艾、羨慕別人的成功。落實你的想法，想法就會發揮出效力，它們會帶來你所追求的投資利益。但是如果你不行動，就什麼也沒有。

我已經說過，在許多情況下，要判斷某個市場行情是要往上走或者下跌是很容易的，不過要根據判斷來執行以取得成功，卻是另一回事。幸運的是，為了獲取市場成功，必須遵從的法則是非常簡單的，不然包括我在內的一般投資人就不可能獲取財富。事實上，成功投資的個人法則非常簡單（簡單到讓人困惑的地步），半張A4影印紙就可以寫完了。我們也都曾經一遍又一遍地聽到這些法則，只是沒牢記在心裡而已。

讓我們回顧一下先前所討論的。第一而且最重要的，並一再強調的重點是，市場價格長期上是由供需關係所決定，但是在短期或中期上則跟投資人心理有關。我們已經討論過市場和心理學的基本原理，各位請注意，在心理學理論的兩個極端，分別是精神分析理論和行為學派，我們也以市場上的基本分析和技術分析，來類比人類行為的精神醫療與行為主義典範。我們詳細介紹了兩大學派的理論中與投資心理相關的一些觀念，也交替舉例討論一些重要概念，諸如人際關係、性與市場、壓力、交易系統的使用、虧損與認賠、營業員與客戶的關係、投資服務的運用以及工作排程等等。另外，也回答了一些常見的問題。

其他的就看各位了。在文字可傳遞的範圍內，我已經提供許多基本原理和說明，並且爲各位尋求解答。在結尾時，我還會給各位一些最後的建議，我相信不管是對誰，也不管你的財務能力如何，你的經驗有多少，這些建議在任何交易系統中都可以讓投資人得到好處。

投資任何市場之前，不管是股票、商品期貨、選擇權、房地產或者是收藏品的市場，要先確定你所選擇的市場具有潛力，可以讓你達成冀求的目標。如果你尋求的是服務社會的滿足，當然就不能期待市場會符合你的需求。市場只能提供獲利，以及看準時機、做對買賣的快樂而已，如果你還要求更多，很可能就會失望。如果是投資古董、錢幣或郵票，還可以帶來藝術上的滿足。每一條投資大道，都有其獨特的功用和能力，你必須確定你的目標是實際可行的，而且最重要的，是在你努力所能及的範圍之內。

在決定投資標的及何時開始之後，就要以十二萬分嚴肅的態度來準備投資計畫。很多投資人對於自己的投資往往失之輕率、隨便，既無組織性也不夠關心，這樣的心態常導致虧損。不管是投資、交易、投機、預測、財務管理或者當人家的顧問，都是很嚴肅的事，除非是全神貫注，否則就得不到好結果。認眞、堅持、貫徹及努力，都是投資成功的關鍵。

你最艱鉅的任務，不在於預測行情，而是如何控制自我。在投資活動中，你會遇上一些個人生命中最艱難而且最挫敗的經驗，屆時你就會了解到，在成功的方程式中，你自己就是最重要的部分。

另外，你會很快地發現，如果不預先做好準備的話，包括心態、健康和情緒狀況、人際關係、緊張、壓力和工作環境，都會影響你在市場上的表現，進而影響到投資的成功與否。你交易得愈是積極，就愈容易受到影響。要時時堅持投資目標，現階段目標達成之後，馬上設定新目標。

未來，經濟學家將會繼續發展出新的預測方法，交易系統來來去去，推陳出新。電腦技術一直到最近，才在計量經濟分析和機械式交易方法中嶄露頭角。不過，價格變動的本質，還是來自人類的情感。驚慌、恐懼、貪婪、不安全感、焦慮、緊張和不確定性，仍然是短期價格波動的原動力。就我來看，在市場上獲得成功並不像外表顯示的那麼複雜，也沒那麼困難，有許多歷經時間考驗的法則，如果忠實地遵行，的確是可以獲利。其間的道理，既簡單又複雜，而答案就在其中。

26 大師名著：鑑往知來

我堅持最好而且最有意義的教訓，是來自於直接的經驗，不過也有一些方法，可以不必親身經歷痛苦，還是能學到一些知識。在痛苦較少的學習方法中，有一種是借重他人的經驗。雖然這種間接學習，跟直接的刺激—反應強化模式相較，在力道和強度上都不能相提並論，但是我們仍然可以經由間接路徑，得到許多行爲線索。藉由觀察別人交易，我們可以學習到某種特定的方式和語彙，而閱讀別人是如何在市場上成功，也可以學到許多技巧。

根據我個人的經驗，我認爲所有的投資人、交易員及投機客，都應該把密集閱讀投資大師作品，列入市場教育的一部分。在此我舉出一些名字，不過這只是部分而已，他們是：卡登、朴氏、巴洛克、利佛蒙、甘氏及懷可夫斯等人。其他還有很多的智慧語錄，我們也應緊記在心，另外有許多關於技術本質的書籍，也對這一行有重大的貢獻。不過，我比較注意的是那些常年來投資獲利的成功者，他們所經歷及紀錄下來的心理變化。從他們的經驗中，就算我們只學到一個教訓，只獲得一個觀照或者一個鼓勵，所有閱讀的努力都會非常值得。這就是爲什麼在市場教育（或再教育）一開始，我總是推薦投資人閱讀這些作品。

花時間研讀這些大師著作，究竟可以學到什麼？如何把他們的經驗教訓化爲己用？應該如何研讀他們的著作呢？我們是否眞的花費足夠的時間，從他們的錯誤中學到教訓？他們的教導，應該再三閱讀嗎？關於這些問題，在此我有一些想法，同時我也會試著提供各位一些有關心理本質的普遍法則。

爲何要閱讀他們所說的？

有些人相信今天的市場跟過去不一樣，以前行情波動沒這麼大，價格很容易被操縱，成交量也少多了。不過，過去投資人和投機客被情緒所控制的狀況，卻跟今天沒什麼兩樣，這些大師著作的共同要素，就是他們屢次涉及心理學原理。儘管他們採用的操作技巧不同，但他們的成就幾乎都是由某些重要的人格特質所構成：耐心、堅忍不拔、果斷，以及理性的行動，這些都不是交易系統或操作技巧可以教我們的，它們都是伴隨經驗而來的人格特質，事實上，這也是交易員可以掌握的最基本、最重要的工具。藉由在我們之前的成功者的嘗試和苦難經驗，我們可以得到鼓舞和啓發，以幫助我們繼續追求成功。而且我們也可以從中獲得一個普遍的概念，了解這些人能夠以交易和投資致富是靠著哪些特質。而閱讀他們所寫的書，可以大幅縮短這個發現的過程。

閱讀大師著作，除了可以間接學習到經驗之外，尋找新交易技巧的投資人，也可以從中獲得啓發。一個人在熟悉別人的方法之後，往往也會對市場形成新的看法，而綜合多種閱讀所獲得的知識，可以幫助投資人發展出獨特的技術分析和（或）基本分析方法，投資人不僅可以從中發展出新的交易系統，也可以知道哪些舊方法不適用，少走冤枉路。藉由閱讀某些會造成虧損的概念，我們可以避免使用同樣的方法，或者在使用之前，先研究透徹，適度加以修正。

最後一點，當然絕不是最不重要的，在時機不佳之際，成功投資人的經驗可以鼓勵我們，而在手氣正順時，則能起警惕作用。知道在這條邁向成功的道路上，我們並不孤單，將會很有幫助。它讓我們知道，在我們之前，也有人經歷過同樣的挫折，也享受過類似的成功。對於沒有親身經驗的人，利佛蒙貧賤致富的故事可以提供目標和方向，也帶來撫慰效果。當我們了解到通往巨富的道路是如此漫長而且艱難，我們才會正確地看待每一次的獲利和虧損。要記住，大多數的市場財富，都是要靠幾年的穩定累積才能辦到。這些訊息可以從大師的著作中傳達出來。

爲樂趣而讀——爲眞相而讀

看書有很多種方式。若是讀著好玩，就不需要什麼有組織性的閱讀計畫。爲了樂趣而讀書，也絕對沒有什麼錯！事實上，我非常鼓勵各位第一次閱讀投資市場書籍時，抱著輕鬆、好玩的心態，等讀完第一遍以後，再以更徹底的學習方式來檢視書中內容。我建議各位利用以下這些經過時間考驗的獨特方法，讓你的閱讀獲得最大成效：

1. **重點要畫線**。如果你不想在書中留下任何記號，那就買兩本，一本收藏用，一本拿來重覆閱讀。在相關的段落、觀念和重要的觀察內容處畫線，可以凸顯其重要性。等看完書之後，可以再翻閱書中的畫線部分，做個複習。用不同顏色的筆標示不同主題的重點，也是個好方法。例如，技術分析交易法則用藍筆畫線，心理概念用紅筆。

2. **簡述其綱要**。我建議各位做一分主題綱要。如果不知道該怎麼做，可以參考英文文法或作文教科書的做法。製作綱要的目的，在於使閱讀吸收組織化。把讀到的內容做成綱要，可以讓你對書中人物生活及經驗中的種種轉變，獲得某種觀照和見識，當你在評量自身經驗時，可以提供你某種透視和架構。而製作綱要也可以幫助你很快找到想要參考的主題。

3. **列表清單**。你可以從書中挑出十個最重要的交易心理法則。這十個法則也許不是每個人都相同，事實上，因爲每位作者所強調的重點不一樣，所以這些法則可能也都不同。唯一重要的考量點在於，它們跟你（讀者）的關聯性和重要性。每一本書的作者都有自己的一套法則，我建議各位抄錄下來，時刻放在手邊，以便隨時參考。

4. **注意共同的法則**。在你閱讀時會明顯發現，成功投資人大都有某些共通的法則。在你的列表中，這些共通法則尤其要特別標明。我建議各位，把你讀到的作品中，大部分交易員的共通法則或觀察重點單獨列表。

5. **閱讀參考書籍**。如果在書中，你看到作者指出哪一本書很重要也，也要把它記下來，列入你的閱讀清單中，如此一來，你就可以擴大閱讀基礎。我建議各位，你閱讀清單中的書籍愈多愈好，有時候這些參考書籍會比你原先讀的那一本更有用，而且這些參考書籍也會引領你找到其他更有用的資訊來源。

6. **時常複習法則**。這可以讓法則「烙」進腦海中。要發展出一套交易法則很不容易，但要學會如何使用、何時才適用，則更加困難。如果你常常把它們拿出來複習一下，會記得比較牢。如此一來，你就能常常運用它們，它們也會反過來幫助你學習。

7. **你最喜歡的作者**。你持續閱讀之後會開始找到你最喜歡的作者，那就多找這些作者的著作來看，這很可能是因為那些作者的經驗已經引發你的共鳴。而當你深入研究他們的交易之後，可能會進一步了解你為何感興趣的其他理由。由於你已經被他們的言行所吸引，會因此產生「大丈夫當如是也」的奮鬥心態，或者強烈地想重複他們的經驗，這是非常合理的。如果你對某幾位「大師」特別感興趣，那就把他們當成標竿，多多研讀他們的作品。

8. **找出相似、相異點**。如果你在市場上碰到特殊的障礙，或常犯特定的市場錯誤，就要特別留心別人如何解決類似困難。對於反覆再三的市場問題，這個方法應該是最有效的。汲取他人的經驗，可以節省自己的時間，而且通常還能節省金錢。對於你的交易法則與成功投資人之間的重大差異，萬萬不可輕忽。如果你發現兩者之間有極大的差異，很可能你已經步入歧途了，做個改變或調整，將會有所幫助。

9. **經常重讀**。雖然那些偉大作品我已經讀過許多次了，但它們仍具吸引力，而且從來不會失去指導性，似乎每一次重新閱讀，都還能發現一些可以學習的地方，因此我建議各位要常常重新閱讀。在我遭受一些損失，志氣消沈的時候，我會去讀我最喜歡的市場著作，以尋求鼓舞。這確實有效！

如同大部分的交易員，哪些市場書籍最好，我有自己的看法，不過我列出的清單，是綜合了經驗和調查所得到的。當然還有很多其他著作，如果各位有時間，我建議全部看過。不過我要說明白一點，我要各位去閱讀「大師」著作，並不是指市面上一窩蜂的「如何賺進百萬元」之類的粗製濫造的書籍，我所說的大師著作，是單指一九〇〇年代早期一直到一九五〇年代之間，那些積極交易而且獲致成功的人所寫的書。當然，一九五〇年代之後也出現許多能人異士，不過我發現，一九〇〇年代早期所經歷的教訓，比起最近幾年來，對於個別交易員更具衝擊力。

另外請注意，我說的大師著作，也不是指那些專門介紹各種不同或特殊交易系統的書籍。我建議各位閱讀的書籍，是大師自傳類的作品，而不是偏向交易系統的著作。世界上有太多的交易系統，每一個新的都自稱比舊的好，無奈能夠眞正使用這些交易系統的好交易員又嫌太少了。

本書最後會介紹幾位大師的作品，我推薦各位都讀一讀。對於他們的作品和經驗，我當然無法完全照實講述，不過我相信可以讓各位對他們進一步了解。要達到整體的成功，正確的態度和有效的心理是非常重要的，在有限的篇幅中，我幾乎不會強調每個人所使用的個別交易系統，我所著眼的，如同各位現在已經知道的，純粹是在心理方面。

重點複習

1. 每一位投資人都應該知道那些已經成功的投資人的經驗、人生態度和想法。
2. 大多數市場大師都有一套符合心理原則的交易法則。
3. 知名投資人雖然各有不同背景、經驗，也在不同時代做交易，但他們的人生觀和看法卻有許多相似點。
4. 藉由閱讀他們講述在市場中跟情緒、情感有關的故事和相關經驗，我們可以減少學習過程可能會有的損失。
5. 每一本書多讀幾次，可以獲得更多的資訊。應該讓學習過程的效能達到最大。

27 創造性觀想與引導心像

幾年前，有一陣子我的期貨交易開始變得不順。我會犯下一些很笨的錯誤，一些幾年來都沒犯過的錯。行情不如預期時，我無視於交易系統的警示，遲遲不肯認賠；看對行情時，又急著獲利了結，害怕等太久行情會逆轉。我的不安全感讓我對自己的交易系統感到不滿，事實上根本不是它有問題。我徒勞無功地尋找新方法，在電腦上頭花費了許多時間，最後我轉向其他交易員尋求求助，想知道他們都用什麼交易系統。我期待愈多，發現愈少；我搜查得愈起勁，卻愈是洩氣。我愈是責怪交易系統、市場、經濟、政府，和別的交易員，距離眞理就愈遠。這樣整整過了一年，我仍陷於掙扎和苦惱之中，最後終於感到絕望和無助。

我打電話給一位精神分析師，他說：「你過來，我們聊一聊。」我們就討論起我的情況。他認為，我在一九七〇年代早期做的傳統精神分析，還有一些事情明顯沒有被充分了解和完全解決，因而造成我現在這種情況。

「在那之後，」他推測說：「你結了婚，當了爸爸，事業上也享有財富和成功，因此你也經歷許多以前沒處理過的經驗。結果，這些新經驗產生新衝突，因而影響到你的認知、自信和判斷，對你的交易帶來負面效果。」聽起來挺有道理的。於是我問他，要花費什麼代價才能讓我回復正軌。其實我心知肚明，精神分析師根本無法回答這種問題，果然他拒絕回答。

我當然希望可以很快矯治，迅速復原，馬上得到一個可以讓我的交易回到正軌的答案。我探尋了好幾種方法，其中最有趣的是創造性觀想（creative visualization）和引導心像（guided imagery）。關於這些技巧，我樂於跟各位分享一些經驗。

創造性觀想與引導心像的基本原理

多年以來我們一直被告知，人類心靈的潛力遠遠超過目前的實際表現。據說，我們只使用了一〇%或二〇%的心智能力而已。專家也建議，應該更徹底地開發我們的心智能力，運用我們本身具備的非凡腦袋，不過卻很少聽人家說起確實該怎麼做。我覺得最矛盾的是，在正規教育中我們所學到的，都要靠大量硬背死記的功夫，卻沒學到如何增強記憶的方法。有些遠自希臘、羅馬帝國時代流傳下來的特殊方法，的確可達到幾乎完全的記憶，雖然學生在學校及日後生活的成功需要仰賴大量的記憶功夫，但學校卻沒教給他們這些經過考驗而合適的方法。醫學院學生的訓練就是由大量的背誦所構成，他們也發展出一套有助記憶的方法，不過正如我剛才所說的，這些記憶技巧卻不在他們正式教育之中。西方教育體系的可悲現實在於，我們如此注重結果，但在確保成功的訓練上，我們所提供的卻很少。對於積極尋求智慧的人來說，記憶技巧就像近在咫尺的圖書館一樣，其實是伸手可及，只是事情的發展卻不是這樣。記憶方法的課程應該是從小學到高中，每個年級都要有，但最主要是在小學階段，讓學生可以打下良好基礎，以後才能逐步推高。

人類心智未能完全開發出來，我們的教育體系應該爲此負責。其他重要領域諸如：夢的分析與控制、催眠、生物反饋、潛意識運作、反射行爲、超感官知覺，以及死亡經驗等等，在學術界都只得到非常少的注意。事實上，在西方教育中，任何非主流的方法論幾乎都被視爲不科學、不可接受、令人不快、沒有教養、非美國的、不健康的，反正不是加個「不」就是「無」的否定。

在這些「不」什麼、「不」什麼的受難者中，還包括引導心像和創造性觀想。這兩種相關技巧具備刺激新想法、新技巧、新關係和新思想方法的潛力，在一九八〇年代到一九九〇年代的「新時代」（New Age）文獻中，這兩種技巧都已經獲得相當大的重視，但一直到現在，公眾教育卻還沒有注意到它們。我很懷疑，它們永遠不會有被注意的一天。這些技巧在觀念體系和結構上顯得鬆散而不明確，因此引起教師和社會學家的反對，他們認爲這些技巧並不適合導入正規教育。所以照往常一樣，得靠有心者自行努力，才能獲得這方面必備的知識和技巧。

引導心像（GI）和創造性觀想（CV）本質上是相同的技術，在這兩種方法中，被實驗者都要運用想像力，創造性地組織心理圖象，來達成任一或所有目標。這些目標是：

1. **放鬆**。獨立或藉由外力協助，運用心理想像創造影像、場景以及（或）圖案，來求得心靈及肉體的放鬆狀態，其目的在於深度放鬆及消除壓力。從很多方面來看，CV和GI應用的最後目的，跟超脫靜坐（Transcendental Meditation）相類似，在解除壓力方面非常有價值，而且也多次符合科學所要求的展現紓解壓力和降低血壓的功效。

2. **解決問題**。根據創造心理影象的系統方法，對特定問題展開心理攻勢，不管是個人、財務、創造性或科學性的問題，個人都可能獲得新而有力的解決方法。有些問題實際是有解決方法，但被某些因素所遮蔽，例如，個人衝突、不良的人際關係，或者某些防衛機制，而有些心理運作方式，可以讓個人排除這些障礙，並獲得新的解決方案。典型上，運用CV和GI來解決問題，需要另一個人來主導程序（例如，治療師、指導人、教師或協力者）。

3. **創造力**。這是另一個運用CV和GI可達高度強化功效的領域。雖然這部分沒有指導人在旁也能獨立完成，不過如果有受過訓練的專業人士從旁協助，幫助你把這個經驗擴展到最大，通常會很有幫助。稍後我會介紹這個部分及其他方法。

4. **害怕和恐懼**。在沒有威脅性的環境中，仔細地觀想害怕和恐懼，個人也許會發現，他所害怕的東西並不如原先想像中那麼可怕，或者發現其間存在著合理的答案，可以防止恐懼再次發生。

5. **自信**。不管是在事業、投資或人際關係上，個人成就都會受到自信心強弱所限制。GI可以幫助個人掌握信心危機的原因（一個或多個），以及其解決方法。

6. **醫療問題**。運用CV可增強身體的抵抗力，強化免疫系統，因此一些需要醫療的問題，往往也能獲得治癒或大幅改善。關於這種方法的有效性，還有許多爭議，不過我相信這種技巧是有正面效果的。稍後我會特別提供一個例子做說明。

以上所舉，只是創造性觀想與引導心像最普通的用法，其他還有許多應用方式，端視個人想像力能否配合得上。我之前說過，這些方法並不符合科學的要求，因此容易招致批評，但是科學和進步並非同義詞，在心理和精神成長方面，也許是科學無法涉入的領域。想像力通常是科學的前導，而且可以跳脫尋常科學的界限之外，例如一九〇九年全球最偉大數學家之一的紐康伯（Newcombe），才證明載人飛行器在科學上是不可能的，但萊特兄弟卻從夢想出發，三年後證實紐康伯是錯的。

創造性觀想與引導心像的技巧

CV和GI的基本方法既簡單又直接。通常，被實驗者舒服地坐在椅子上，或安靜地躺臥在躺椅或長沙發上，聽著主持人口頭引導，開始想像引導人描述的畫面。第一個任務是盡可能地放鬆，這可利用身體肌肉放鬆法或深呼吸法來達成。其目標是要讓被實驗者創造出一幅心靈影象，以刺激產生問題的解決方法、提供解決助力，或者對情況有全新的了解。這種放鬆氛圍，能幫助個人釋放出在其他環境下難以發揮的創造力。

操作過程可以由幾分鐘到超過一個小時不等，端視想像和任務的複雜程度以及被實驗者的反應而定。而耗時長短跟結果的好壞，並無一對一的關係。

另外，誘發實驗對象產生影像的引導話題，也有許多種變化。就最大範圍而言，這也是操作過程的功能。以下例子，可以看到治療師可能對被實驗者說些什麼。在實驗對象舒適地坐著或休息時，治療師或引導人開始緩慢、穩定而溫和地說話，以放鬆爲目的的典型GI操作過程即是如此：

放鬆。深呼吸，感覺全身從頭到腳都放鬆下來。將注意力放在呼吸上，感覺每一次呼吸你都變得更放鬆。愈來愈放鬆、愈來愈放鬆。現在，想像自己在蒼翠的森林裡頭，抬頭就看見濃蔭的樹頂。你嗅著森林的香氣，感覺四週空氣清涼而濕潤。你聽到遠方有許多不同種類的鳥叫，看到小動物輕快地來來去去。你覺得很輕鬆，如同這座森林一般。隨著呼吸，你覺得愈來愈輕鬆。透過樹蔭間隙的亮光，你看到蔚藍的天空。天空很快又變暗了，佈滿烏雲。森林也變暗了，雨的味道瀰漫在你身邊。開始有些涼涼的雨滴，落在你臉上……

……

前面所說的是利用CV引導放鬆狀態的簡單例子。經過十五至三十分鐘的「治療」，實驗對象會感覺到極度的放鬆，觀想操作就達到它的目的了。在操作幾次之後，實驗對象可以隨心所欲地獨立達到放鬆狀態。

我們再來看一個跟我們關心領域更相關的CV操作例子。本章剛開始，我說過我如何發現並利用這些技巧幫助我克服一些交易上的障礙。我偶然地認識某位心理學家A博士，她家裡有間辦公室，離我家不遠，她是頭幾位在幾乎所有各種治療中，採用這些技巧的心理專家之一。我跟她電話長談之後，對她的能力非常有信心，而且我也想嘗試新方法以消除困擾我數月之久的交易問題。

初次會談，我們討論了我遇到困難的確切本質，但她不願意接受我泛泛的說法，於是一再探問，希望可以更精確掌握問題的特定層面。在我的經驗中，這是治療成功非常重要的先兆。如同我一樣，你會發現，要解決問題的第一步，必須先要精確地掌握問題所在，不管是人際關係、投資市場或事業上都是如此。成功路徑總是不明確的，除非你讓它變得明確，而唯一的辦法就是要搞清楚自己正走向何處。為了要改變行為，不管是用行為主義或其他傳統方法，你都必須先明確地知道是什麼行為、在什麼情況下會出現，又會產生什麼後果。從刺激、行為，一直到最後的行為結局之間，不同的治療模式著重在不同的面向，但是眞正有效的矯治方法，將兼顧每一個組成部分，以提供徹底而立即的解除或改善。A博士給我的印象是積極而有自信，可改善任何病狀。

我跟A博士的第一個療程，主要是讓我熟悉她的方法，同時也讓她了解我的問題特質為何。因為我本身就是心理學科班出身，而且在轉到期貨界之前，也有好幾年心理醫生執業的經驗，因此我早就準備好一張清單，詳細列出導致我失敗、限制我成功的諸種行為。以下就是我跟A博士討論的行為清單：

1.不肯認賠。我最大的問題是如果看錯行情，手上部位已處虧損時，卻無視交易系統的指示，我還是不肯認賠，結果虧損變得太大，破壞了交易系統測試結果的統計有效性。我當然知道，要按照規則認賠出場才是合理，但是每一次我都有藉口。我掉進「再給它一點時間吧」的陷阱中，而有時還真的轉虧為盈，因此我才會規避認賠的制約反應。

2. **尋找新規則以合理化抱持虧損部位的作法**。我發現，只要我手上有應該認賠的部位，我會馬上尋求電腦的幫助，希望找到不要認賠的藉口。我躲在電腦測試的背後，合理化虧損部位。由於現在對交易系統或信號進行測試時，可資利用的電腦軟、硬體設備很方便，因此為投資人和交易員帶來新的問題，其中之一就是「我們看看電腦怎麼說吧！」症候群。我熱切地尋找技術指標，讓自己有理由守著虧損部位，最後終於找到一個理由。不管是什麼，只要你找得夠久、夠拼命，總是可以找到一個藉口的。而電腦也會讓這件事情更簡單，而且看來更是煞有介事。

3. **喪失自信心**。當然，這會導致我整體自信心崩盤。我愈來愈不願易交易，進場買賣就心驚膽跳，對市場感到恐懼。我開始覺得每一次做交易，好像一開始就輸了，覺得過去幾年來的經驗一點用也沒有。很自然地，我幾乎怪罪每一個人、每一件事，包括經濟狀況、政府政策、場內交易員、交易所、投資大眾，還有我自己。

4. **喪失紀律以及隨之而來的其他副作用**。不遵守紀律，當然是我不肯認賠的原因之一，但它也是由主要問題衍生出來的。你一旦犯下一個錯誤之後，很可能會再犯下另一個。除非你在問題剛出現時能馬上切斷這個惡性循環，不然你很可能會繼續犯錯，終至把我們這本書中提到的所有法則都破壞光。這就是為什麼讓事情迅速回復正軌是很重要的。

我用這張列表跟A博士討論了很久，她很關心地探詢、評量我在犯下錯誤前、中、後的種種感受。這個簡單的動作，讓我有機會針對問題宣洩一番（心理學術語叫「通風換氣」），這是非常有用的。不過，我也知道這不是最後的解決方法。在她對我的困難以及市場基本原理有了深入的了解，得以對了解我的行爲提供一個架構之後，我們開始進行一些CV和GI的方法。第一個就是類似剛才說過的放鬆療法，在經過幾個放鬆步驟之後，整個療程嚴肅而認眞地進行。以下例子說明問題是如何「治療」的：

A博士：今天我們把焦點放在交易系統指示一定要認賠的時候。因爲你一直有無法平掉虧損倉位的問題，我們就以此集中觀想，來幫助解決這個問題。首先，希望你可以自在而放鬆。請深呼吸……憋住……好……吐氣。現在，請想像一下：你現在正站在一個大原野上。此時是夏天，很溫暖，天空碧澄澄的，你慢慢地抬頭，看到幾片慵懶的浮雲飄過。薰風輕拂，綠樹款擺，樹葉撫過你的臉，帶來治療的力量。遠方，你看到平地隆起一座高山。山頂泛白，而底部滿是綠色植物。你被吸引著往那座山走去，想近觀其雄偉。你邁步前行，看著山愈來愈高大，腳下由平原而丘陵，再由丘陵變爲輕緩而持續的爬坡。你稍稍站定，欣賞著眼前美景：高大常青樹的濃鬱森林、山側石壁聳立，以及山巔白雪蓋頂。

突然，你強烈地渴望爬上山頂；你希望戰勝這個挑戰。直覺告訴你，如果你可以征服眼前這個巨大障礙，就可以找到答案，解決困擾你幾個月的難題。你決定一定要爬上這座山，找到答案。

你知道，如果不付出相當大的努力是爬不上去的。但只要你專心一致，就可以辦得到。你開始這項艱鉅的登山任務。你攀爬了好幾個小時，但山勢愈來愈陡，任務也愈來愈艱難。你汗如雨下，而且發現氣溫下降了。你既覺得熱，又感到有點冷。很快地，地上開始出現積雪，而且空氣愈來愈稀薄。雖然，你覺得有點喘不過氣來，但山頂在望，你大受鼓舞，知道答案就在前方等著你。

終於，你抵達山巔。你手腳發著抖，半是害怕、半是疲累。但為了欣賞從山頂下望的驚奇美景，你克服了害怕和疲累。遠眺來時漫漫長路，也得意起來。

當你看著山下景物時，你注意到遠方似乎也有一個人影正往上攀爬。起初，你以為只是個影子而不予理會，但是那個影子持續移動，愈來愈近，也變得愈來愈大。你非常驚訝，原來那也是一位登山客。你專心地盯著那個人影，慢慢看出形狀來，原來是年長的紳士，看來極有智慧。他也往你這邊看，似乎他也看到你了。果然，他抵達山頂之後，向你走過來。這時，你注意到他手裡拿著一本小書。他靠近時，你從他臉上察覺到一份精明。他帶給你一種平和、自覺和自信的感覺，很難用言語來形容。雖然沒有交談，但你們交換了共同的認知。你知道他曉得你正面臨極深的困擾，而且正在努力尋找答案。他毫無警訊地舉起書，把隨身攜帶的書本交給你，你接過之後，他就轉身離開，朝著下山的方向走，你目送他緩緩地消失在遠方。才一會兒，他就消失不見了，只有你手上的書標誌著這段不尋常的偶遇。你看看這本書，書名寫著「答案」。你意識到這書裡頭包含著對你很重要的「答案」，因此你急忙翻開它。翻開封面之後，你發現這本書頂多十頁而已，而且每一頁上頭也沒有幾個字。不過你曉得，這些「答案」還是彌足珍貴。你慢慢地翻閱，理解、消化其內容。這些都是你找了六個月的答案，書裡寫得非常清楚、簡潔，完全符合你的需求。你不慌不忙地閱讀每個答案，緩慢、仔細，而且有條不紊。你先是依序閱讀，然後再隨意翻閱。你把它們看得很仔細，而且體會深切。後來你了解到，這些答案原本你也都知道，只是因爲某些你永遠也不知道的原因，它們被壓抑住，所以你找不到。你逐一檢視這些答案，看得既清楚又仔細，你知道這些答案都很簡單，而且都是你原本就知道的。

你看完書，把它放進背包，覺得心裡很輕鬆而且平靜。你開始步向歸途，回到文明世界。這本書和裡頭的答案，在你需要時，都會在你身邊，你隨時可以閱讀、參考。

現在，旅程結束了。請睜開眼睛。帶著一份了解，你覺得輕鬆而且平靜。

這個療程結束了。在觀想過程中，我一句話也不必說，但心思集中而且非常活躍。旅行的過程再次激發起內在觀照以及被壓抑住的了解，它們以簡潔的答案浮現出來。之後的幾個星期，我並非有意識地去應用我那本「書」裡頭的答案，但實際上，我發現自己確實自動地、反射地在運用這些答案，好像我好幾年前就做過的一樣。觀想經驗讓我重新發現某些我已經知道，但因爲某些原因而遺忘的事情。

使用CV及GI的其他建議

我確定CV及GI可以喚起某些讀者的好感，不過有些人可能會排斥，認爲這些方法像在變魔術、不夠專業，甚至讓人不舒服，這都是可以理解的。傳統心理學家、精神醫師及一般大眾，如果心胸不夠開放，絕對無法接納這些新技術。不過，我發現這兩個方法對任何類型的治療都很有用。對於簡單的放鬆、控制血壓，或者解決交易上的問題，一般都能派上用場。我在CV和GI操作上有足夠的經驗，如果各位有興趣試試看的話，我可以提供下列建議：

1. 找一位有經驗的治療師在療程中幫助你，這一點非常重要。雖然有很多書籍或錄音帶宣稱提供了必要的協助，不過缺乏專業的指導會很難成功。
2. 在療程中所學習到的要確實使用。你學到的任何知識，一定要化爲行動才有用。
3. 不要期待什麼神奇的答案。有些問題很簡單就能解決，有些則會抗拒改變，需要數次療程才行。
4. 不要預先設限，只想解決交易問題。很多個人及家庭問題都會干擾交易活動，但是自己可能不明白其中原委，因此解決這些眞正問題是首要之務，屆時交易困難自然也會獲得解決。
5. 如果你嘗試幾次都沒什麼效果，那就不必再繼續了。把時間跟金錢浪費在對你沒用的方法上，根本沒有意義。
6. 一旦你跟某個專業治療師一起取得某些進展，也許你可以把療程指示紀錄下來，再自己試演，讓它們成爲你自己的指導原則。
7. 我能提供各位的最好建議，就是敞開心胸。如果你保持開放的態度，很多事情都可以達成。如果你總是死板，不願意接受新想法，甚至在拒絕它們之前，連試都不願意試，那麼你在生活上是很難成功的。如果你現在的答案就可以解決問題，就不必刻意去尋找新的方法，要是你發現在過去有用的方法，現在都發揮不了作用，那麼你必須要找尋新的、不尋常的方法。

28 克服最深的恐懼：心理學如何助你成功

我個人超過二十年的期貨交易員經驗，不可避免地讓我得出這個結論：交易員最糟糕的狀況是逃避問題。如同各位所知，在我們個人生活中，逃避問題也是非常糟糕的。問題是可以逃避、置之不理，不過日積月累，到最後將會讓你寸步難行。有些交易上的問題並不嚴重，這一類問題來來去去，不會造成多大的傷害；有些則是像慢性病症一樣，如果放著不管，不去治療，結果就會惡化。害怕失敗，就是一種會帶來不良影響的恐懼，這種恐懼會吞噬生活養分，不斷壯大。如果你害怕恐懼，恐懼就會變得更大。因爲你害怕失敗，失敗的後果將膨脹許多倍，變得更大、更悲慘，你會更不願意去解決它。大多數的幻想不論好壞，都不會像眞實那麼龐大，而幻想通常會過度誇大眞實。因此，如果你害怕虧損，而且讓這份恐懼影響到你的交易，那麼你的恐懼就會比眞正虧損還要可怕。你會不想做交易，以逃避恐懼的幻想。而規避恐懼的最後結果，一定比你眞正面對它還要糟糕。

恐懼的類型

雖然很多傳統心理學家會告訴你，不論男女，恐懼大都源自幼兒時期的閹割恐懼，不過我們大多數人都無法認同這個想法。我並不是說閹割恐懼不存在，而是指我們在此時此地或者幼兒時期，還有很多恐懼是更容易辨認出來的，例如，害怕被拋棄、害怕失敗、害怕成功、害怕不被喜歡、害怕虧損、害怕做大筆交易，這些恐懼都很明確，也都有許多不同的心理技巧可資應用，予以克服。有很多方法可以解決這些問題，讓負面影響減至最低，而採取行動遠比知道採取哪些行動來得更重要。

如何辨識恐懼

恐懼有許多種表現方式，生理上可以表現為雙手冰冷、心跳加速、血壓上升、多汗、心窩處強烈的不舒服等，這些因恐懼產生的生理現象，是伴隨已知最原始情感之一的「戰─逃」反應而來。戰─逃反應可以追溯到原始人時代，當時還是穴居的原始人能否存活下來，全看他有沒有能力防衛其他人類或肉食動物的攻擊，這種感覺會刺激腎上腺素大量增加，我們可能站起來加以反應，或者轉身逃跑。現在，我們雖然不會每天都碰上這種拼鬥，但是戰─逃反應仍然保留著，如果眞正碰上生死交關的情況，它還是很有用，可以強化我們的防禦；可是在交易活動中卻沒有幫助。交易員必須要了解，我們在市場上所面對的並非看得見的敵人，對於這些隱形的對手，我們既不能用蠻力來征服它，也無法逃跑來擺脫糾纏。像交易員所面對的這種隱形敵人，比看得見的還要可怕，因為我們活躍的想像力，會產生更恐怖的無盡幻想。

面對挑戰

克服恐懼的唯一法門，就是面對它，但是方法跟我們老祖宗所用的已經有相當大的差別。逃避挑戰並不能解決問題，這不是一個選擇題。我建議各位，如果你會想要逃避某個交易問題的話，一定要把馬上排除這個選擇。如果你明天還想要交易的話，任何錯誤都必須在今天以有系統的方式來解決，任何恐懼都要在今天面對和克服。只要脫逃的慾念出現，你就更要面對問題，跟它戰鬥。但是這個「戰鬥」已經不是古代的血肉相搏，而是以常識來判斷、了解，以洞察力、紀律、技巧和耐心來對付。人一般是無法單靠一己之力來克服自己最深層的恐懼，但如果能早日發現、早日面對，它就不容易膨脹變大，可以在恐懼還能夠控制時先加以克服。假使你拖延日久，放任恐懼日益加深擴大，到時沒有專業人員的協助，就很難消解了。

從一九六〇年代我做了第一筆交易以來，已面對過許許多多的市場挑戰，同時也逃避過許多恐懼。我親身的體會是，恐懼很少會自己消失。雖然我用來分析和克服自身恐懼的方法並不見得多麼系統化，但是我認爲還是可以提供各位幾個簡明的建議，幫助各位面對挑戰，而非一味逃避。這些建議並非按照重要性或應用程序排列，以下將就不同種類的恐懼詳加檢視，並追溯其原由。

虧損恐懼

不管賺錢或虧錢，都可能引發恐懼。也許這讓你很驚訝，不過我知道情況正是如此。在歷經連串虧損或某次嚴重虧損之後，大多數交易員都會感到害怕。交易員很少能承受連續三次以上虧損的壓力，在第三次虧損之後，他們會開始懷疑自己使用的交易系統、資金管理原則、交易技巧，以及自己的聰明、智慧。理論上來說，某些交易系統可能出現連續二十五次的虧損，但整體上還是一個成功的系統，這種狀況特別容易出現在以移動平均線為基礎的交易系統上（請參考拙著《交易時機信號》〔*Timing Signals*〕）。在理智上，交易員知道遵循交易系統的指示，可能會碰上連續多次虧損，但是在情感上，這樣的理解還是不足以克服恐懼，他們會擔心，是不是在交易系統轉虧為盈之前子彈就先打完？甚至連借錢周轉的部分也都賠光呢？

對於虧損的恐懼，在心理上常常連帶造成能力或力量的降低、男性或女性特質的減少，以及（或者）營養狀況的損失。我們害怕虧錢會造成力量的減少，會讓我們無家可歸、沒飯吃，或者連性能力都會受到影響。在一定程度上，某些恐懼也許有點道理，但大都是太過誇張。如果你用來交易的資金都有「特殊用途」，那麼你會害怕是很合理的，我所謂的「特殊用途」資金，是指那些不應該拿來做交易的錢。如果你違反基本法則，拿自己無力承擔的資金來冒險做交易，你的恐懼就很合理，而且很快會自食惡果。如果你決策上非常理智，只用可以冒險的資金來做交易，那麼這種恐懼就不合理。而由於這種恐懼不合乎道理，如果你不能加以克服的話，可能會成爲失敗的原因。各位要接受的事實是，你只能用可以拿來冒險的資金做交易，並且在眞正開始交易之前，就當作它們早就沒有了。如果一開始就把這筆拿來投機的錢當成不見了，你就不必再感到害怕，而恐懼也不會產生不理性的行爲。要克服虧損恐懼的最好辦法，是在眞正發生虧損之前先做好心理準備，而對於虧損恐懼的最佳防禦，則是強力攻擊。

更熟悉你使用的交易系統是克服虧損恐懼的另一個方法。如果你已經徹底研究過自己的交易系統，就該知道它的極限。你應該具體了解你的交易系統過去曾經造成多少損失、最大虧損有多少，而且千萬別以爲「最大」只是如此而已，你必須假設最大虧損額也許會超過測試時的紀錄，你一定要有事情可能會更糟的心理準備。若能對任何情況都有心理準備，恐懼就不容易發生了。

獲利恐懼

我提到獲利恐懼，各位會感到驚訝嗎？大多數交易員認爲自己在賺錢的時候應該不會有什麼問題，事實上，有很多人卻是在手中部位正賺錢時，犯下最嚴重的錯誤。

如果你了解投資市場和交易系統，你會知道最好的交易系統的準確率頂多是七五％，而且能夠達到這個水準的少之又少，大部分是在二五％到六〇％之間，這其中又以落於三〇％

到四五%之間的最多。就邏輯上來說，你做的交易有一半以上都是虧損，而我們也知道，在賺錢的交易中，大約有一半只是小賺而已、因此就整體交易來看，只有二○%的交易是賺到比較多的錢，而其中能夠賺到很多錢的又只有一半。事實是，許多交易系統的整體獲利，有八、九成都是靠相對少數的幾筆交易而來，而交易員是不可能事先知道哪一筆交易會賺到大錢。

現在讓我們來看看這個事實：大部分交易員在手中部位賺錢時會變得極端焦慮。他們過去曾經驗過太多次虧損，因此一旦看對行情、部位賺錢了，就很害怕行情逆轉、獲利消失。他們憂心忡忡地緊抓著獲利不放，當苗頭不對，可能轉盈為虧時，他們寧可違背交易系統的指示，也要馬上獲利了結，落袋爲安。可是一旦獲利了結之後，卻通常又眼睁睁地看著行情飆上去，原本可以大撈一筆的機會就這麼飛了，心裡嘔得要命。

獲利恐懼其實是害怕原本可以賺到手的錢又消失了，事實上，如果交易員了解交易系統及市場本質的話，這個恐懼是可以完全消除的。李佛瑞在其經典著作《股市作手回憶錄》中說得最好，他說：「（提早）獲利了結，你是不會變窮，但也富不了！」他的意思是，你必須用盡所有方法，盡可能緊抱獲利部位不放。如果你的交易系統指示持股續抱，那麼你就得克服那股平倉的衝動，不要光是看到賺了小錢，就想趕快跑掉。除非你是那種不用交易系統、並且熟悉各種跑短線竅門的人，否則這才是成功投資的不二法門。

我不否認有些人可以預測市場，或直覺能力很強。我當然同意超感官認知或某種異於常人的洞察力，可以預知未來行情走勢，但只有極少數奇人異士才會有這種天賦的預知能力。

即使如此，這種預測能力也不是一直有效。

因此，如果你依靠交易系統的信號進入市場，卻又自己妄下判斷或一時興起就平倉出場的話，等於是在挖自己的牆角，長期而言，交易系統就無法完全發揮功能。這種獲利恐懼，即使只是非常細微，都可能是造成失敗的原因。

要克服這種獲利恐懼，我建議各位，做交易時最好不要只做一個，比方說，要買進黃豆期貨，不要只買一口，至少買兩口。其中一口要怎麼操作，完全依照交易系統的指示，另一口就按照自己的意思來辦吧。這樣一來，既滿足了自己的衝動，也符合交易系統的要求。試行一段時間之後，再把因爲獲利恐懼而行動的交易成績，跟遵照交易系統的正規操作相比，看看情況如何。

不認同恐懼及否定恐懼

對所有人而言，這兩種恐懼都是正常而自然的，不管你生活中是處於什麼位置、社會階級、種族、膚色，或者信奉什麼主義、宗教，這種恐懼對任何人而言都是機會均等的，不過其嚴重性則因人而異，跟你的人格特質、成就、內在洞察力和人際關係都有關。每一個人都害怕某些失敗會造成同儕、配偶、家人或社會大眾的不認同或否定。個人的成功慾望，特別是在資本主義社會中是非常強烈的，這種強烈慾望會帶來極大的壓力，從而造成心理、生理、或社會心理上的後果。例如，一九八〇年代到一九九〇年代間的日本，普遍籠罩於成功壓力之下，造成許多年輕學生自殺。在美國，因爲害怕同儕否定而帶來的社會壓力，造成青少年自殺案例也大幅增加。這種害怕失敗的恐懼，同樣使許多世界最知名的企業家、政客或金融家，步上犯罪或詐欺之途。不認同和否定恐懼，通常能帶來強烈的負面力量，造成許多嚴重問題。

了解不認同及否定恐懼

這兩種恐懼是有關係的，因爲否定通常來自於不認同。這兩種恐懼，大都源自童年時期父母的教養方式，通常是因爲父母親採用負面教育方式，而非正面方式所致。這類的小孩會被告知，如果不依照父母所願來做的話，就不會受到疼愛，或者會遭到處罰或嘲弄。那種爲了避免不被疼愛或不被認同的心理，會迫使孩子委屈順從，並帶來不必要的壓力。使用正面方式來塑造行爲，其效果要比負面方式好得多。失敗會產生負面效應，事實上其本身就是一個負面效應，並不需要父母或師長施與額外的負面後果。不過遺憾的是，我們都經驗到太多的負面教導，而正面方式卻嫌不足，結果我們會去做一些原本並不樂意做的事。我們繼續按照過去的學習經驗來做事，但對自己所做出來的事情又覺得不滿意，我們覺得不快樂，卻又不知道原因何在。當然，並不是所有的不快樂，都源於幼年人格形成期的不認同與否定的負面效應，但是成年後我們做的很多事，確實是受到規避不認同與否定的動機所驅使，以致無法培養出正面關係。我們繼續從事某個自己不喜歡的工作，只因爲害怕不被認同、怕遭受否定。這種經久不衰的想法，小時候是針對父母親，成年之後則又被一般化，對象變爲社會和配偶。此一深植於童年的恐懼，對我們當前的處境完全不能產生合乎理性的效果。而且，它除了會對我們心理起作用之外，跟市場毫無關係。針對偉大的交易員進行研究之後可知，很多交易員在邁向成功的道路上，總要遭遇許多挫折和失敗，很少有一步登天的勝利者，因此除非你在這條路上已經失敗過許多次，不然是不會成功的。

否定和不認同的恐懼如何影響你的交易？

有些恐懼可以刺激出正面行爲，不過大多數都不會。行爲主義心理學家已經證實，某種強烈的負面後果，只要碰上一次即可學會。例如，被熱爐子燙到一次，就足以讓你終生對它小心謹愼。如果負面行爲的替代方式非常明顯，這種「一次嘗試」的學習將很有效果。以熱爐子的例子來說，如果你碰了火熱的爐子，而遭嚴重燙傷，你會知道「不要碰熱爐子」。要避免被燙傷的方式非常明確：「不要碰熱爐子」。但是對某些人而言，這樣的經驗可能引發爐子恐懼症。因爲被爐子燙傷，而引發恐懼症反應，讓他完全避開爐子。這樣的人可能絕對不進廚房；且任何看起來像爐子、甚至任何會發熱的東西，都可能引發他的恐懼。

另一方面來說，在市場上遭遇到強烈的負面經驗，卻無法教導你任何事情。在市場上，你可以做對的事情很少，而相較來看，可能犯下的錯誤卻相當多。在一個已經是負面經驗的虧損中，再加上「不認同」的負面經驗，可說是毫無建設性。事實上，這麼做可能是加進破壞性因子，因爲恐懼可能會被一般化，變成對整個交易的恐懼。因爲你害怕虧損帶來的不認同和否定，因而完全避開交易。不過，你的反應不會只是絕對地迴避，而是以某種更爲精巧的方式呈現。也許你對交易會變得非常挑剔，藉此來合理化這個規避的過程，或者你會以心裡的想像爲基礎來反對交易，不遵守交易系統的指示，並以缺乏某筆交易所需的最新資訊爲藉口來逃避交易。人類的心靈可以製造出無盡的藉口，你總是可以找到辦法來欺騙自己。

如何避免否定和不認同的負面效應？

如果各位有否定和不認同恐懼的問題，我有一些簡單的建議：

1. 不要跟任何人討論市場的事，尤其是那些跟你很親近的人。如果家人或是很親近的朋友對於你的失敗交易有負面態度，更要嚴格遵照這條法則。你已經在交易的失敗中嚐夠苦果，不需要再有額外的不認同。
2. 認清你生活中的「否定」人物。對這些人要特別當心，避免他們對投資市場、你的交易、你的成功、你的失敗等等，再給予負面的評論。這種持否定態度的人只會帶給你負面的想法，不管你是否會有意識地接受到這些想法。
3. 認可自己。換句話說，在你成功的時候，要獎賞自己；失敗時也應該照實地接受。失敗是交易活動中非常重要的且非常眞實的一部分，在這場遊戲中，沒有失敗的成功十分罕見。
4. 了解你所使用交易系統的最糟狀況。如果你知道在最糟糕的時候最多會虧掉多少錢、會連續虧損幾次，那麼你對交易系統就會更有耐心，不會受到它的不利影響。
5. 謹愼挑選營業員。營業員會在不知不覺間中以其他方式影響他們的客戶，如果你的自信心正處於低點，那麼幾句精心挑選的話，不管是好話或壞話，都可以馬上改變你的行爲。而通常在這種狀況下改變行爲，都不會有好的結果。

6. 幻想通常比眞實狀況更好或更糟。我們的心靈可以創造最樂觀、最不眞實的場景，也可以設想出最消極、最令人恐懼的幻影，而這種毫無建設性的幻想，只會讓不認同及否定恐懼更爲惡化。千萬不要浪費時間去幻想什麼狀況可能會發生，一旦眞的發生，也不見得會如你想像的那麼糟。當然，也不要樂觀過了頭，因爲事情也很難像你想像的那麼好。

7. 訓練自己，在初始階段就能辨識出各種恐懼，不管它們是來自外在世界或粗糙的自我判斷。避免失敗或害怕失敗所引發的破壞效應的最佳時機，是當你看到它們正在萌芽時，馬上採取行動撲滅它們。如果你能警覺到自己的行動，知道否定或不認同已經滲透進來，你就可以馬上把它們鎮住。

8. 列出你對於市場最深的恐懼。從以下幾個明顯項目來考慮：虧損、失敗、否定、不認同、破產、嘲笑、成功、吐回獲利、連續虧損、交易系統失敗、超大部位、特定市場、停損動作，以及突發新聞等。

一旦你把最深的恐懼列出（也許不在以上建議項目中），做個簡單註記，試著去了解其根源何在。如果知道來源或刺激爲何，就能夠採取決定性的行動來加以限制，要是無法消除，也可以避免。

我發現恐懼不管是來自何方，對交易員都是最具破壞力的情緒之一。它會導致許多失敗的舉動，會癱瘓交易員，會使交易員脫離建設性的行動和想法，會讓他們採取原本不該採取的行動。各位要盡全力去了解這些恐懼，把它們對你行爲的影響降至最低。請各位記住，幾乎生命中的所有恐懼，都是因爲不了解和無知而來。有很多恐懼的確是合理的，但是，眞實往往不像所幻想的那麼可怕。

29 爲什麼有那麼多的交易員及投資人虧損？

即使你在股市或期貨市場中交易的時間相當短，也一定知道在這個遊戲中要成功是相當困難的。理性和知識告訴我們，從事股票和期貨交易的規則相對具有一定的邏輯性，那麼要獲致成功應該不難才對。而我們每天也看到許多廣告、推薦，大言不慚地宣稱交易不但可能持續獲利，而且不難達成。我特別看了一下最近一期的《期貨》雜誌，裡頭總共有六十一則廣告，其中有三十五則是關於期貨交易所、資訊販賣、經紀商及（或）非投資顧問的相關服務。另外二十六則廣告中，有二十一則，超過八成，都是推銷宣稱可以改善交易績效的商品、系統、講座或投顧服務，或者直接推銷某項「傑出不凡」的交易系統。其中有個交易系統的廣告，更過分地保證可試用六十天，無效則全額退費。如果再檢視那些比較便宜的分類廣告，將會看到更多這種夢幻式宣傳的廣告。

表面上，這種情況似乎顯示有很多種交易系統、方法或時間指標，都有很大的獲利潛力。曾經開發或測試過交易系統的人都曉得，能夠獲利的交易系統雖然不容易找，但確實是存在的。某位禪宗大師也說過：「表裡相應……外伸而內張。」簡單地說，每一個交易系統，不管它在實驗測設階段表現有多好，都有其限制。系統所保證的報酬愈高，它所承受的風險也愈大。股票和期貨交易均有風險，沒有哪個系統、方法或指標，不會帶有某種程度的風險，這正是交易生涯的本來面貌。也許各位聽來會覺得奇怪，但許多交易員和投資人並不了解風險的眞正意義。他們覺得風險是別的交易員的事，只有當他們自己面對風險的眞實面貌，而且虧了錢之後，才能領會它全部的衝擊力。唯有在虧損的威脅下，他們才會起而反應，但在這個時候，卻通常會引導出不適當的反應。

交易員及投資人的天生不平等

勝利者和失敗者的根本判別在於個別交易員對風險的反應上。根據我對我自己二十三年投資交易生涯的行爲所做的分析，以及研究交易員的行爲之後，我得到的確切結論是：對於整體投資成功，交易系統、方法和指標只占二五%，運氣占一五%，其餘的六〇%完全要看交易員自己對所使用的交易系統的反應，以及對市場本身的反應。

談到交易紀律，交易員絕非生而平等。有些人反應度比較高，有些人比較緊繃，有些人太過自信，有些人太過敏感，有些人又太過漠視。在交易成功的方程式之中，交易員的反應正是最大的變數。有太多的交易員在股市或期貨市場中虧錢，只是因爲他不具備特定技能，能夠有效地、組織化或持續地運用某個交易系統。

這是可以避免的

令人傷心而沮喪的是，這個悲慘的情況原本是不必有的。我堅決地認爲，照著本書介紹的基本法則來做，交易員和投資人均可很容易地改善其操作績效。雖然要學習及持續遵守一些重要法則十分困難，但這也幾乎是所有交易員及投資人都辦得到的。把這些法則內化於心中的第一個步驟，就是先體認到需要馬上改變行爲。下一步則是消除那些不好的行爲，最後一個重要步驟是以新的行爲替換舊的，當然，這是最困難的步驟。完成這個程序之後，以實踐來維持新行爲，避免重蹈覆轍，也是很重要的。

有很多種方法可以達到想要的結果

不管你從某些書或文章裡讀到什麼，要改變交易行爲是沒有不二法門的。每一個交易員的市場性都不一樣，所以也沒有哪個方法可以適用於所有的交易員。最適合你的，就是能帶來效果的那個方法。

在提供各位建議之前，我必須提醒大家：好的交易系統操之於欠缺紀律的交易員手中，通常還是會帶來虧損；而普普通通的交易系統，由嚴守紀律的交易員來使用，仍然可以賺錢。交易系統好比是一部比賽用的跑車，受過訓練的賽車手可以靠它贏得比賽，而且展現完美的操控性，但未經訓練的駕駛人，幾分鐘就可以把它撞得稀巴爛！了解自己運用、操作的機器，是很重要的；必須了解它的困難、危險之處，並且了解它的力量和缺點。重要的是，要善用系統的優點來賺錢，在它可以發揮力量的時候全力施爲。

這些技能都不是一蹴可幾，需要時間來形成。連同對於自己交易系統的深切了解，各位還必須獲得及培養以下的技能：

1. **一致性**。許多行爲都講求一致性，從遵照法則指示遮罩進入市場到平倉退出，一直到保持交易系統資料的更新，所有這些事情都要有一致性。一致性是所有學習的精髓，爲了要達成一致的結果，就必須要有一致的行爲。如果不能一致地遵照交易系統，你永遠不曉得這個系統到底有沒有效。徒具理論測試的結果並沒有意義。講求一致性，你才可以獲得成功必備的回饋，不論這個回饋是獲利還是虧損，它都是直接跟行爲有關係的回饋。

2. **控制情緒**。「……情緒是投機客最大的敵人……總是從內心干擾（我們）……」李瑞佛（即利佛蒙）曾經這麼說。太過悲觀會讓你太早被嚇出場，或者在應該進入市場時猶豫不決；而太過樂觀可能在你應該平倉、甚至反向操作時，死抱著賠錢部位不放。情緒是可以控制的，包括利用放鬆技巧、強力（即強迫自己控制情緒）、外部力量（找個搭檔盯緊你，不讓你破壞規則，不管你覺得多好或多糟），或刻意隔離會引發情緒反應的環境。在可以運用的諸多方式中，我會選擇隔離。對一個技術分析派交易員來說，跟市場訊息完全隔離是最好的狀況。一旦你做出交易決定之後，就讓自己跟其他一切事情隔離開來，包括價格。

3. **堅持**。當交易系統連續出現三次以上的虧損，很少有交易員還能堅持下去。但如果你了解你的系統，你就會知道它還可能會連續出現虧損呢。有所堅持，才能讓你撐過交易系統的低潮期，也能讓你在交易系統呼風喚雨之際，不致樂昏了頭。

4. **對自己誠實**。著名的俄羅斯哲學家鄔斯賓斯基（Ouspensky）曾指出，自我欺騙幾乎是所有個人及人際問題的根源。運用到交易上，他的話的確是對的。如果你可以誠實地面對自己，就不會任意破壞交易系統的法則，除非你非常清楚在什麼狀況下你必須這麼做。對自我誠實，是交易員所能擁有的最有價值的品德之一。

接下來要講的特質非常重要，所以我要用一個小節來單獨介紹。

實踐——萬事的關鍵

沒有實踐，什麼事也做不成。我擔任心理醫生時，曾幫助過許多病患洞察他們的行爲，讓他們了解造成其行爲的原因何在。但如果只是了解，卻沒有採取行動，結果就跟幻想無異。有些期貨交易員花費許多時間，開發出似乎很有獲利潛力的交易系統，測試結果也十分完美，但因爲害怕或懶惰，卻從來沒實際派上用場，結果變成是美麗的花瓶，擺著好看。一旦你了解到自己未能完全發揮潛力的原因何在，就要馬上行動，否則機會將會流失。如果你沒抓住機會和時間，就會失敗。你等待得愈久，就愈缺乏行動的力量，因爲你會逐漸安於不去採取行動。

爲什麼有這麼多的交易員和投資人虧錢？

答案的確是很簡單：在這個最艱苦的戰場，他們缺乏成功必備的技能。絕大多數的交易員和投資人在做交易時，既不遵守合理的紀律，又缺乏有組織的方法。他們常希望得到正確的投資建議、正確的行情、正確的營業員或者正確的交易系統，好讓他們能夠賺錢，而如果能夠搭配正確的紀律、判斷和一致性的話，這些方式都有效，假如缺乏本章之前提及的這些技能，就不會有持續的成功，在投資戰場上難以爭取明確的勝利。他們會有的只是一些小小的勝利，和許許多多的虧損。

對於這個主題，我只是簡單說一說，眞要詳細討論，可以寫成好幾本書。在股市和期貨市場中虧錢的交易員實在是多得離譜，其實這是可以避免的。不是每一個人都需要去學會及了解那些導致成功的技能，不過需要這種努力的人的確很多。

30 以成功交易員爲學習榜樣

從前，要在某個行業謀生，得先去拜師學藝，經過師傅幾年的調教，該學的都學全了，徒弟才能「學成出師」。這是一種有效的技藝傳承制度。

不過科技進步之後，學生人數大量增加，過去那個制度普遍被揚棄，改採更爲正規化的方式，以學院、大學、商業學校的課堂授業爲主。一個老師可以教授幾百、幾千個學生，這種方式看來更有效率，但效果卻不如以往，而且特定專業中某種直覺式的東西，也無法靠這種課堂授業來傳遞。現在學生得靠自身經驗的摸索，來學習技藝中的精微妙處，這常常要花上一輩子的時間，其中很多則根本從未學會。

一九八〇年代，所謂的「新時代」（New Age）運動正開始擴展，迥異於傳統方式的另類教育開始流行。充滿希望的「新時代人」主要是針對明顯失敗的西方教育制度投袂而起，他們開始探索一些方法，例如：潛意識學習、精神人工智慧學（psychocybernetics）、精神語言學程（neurolinguistic programming）。這些技術的擁護者宣稱是新方法，但事實上只要稍加檢視，就可以發現其實是歷經多年考驗的老方法，舊酒裝新瓶化身而成。這些老方法經過新的詮釋，加入新的術語，再推銷給社會大眾。

我把一九八〇年代晚期盛行的榜樣學習方法也列入其中。有幾位眾所周知的推廣人物，舉辦了幾百場講座，以高昂的價格銷售書和錄音帶，把他們的方法賣給成千成萬懷抱希望的追隨者。我不是說他們所教授的內容有什麼錯，而是我覺得這些訊息其實都是許多年來就在我們身邊的。這些概念眞確無誤，而且相當容易運用，本章將簡單而扼要地討論各種可運用於交易及投資活動的模式技巧。

一般原則的回顧

本章一開始，我提到過去以師徒制來傳承知識。本質上，榜樣學習法，不管其名稱爲何，都是以模仿熟練的專家爲根據。以下是這種技巧的一般原則：

1. 成功的行爲主要是學習而來的行爲；而失敗的行爲，也是學習而來的，或者是無知或情緒問題所造成的後果。
2. 不論何種專業或職業，因爲成功行爲是學習而得，因此它們是可以被教授、被學習的。
3. 這些行爲有許多教授和學習的方法，有些方法會更有效、有些則較花時間。
4. 商業成功所需的知識，正規教育不必然是最佳的傳授方式。而例如行爲矯治的刺激—反應訓練，也未必就是傳授商業成功所需知識的最好方法。
5. 在人類所努力的各個範疇內，傳授成功技藝最有效率、最經濟的方法，就是向榜樣學習。
6. 「榜樣學習」如字面所示，學生盡可能地模仿老師的行爲，模仿過程即是學習。

榜樣學習的實踐

雖然榜樣學習的理論是合理、有根據的，但在實踐上卻不是很簡單就可達成，再加上許多人以專家身分向大眾教導必要的技巧，使得情況益形複雜。這些專家收費高昂，眞正需要這些知識的人反而無力負擔。沒錯，是有一些書跟課程，但是光靠書跟錄音帶，是非常、非常不夠的。如果目標是向榜樣學習，就是要學習某個人活生生的經驗，而不是向書本或錄音帶學習，這樣的學習結果可能相當令人失望，甚至降低個人的學習意願。

另一個問題是，要找到可以學習的榜樣。是的，你可以準備一份清單，羅列那些在某個領域中知名的或不是那麼出名的成功人士，但這並不代表他們允許你介入他們的個人生活和專業活動之中，跟著他們學習該怎麼做。何況這其中又會有許多人不願意洩露自己的秘密訣竅。對他們來說，這樣做有啥好處？也有很多認眞的學生希望來我的辦公室，學習我的行爲，但是這些提議都是片面的，因此我拒絕了。

那怎麼辦呢？

雖然我聽過一些非常成功的例子，但礙於我上面所提到的那些問題，因此我不相信這個方法就是最好或最有效的。不過我認爲要達到想要的結果，還是有幾個相當簡單的折衷方法可資運用，只是這些方法並不適合那些自認爲極有潛力的純粹主義派。以下是我的建議：

1.研究成功交易員的行爲。我所謂的「研究」並不只是「閱讀」而已，只有閱讀是不夠的。你必須下苦工去研究他們的生活和行爲，如果對方願意合作的話，甚至要登門拜訪，親自見上一面。

2.如果有特定某個人的成功是你樂於仿效的，你就要使盡全力去蒐集他的資料。書籍、文章、新聞報導，只要拿得到的，都要蒐集到手，仔細去研究。

3.設法跟他們取得書信連絡。他們或許不願意接受拜訪，但也許願意以書信來回答問題。

4.把你的目標設高一點，但也要實際可達。

5.注意自己交易活動的正面改變。如果你看到自己的交易績效有所改善，要確定其原因何在，你只要把模仿的行爲徹底而詳盡的紀錄下來就知道了。

6.一旦看到效果，就要繼續下去，不要停止。

7.直接問問題，不必拐彎抹角。如果有什麼是你想要學習的，不要害怕，直接把問題提出來。你也許會驚訝地發現，原來答案是這麼簡潔明白。

我的結論是，我們可以從成功的交易員學到許多東西。對於交易員十分迫切的知識和技能，過去的師徒制是很理想的學習方式，不過遺憾的是，在股票和期貨交易方面卻通常缺乏這樣的學習機會。

31 面對市場今後的挑戰

許多交易員及投資人誤信科技會改變市場的本質。他們以為有電腦和精密的投資軟體，就可以提高獲利、降低風險。他們錯了！雖然市場在未來總有一天會跟今天或過去大不相同，但在許多基本面向上仍會跟現在一樣。如果你覺得這麼說有點含糊不清的話，你很可能會錯失本書最重要的重點。市場是由情緒控制，如果不是的話，根本就不會有市場了。如果市場變成完美的經濟制度，價格永遠處於正確水準，那就不需要預測行情走勢了。只要這個過程裡頭有「人」存在，只要有某些重要因素還是一樣不可捉摸，例如天氣，市場就會存在著不確定性，而不確定性會刺激情緒波動。情緒一波動，就反過來刺激價格的大幅震盪，價格震盪又會影交易員的情緒，讓他們做出情緒反應，如此即形成一個循環。而在這場投機循環的戰爭中，最後冒出頭的將是那些理性而嚴守自我紀律的交易員。

未來蘊藏著什麼？

只要對未來做點思考，我們就可以知道投資市場未來會帶來什麼，它們會如何運作、如何做交易。我個人超過二十年的期貨市場經驗，教導我許多關於行情變化的事情，以及它們會如何影響交易員的行爲。以下是我對未來市場、交易員及其互動影響的想法：

1. 新的期貨合約。一九八〇年代中期，市場交易活動逐漸由有形商品轉變爲以無形商品爲主，豬腩、黃豆市場不再熱絡，而由國庫券、標準普爾指數期貨等取而代之。不過我懷疑在一九九〇年代中，那些聊備一格的老牌商品，如農產品之類的，還能喚起市場的興趣。一九八〇年代末，股票市場中融資購併大行其道，時間已經證明這種購買企業的方式，效益不高而且風險又大，有好些大人物都栽在這個錯誤策略之下。因此我認爲一九九〇年代中，許多市場應該又會回歸基本面。

另外，我覺得在美國和其他國外市場，將會引進許多新的期貨合約。期貨交易所一連串的動作，明確地顯示它們對過去未有的新商品交易感到莫大的興趣。高盛期貨指數（Goldman Sachs Commodity Index, GSCI）總有一天會變成新的交易商品，可能不要多久，芝加哥的交易所也許還會推出「新鮮空氣」的期貨商品。趨勢很明確是由有形商品逐漸轉爲無形商品，我預期這個趨勢還會繼續下去。市場的基本運作原理，就是根據人性的反應和情緒，不管市場如何變化，其他無形商品的新合約必然會繼續被引進。

2. 電腦化交易可能會取代目前的公開喊價方式。現在的場內營業員和場內交易員，以後也許都會被電腦和終端機所取代。電腦化會讓整個交易體系更有效率，但是並不會讓行情變化更容易預期，個別投機客還是其中最脆弱的一環。目前靠「場內交易員」制度維生的人最好提早準備因應即將來臨的變化。交易所會員也許會抗拒這項改進，不過長期而言，電腦將會贏。那些手上握有價值幾十萬美元會員席位的既得利益者，在備感威脅下將會捍衛現有的方式。這倒是沒什麼好怕的，交易所還是個封閉的團體，除非買下會員資格，不然是進不來的。

股票交易的號子專業營業員制度也會有所改變，不過證券商在改變其運作方式上，要比期貨交易商緩慢得多。雖然電腦撮合會更快速、更有效率，也更少出錯，但專業營業員制度目前仍牢牢地控制市場，改變也許還在多年之後。

趨向電腦化的進展，造成許多情緒反應和相當大的爭論，不管是市場內或市場外的交易員，都會受到影響。交易員和投資人要達到持續獲利原本就很難了，如今在場內交易電腦化將出現何種狀況的不確定因素下，就變得更困難了。

3. 人工智慧和神經網絡（neural network）。交易電腦化同時會影響到個別投機客、投資人以及專業基金經理人。電腦幾乎已經迅速地滲入生活的個個面向。在汽車裝配線上利用電腦化機器人的技術，如今已演進到人工智慧的程度，可以模仿人類心智的部分功能。人工智慧又促發另一項高深的數學程式發展，稱爲「神經網絡」。有些神經網絡的開發者已經宣布，他們發展出來的程式擁有理解能力，而且可以從經驗中「學習」。雖然某些例子的確是如此，但目前仍無法判斷神經網絡程式能否利用市場經驗來獲利。有些人打的如意算盤是，利用神經網絡分析多種影響價格的市場行爲，以開發高效率的交易程式，把分析所得應用於實際交易模型上。有些交易員擔心神經網絡程式也許能在市場上無往不利，那麼無力負擔高昂軟、硬體成本的一般投資大眾，可能就再也無法比得上專業投資人了。這是不切實際的恐懼，不管技術策略多麼先進又多麼有效率，情緒因素最終還是統治著市場。而且，市場中永遠不乏某些意外事件會刺激引起情緒反應，並且伴隨著出現虧損。在這種危機中，很多市場專家跟投資大眾一樣還是會犯下錯誤。因此我猜想，即使是更大、更好、更快、更聰明的電腦，也不會帶給絕大多數交易員什麼好處。唯有掌握情緒，維持一致、嚴守紀律、自我控制、堅持到底，才是決勝的特質，今天是如此，日後依然。

4. 由於世界愈來愈「小」，全球性連動影響的情況會更明顯。意思是說，日後在辛巴威或上海發生的事件，對市場價格的衝擊力會比現今要大上許多，所以投機客或投資人就會有更多的交易機會。不過更多的機會也帶來更大的風險，而更大風險就代表投機客和投資人要更有紀律才行。

5. 通訊速度在未來將顯著加快。遠方的消息不只對全球市場的衝擊力會增大，而且傳遞速度也會加快。消息散播得更快，對市場的衝擊也就愈快，這也需要交易員更有紀律才能夠因應。

6. 當所有國家在科技和經濟方面都有所進展，全球的消費將會增加，因此對工業產品、農產品、貨幣、能源等等的需求也會增加，所以股票及期貨市場將會持續成長，而且交易合約也會增多。這爲交易員帶來更多機會，而且如上所言，也帶來更多風險。

未來成功所需的技巧與現今無異

在廣泛地研究股票和期貨市場，檢視數百年來的交易歷史文獻後，我發現市場會改變，但交易員是不變的。一百年前造就交易員成功的特質，跟今天沒有兩樣。而且我推斷，不管日後市場會有什麼變化，運用同樣的這些特質，在未來市場上也照樣可以成功。

總而言之，我覺得未來的變化沒什麼好恐懼的，因爲今天或明天的成功組合因素其實都一樣。是的，也許反應時間要更迅速、行動要更堅決，而且影響行情的事件消息會比現在更多，但成功的基本特質卻都差不多。

32 一些最後的想法：面對今日及明日的挑戰

如今要在投資市場上成功，維持不敗，的確比過去困難許多，而未來又會比今天更加困難。經濟世界益形擴大，新興國家的加入，伴隨前所未有的政治及社會變遷，同時在全球通訊變得更爲即時的狀況下，世界似乎也變小了。比方說，過去中國有什麼新聞，也許要幾天或幾週才會影響到西方市場，但現在只要幾分鐘，消息就能傳到市場裡，而且它們所帶來的衝擊力幾乎是即刻到來。現在的電腦也可以不間斷地監視行情變化，向交易員及套利者警示每一個短線機會，這些可能都是以前辦不到的。專業交易員激烈地和一般投資大眾競爭，基金經理人把時間花在尋找投資機會上，並且趕在投資大眾之前利用其研究成果來獲利。最後，市場波動性也較爲顯著，而劇烈的行情波動則帶來極大的風險和前所未見的機會。

有人說，交易是一個孤獨的遊戲；也有人說，在交易市場上獲得成功，是人生最大挑戰之一。我相信這兩種說法都是對的，而且這樣的說法現在看來比過去更正確，明天又會比今天更正確。長期來看，在這場遊戲中最艱難的部分是，你只能依靠你自己和你自己的行動。眞正的成功、持續的成功和善始善終的成功，只有那些懂得怎麼玩這場遊戲的人才能達到。我已經竭盡所能，提供各位有助於成功的洞察、理解和工具，但仍要靠各位去運用它們，只有你才能讓它們發揮效用。我常認爲交易員的工作就好比是個賽車手，交易的工具，例如市場術語、圖表、時間指標、交易系統、進出訊號和電腦，就是你的跑車。賽車手都擁有一輛快速而威力強大的跑車，經驗不足的駕駛人也許連怎麼發動引擎都不會。假設引擎已經發動，而且路是筆直一條的話，也許菜鳥能夠跟老手開得一樣快，但是當道路變得彎彎曲曲，需要適時而安全地換檔、減速、超車時，新手可能就會車毀人亡，只有專家才能抵達終點，儘管他的速度也許會比較慢。

交易的目標是不能撞毀你的車子，安然跑完全程，因此你必須學習如何小心而有技巧地駕駛你的跑車。唯有徹底了解車子的性能，才能在必要時全力奔馳，避開沿途可能遇上的許多障礙。

另外，你可以選擇不同的車子，亦即選擇符合你個性和交易方式的交易系統和時間指標，你可以做當日沖銷、部位交易、價差交易，或者在交易場內跑短線、搶帽子。你可以依照自己的意願，來決定行進速度的快慢，但最重要的是要完成比賽，不能發生會威脅生命的撞車，或者半途就把車子撞壞。你必須維護車子的效能（也就是說，善加維護你的資本），而且要好好地操控你的車子（也就是說，你必須自我控制得宜，在剎那之間做決策）。這裡頭有很多道理，值得各位好好地思考。

要做最壞的打算

交易員常常不滿意自己的成果，對自己不高興，對市場不高興，幾乎任何跟市場有關的事情，他們都不滿意。他們這種不滿經常是源自不切實際的奢望。交易員測試交易系統時，往往不注意最壞的情況，他們不了解，電腦測試的理想狀況跟現實是有差距的。在電腦測試中，單子都以完美的指定價格成交，交易員自己不會去干涉系統，營業員不會說服你買進或賣出，而決策時也完全沒有情緒因素來擾亂。但是在實際情況中，任何事情都可能變成困難和障礙。幻想總是比眞實來得大。實際的結果跟假設測試的理想狀況不能相提並論，不管測試中做了多少調整來模擬眞實，突發事件總是會有，這一點你一定要有所準備。預先設想最壞的狀況，不是奢望最好的。這並不是說要你要抱持消極心態，而是要採取實際的態度。

找尋自身的利基

投資市場有很多，而且差異很大，其間有幾百個機會可以讓你賺到錢。你可以交易、投資，可以當營業員、場內交易員、投資顧問，也可以寫本書、開發交易系統，或者當個資金經理人，要確定自己眞正想要做什麼，得花一些時間。不過我建議各位，一旦你找到之後就安於其位，好好地發揮。怎麼知道你是否找到最適合自己的角色呢？答案很簡單：你賺到錢，而且感覺快樂。這兩個條件要兼顧，但它們不是互有關連。你也許可以賺到錢，但不會覺得快樂；也可能你覺得很快樂，但卻賺不到錢。

保持彈性，但不善變

有些交易員改變得很慢，有些又變得太快。爲了因應市場狀況的變化，保持彈性並沒有什麼錯，但是如果改變得太快，就萬事休矣！太快改變交易系統或方法之所以會有問題，主要在於所有的交易系統都需要時間來運作。交易系統需要多少時間來運作，並沒有不容變通的規定，各個系統的功能及它所需要的運作時間長短差異相當大，所以不要光想著要換上你從來沒用過的新系統，便急著拋棄原有的交易系統。所有的系統都需要一段時間來運作。保持彈性是件好事，也要知道何時該停止，但不要太快打住。

孤立的美德

交易員很少能對外界的影響免疫，諸如：新聞、世界重大事件、市場報告、營業員、家庭壓力，或者是「專家」建議，這些壓力都會以細微的方式來影響我們。我們有時候受到外界影響，卻不曉得是受到存在於意識層面之外的外界因素所影響。要避免這個問題的最好辦法，是在做交易時能夠孤立、隔絕。以下幾點建議會有幫助：

1. 不要看電視或聽收音機的新聞報導。新聞會讓你覺得混亂，它們可能侵入你的潛意識，對你的行爲發揮負面影響。
2. 不要聽朋友談論交易。他們的意見是根據他們的認知而來，不適合你。
3. 不要相信政府的報告，它們通常在行情做頭時最樂觀、打底時最悲觀。除非你採用基本分析的做法，蒐集所有可得到的基本資料，了解這些報告的內容，否則這些報告不能幫助你做交易。
4. 避免接收營業員、市場通訊作者、市場分析師等人的意見，除非你發現某位所使用的交易方法正符合你的方式。如果你是個交易新手，最好不要聘請博學多識的營業員或／及投資顧問。你可以完全遵照某個適合你的專家指示來做交易，不然就完全靠自己的研究來投資。

5. 不要跟任何人討論你的投資部位、意見、結果或研究，這些只要你自己知道就行了。如果跟別人說起你的投資或交易，對方要是批評你的做法，就會打擊你的信心；如果他贊同你的做法，也可能帶給你錯誤的信心。通常當別人贊同時，我們會覺得更好，當別人反對時，我們就覺得更糟。

有信心玩你自己的遊戲

我最後的建議：要對自己的決策有信心。關於最後這一點我可以再詳細說明，不過如此一來只是又重複前幾章所說的。現在，帶著信心、自覺和毅力，向前走吧！再加上維持一致性和紀律，你會成功的！

附錄　交易大師概述

我建議各位閱讀投資大師的作品，在此我將簡單介紹其中幾位。雖然我無法完全判定他們所有的經驗和作品的優劣，但我相信我可以提供額外的背景資料，讓各位了解在追求成功的道路上，正確的心態和有效的心理學是多麼的重要。在有限的篇幅中，我幾乎不會刻意強調每位大師所使用的交易系統。如同各位已經知道的，我的做法幾乎是純粹心理取向的。

【甘氏】

建議書單：

1. 《股票報價的眞理》（*Truth of the Stock Tape*）
2. 《如何利用選擇權賺錢》（*How to Make Profits in Puts and Calls*）
3. 《如何在期貨市場賺錢》（*How to Make Profits in Commodities*）
4. 《華爾街浮沈四十五載》（*45 Years in Wall Street*）

在所有知名的交易員中，甘氏（W. D. Gann）大概是寫作量最大的作者，也是最積極的研究者。他的交易系統極廣大而精微、創新，甚至帶點神秘感。但是除了技巧本身之外，他也體認到心理因素在市場中具有壓倒性的重要地位。儘管他花了相當多篇幅討論過去的價格變動行爲、投資方法及理性分析，但他對人性與市場關係的觀察也不遑多讓。即使是在他最後的作品《華爾街浮沈四十五載》中，仍然包括了他對投資人和交易員情緒方面的評論：

未來，我們也無法逃避它（指情緒）。它會在市場中再次製造驚慌。當驚慌來臨時，交易員和投資人又會急著賣掉股票，但是如同以往一般，這時候才賣掉未免太遲了，行情已經到了空頭市場的最後階段……（第九十四頁）

仔細閱讀他提出的「二十四條不敗法則」（一九四九年，第十六頁），我們就能學到許多甘氏的市場心理學。以下是其中一些可應用的投資人心理：

14. 絕對不要因爲喪失耐性就平倉出場，也不要因爲焦急不耐就急著進場。
16. 進場交易時掛的停損單，絕對不要取消。
17. 避免進、出市場太過頻繁。
23. 如果沒有好理由，已經成交的部位不要任意更動。當你做交易時，一定都有些好理由，或者根據某些明確的計畫，因此如果沒有明確指標或趨勢變化，就不要急著平倉出場。

除了這些特定法則之外，甘氏時常評論人性因素，而且他相信這正是交易員最大的弱點。他的基本信念跟我在這本書裡告訴各位的差不多。明白而簡潔地說：

因此，爲了要達到成功，他（交易員）必須以某種方式來克服那些已經毀掉他人的弱點。（第二十五頁）

甘氏又寫道：

當交易員賺了錢，他佩服自己，覺得他的判斷是對的，這是他一個人的功勞。但是當他賠錢時，態度又完全不一樣，他很少會責備自己，也不會想憑一己之力找出失敗的原因，反而是找來一大堆藉口安慰自己，說是因爲有突發狀況發生；說假如不聽信誰誰的建議，他就可以賺到錢了。他找來一大住的如果、而且、但是，就是沒想過自己錯了。這正是他爲什麼會犯錯，而且第二次還會再失敗的原因。

要拯救自己，只能靠投資人和交易員自己。如果交易虧損，也只能怪自己，不該怪別人。除非這麼做，否則他永遠不能改正自己的弱點。畢竟那是你自己的行爲所導致的虧損，是你自己買進，然後賣出的。你必須把這裡頭的問題找出來，予以改正，然後你才能成功……。

我可以提供各位全世界最棒的法則、最好的方法，來決定你該持有多少股票部位，但你還是會因爲自身最大的弱點——人性因素而賠錢。你可能會不遵守法則，根據希望或恐懼來行事，而非根據事實。你可能失去耐性，太過急躁，或者猶豫、拖延太久。你會因爲人性弱點而欺騙自己，怪罪市場。永遠要記住！造成虧損的是你自己的錯誤，不是因爲市場或市場作手的行動。因此，不遵守法則、不去思考，註定會失敗。

這些話都是從多年的股票和期貨經驗中擷取而來，花點小錢買書就能得到，太值得了。甘氏在投資市場的深刻體驗，各位一定要緊記在心。各位也要知道，甘氏所提的這些重點，我在這本書中也都強調了。在由投機客、交易員或投資人所構成的整個投資交易鏈中，人性因素正是其中最脆弱的一環。光是這個因素，就足以左右交易系統的成敗。

最後，我再引一段《如何在期貨市場賺錢》的話，做爲甘氏介紹的結束：

希望與恐懼是我經常在書中提及的，我覺得說得再多次也不爲過。一般人買進期貨，就是希望它漲價，或者是聽信某人的建議，認爲它會漲，這樣做其實最危險！絕對不要因爲「希望」而做交易。希望比其他任何東西都更傷人。面對眞實，當你做交易時，要根據事實來做，不要抱什麼希望、期待。

恐懼造成許多虧損。大家因爲害怕期貨價格會跌得更低因此才賣出。但是他們常撐太久，等到跌勢已經快結束，才在接近底部時賣出……絕對不要因爲恐懼而交易……。（第十七頁）

【朴氏】

建議書單：

1.《賺錢妙方》（*A Better Way to Make Money*）
2.《征服棉花》（*Mastering Cotton*）
3.《小麥交易的科學與秘密》（*Science and Secrets of Wheat Trading*）
4.《交易員指導手冊》（*Trader's Instruction Book*）

另一位市場大師是朴氏（Burton Pugh），他過去經營一家很成功的投資顧問公司，而且提出許多新的技術分析觀念。雖然他的作品大都偏向技術面，但他也發現到，要讓整體交易計畫達致成功，「人」的因素是最容易出錯的部分。他在一九四八年出版的《賺錢妙方》中，介紹了許多交易技巧和期貨市場指標。他說話簡潔，觀念具體。而他最後的「雋語與觀察」，則是充滿了心理意涵的交易法則。以下是一些他的觀察：

抱著你將會獲勝的信念進場。

不要因爲人性的懶散而放棄利益。錢是靠積極、進取和決心賺來的。如果對自己從事的事情覺得疑惑，就做更多學習……

所有的農作物新聞和政治事件都沒啥用處。如果單靠天氣好壞就能成功地交易，那麼賺錢將是令人難以置信的簡單。在消息經過關心小麥價格的一、兩萬人的過濾之後，大多數人的看法也許就跟個人的看法大不相同……

如果交易員未能及時出場，過錯是出在操作的人身上，而不是市場……虧損讓人深思。讓交易員認眞以對的是虧損，而不是獲利。要利用每一次失敗來增進自己對市場行動的認識。你會發現，不管股票或穀物的行情走勢多麼古怪、飄忽，最後仍然會符合市場法則。實踐是偉大的修正者，讓我們得以排除錯誤。

在所有的交易中，虧損的道理都很簡單。交易員容易虧損的原因，是因爲沒有人能幫他獲利，卻有人會讓他賠錢——就是營業員……

成功是世上最令人嚮往的，但這是一場淘汰賽，勝利者還是要不斷接受挑戰才能通過測試……。（第二九九至三〇三頁。）

【利佛蒙】

建議書單：

1.《股市作手回憶錄》（*Reminiscences of a Stock Operator*）

從我在書中經常提及他的名字，就可以知道我相當喜歡他寫的書。最可確定的是，如同其他投機客一樣，他也有他自己的「交易系統」。但重要的不在於他的經歷，而在於他對心理的描寫。他以「李佛瑞」名字所寫的《股市作手回憶錄》，也許是有關市場心理智慧最偉大的書藉。這本書原該是傳記型式，不過看來卻像是虛構小說，儘管如此，我個人以爲，只要是認眞的投資人就一定要拜讀此書。對於這本書，我所能做的介紹就是直接引用幾個重要的段落。本書其他地方也曾經引用過。我不想以任何方式來限制各位直接閱讀利佛蒙原文所能獲得的好處和樂趣。

事實上，當我在一開始就確認我是對的時候，我總是會賺到錢。而有些時候我受到打擊，則是因爲我不夠聰明，沒有堅持自己玩自己的遊戲。（第十四頁）

我從經驗中得知，靠著別人的暗示、情報，並不能爲自己賺到更多的錢。我花了五年的時間才學會，當我看對行情時，怎樣才能夠聰明地賺到大錢。（第三十一頁）

那些多頭、樂觀派、抱著希望的思想家及廣大的投資人，打一開始就害怕一點小小的虧損，終於恐怖的一天來到了！他們要在毫無麻醉下，遭受徹底切除的痛苦（譯注：即認賠）。（第一一〇頁）

一旦我平倉認賠之後，這個虧損就再也不會困擾我，過了一晚我就忘了。但是如果沒有做對——沒有認賠的話，損失的就不只是荷包，還會包括心理層面。（第一一八頁）

延伸閱讀

除了大師作品之外，其他很多書也包含豐富的市場歷史知識，我相信每一位投資人，不管其興趣是在於股票、期貨、債券、房地產或選擇權，都應該具備充實的市場歷史知識。從交易員在過去的多頭和空頭市場、主流行情、崩盤及驚慌市況中所採取的行動，我們可以學到許多。這些訊息對於我在書中的討論內容可以提供許多補充。

因此我建議以下提到的這些書籍，各位都該買回家拜讀，或者至少讀過大部分。

- 巴洛克（B. M. Baruch）：《我自己的故事》（*My Own Story*, Holt, 1957）。

巴洛克是美國最坦率、最成功的投機客之一。他寫的書也是投資人必讀的作品，特別是我說到的這一本。跟大多數知名投資人比起來，他更清楚在投資市場中情緒因素的重要性，而且在書中他會推薦特定的方法，讓我們利用情緒因素來賺取財務上的利益。

- 史密斯（Adam Smith）：《金錢遊戲》（*The Money Game*, Random House, 1957）。

對於能嘲弄自己的人，這本書也是必讀的。據說書中那些幽默的小故事都是虛構的，但裡面討論了許多愚蠢的市場行爲。

其他還有一些歷史文獻也應該閱讀，甚至加以研究。關於大多頭和大空頭市場，以及推動行情的知名投資人，在一些書中都有長篇幅的介紹。這方面有兩本重要著作：

- 莫特蘭姆（R. H. Mottram）：《金融投機史》（*A History of Financial Speculation*, Little, Brown, 1929）。
- 湯瑪士（D. L. Thomas）：《冒險投機客與虛榮的人》（*The Plungers and the Peacocks*, Putnam, 1967）。

關於一般類型的市場書籍，我推薦：

- 列伯（G. M. Loeb）：《股票獲利之戰》（*The Battle for Stock Market Profits*, Simon and Schuster, 1972）。
- 索貝爾（R. Sobel）：《華爾街內幕》（*Inside Wall Street*, W. W. Norton, 1977）。
- 史拜蘭岱歐（Vic Sperandeo）：《交易員維克》（*Trader Vic*, Wiley & Sons, 1991）。
- 特威爾斯（R. J. Tewels）：《期貨市場遊戲：誰贏？誰輸？爲什麼？》（*The Commodity Futures Games: Who Wins? Who Loses? Why?* McGraw-Hill, 1974）。

在此我無法列舉所有的重要作品，其他當然還有許多書籍，可以提供成功投資所必需的資訊。我所考慮的是，在投資領域中相對少數的幾本眞正值得閱讀的書籍。至於那些介紹交易系統、技巧及方法的書籍，通常不在投資心理學的範疇內。面面俱到的投資人應該設定目標，讀遍所有重要的市場書籍才是。如此一來，你就能找到幾位你最喜愛的作家。我的建議是，誰寫的書可以吸引你，就好好讀遍他的所有著作。

心理學書單

除了上述推薦的市場書籍之外，我相信各位在心理學著作中也能獲得一些指引，細目列於本書最後的「參考書目」。其他還有一些書，各位可能也會有興趣，在本書中我並沒有用它們做爲參考書籍，但從中還是可以得到許多訊息：

- 佛洛依德（Sigmund Freud）：《夢的解析》（*The Interpretation of Dreams*, Avon, 1965）。
- 傑勒曼（Saul W. Gellerman）：《心理學在管理上的運用》（*The Use of Psychology in Management*, McGraw-Hill, 1960）。
- 哈伯（Robert A. Harper）：《新精神療法》（*The New Psychotherapies*, Englewood Cliffs, Prentice-Hall, 1975）。
- 翁史坦（Robert E. Ornstein）：《意識的心理學》（*The Psychology of Consciousness*, Penguin, 1972）。

參考書目

- Altman, L. L. (1969). *The Dream in Psychoanalysis.* New York: International Universities Press.
- Bernstein, J. (1982). *The Handbook of Commodity Cycles: A Window of Time.* New York: John Wiley & Sons.

—— (1986). *Seasonal Concepts in Futures Trading.* New York: John Wiley & Sons.

—— (1987). *Short-Term Trading Futures.* Chicago, IL: Probus.

—— (1987). *Facts on Futures.* Chicago, IL: Probus.

—— (1988). *Cyclic Analysis in Futures Trading.* New York: John Wiley & Sons.

—— (1988). *How the Futures Markets Work.* New York: New York Institute of Finance.

—— (1989). *The New Prosperity.* New York: New York Institute of Finance.

—— (1991). *Cycles of Profit.* New York: Harper Business.

—— (1991). *The Handbook of Economic Cycles.* Homewood, IL: Richard D. Irwin.

—— (1992). *Timing Signals in the Futures Market.* Chicago, IL: Richard D. Irwin.

- Binet, A., and Simon, T. (1908). "Le Development de l'Intelligence Chez les Enfants." *L'Anige Psychologique 14*: 1-94.
- Brenner, Charles. (1974). *An Elementary Textbook of Psychoanalysis.* Garden City, NY: Anchor Books.
- Caplan, Ruth B. (1969). *Psychiatry and the Community in Nineteenth*

Century America. New York: Basic Books.

- Capra, Fritjof. (1975). *The Tao of Physics.* Boulder, CO: Shambhala Publications.

—— (1982).*The Turning Point.* New York: Simon & Schuster.

—— (1982). *Uncommon Wisdom.* New York: Simon & Schuster.

- Dollard, J., and Miller, N. E. (1950). *Personality and Psychotherapy.* New York: McGraw-Hill.
- Eriksen. C. W. (1958). Unconscious Processes. In M. R. Jones (Ed.), *Nebraska Symposium on Motivation.* Lincoln: University of Nebraska Press. pp. 169-227.
- Escalona, S. K. (1950). The Use of Infant Tests for Predictive Purposes. *Bulletin of the Meninger Clinic 14*: 117-128.
- Ford D. H., and Urban, H. B. (1965). *Systems of Psychotherapy—A Comparative Study.* New York: John Wiley & Sons.
- Franks, C. M., and Wilson, G. T. (1974). *Annual Review of Behavior Therapy: Theory and Practice.* New York: Brunner/Mazel.
- Freud, S. (1953). *The Interpretation of Dreams. Collected Works. Vols. 4-5.* London: Hogarth.

—— (1957). *Three Essays on Sexuality: H-Infantile Sexuality Collected Works.* London: Hogarth.

- Gann, W. D. (1923). *Truth of the Stock Tape.* Pomeroy, WA: Lambert-Gann.

—— (1942). *How to Make Profits in Commodities.* Pomeroy, WA: Lambert-Gann.

—— (1943). *How to Make Profits in Puts and Calls.* Pomeroy, WA: Lambert-Gann.

—— (1949). *45 Years in Wall Street.* Pomeroy, WA: Lambert-Gann.

- Gesell, A., and Amatruda, C. S. (1962). *Developmental Diagnosis.* New

York: Harper.

- Gibson, Eleanor J. (1967). *Principles of Perceptual Learning and Development.* New York: Crofts.
- Gittelson. Bernard. (1976). *Biorhythm—A Personal Science.* New York: Arco.
- Gold, Gerald. (1975). *Modern Commodities Futures Trading.* New York: Commodity Research Bureau, Inc.
- Goldberg, F. H. and Fiss, H. (1959). Partial Cues and the Phenomenon of Discrimination without Awareness. *Perceptual Motor Skills 9*: 243—251.
- Henry, William E. (1956). *The Analysis of Fantasy.* New York: John Wiley & Sons.
- Laffal, Julius. (1965). *Pathological and Normal Language.* New York: Atherton.
- Lefevre, Edwin. (1965). *Reminiscences of a Stock Operator.* Larchmont, NY: American Research Council.
- London, Perry. (1977). *Behavioral Control.* New York: Meridian.
- Marx, M. H., and Hillix, W. A. (1963). *Systems and Theories in Psychology.* New York: McGraw-Hill.
- Masson, Jeffrey Moussaieff. (1990). *Final Analysis.* Boston, MA: Addison-Wesley.
- McCleary, R. A., and Lazarus, R. S. (1949). Autonomic Discrimination without Awareness: An Interim Report. *Journal of Personality 18*: 171—179.
- Meyer, William J. (1964). *Developmental Psychology.* New York: Center for Applied Research in Education.
- Mikvlas, William L. (1974). *Concepts in Learning.* Philadelphia: Saunders.

- Mounier, Emmanual. (1956). *The Character of Man.* New York: Harper.
- Natenberg, Sheldon. (1988). *Option Volatility and Pricing Strategies.* Chicago, IL: Probus.
- Ouspensky, P. D. (1957). *The Fourth Way.* New York: Random House.
- Packard, Vance. (1961). *The Hidden Persuaders.* New York: Pocket Books.
- Pavlov, I. P. (1927). *Conditioned Reflexes.* Oxford: Clarendon Press.
- Plotzl, O. (1960). The Relationship Between Experimentally Induced Dream Images and Indirect Vision. *Psychological Issues 2(3),* Monograph 7: 41—120.
- Pugh, B. (1948). *A Better Way to Make Money.* Pomeroy, WA: Lambert-Gann.
- Schwager, Jack D. (1989). *Market Wizards.* New York: New York Institute of Finance.
- Secord, P. F., and Backman, Carl W. (1964). *Social Psychology.* New York: McGraw-Hill.
- Selye, H. (1950). *The Physiology and Pathology of Exposure to Stress.* Montreal: Acta.
- Skinner, B. F. (1953). *Science and Human Behavior.* New York: Free Press.
- Watson, J. B. (1913). Psychology as the Behaviorist Views It. *Psychological Review 20*: 158—177.

—— (1919). *Psychology from the Standpoint of a Behaviorist.* Philadelphia: Lippincott.

—— *Behaviorism.* (1924). New York: Norton.

- Watts, A. W. (1972). *The Book on the Taboo Against Knowing Who You Are.* New York: Vintage.
- Watzlawick, Paul, et al. (1967). *Pragmatics of Human Communication.*

New York: Norton, 1967.

- Weinstein, Stan. (1988). *Secrets for Profiting in Bull and Bear Markets.* Homewood, IL: Dow Jones-Irwin.
- Wiener, M., and Schiller, P. H. (1960). Subliminal Perception or Perception of Partial Cues. *Journal of Abnormal Social Psychology 61*: 124—137.
- Williams, L. R., and Noseworthy, M. L. (1977). *Sure Thing Commodity Trading*. New York: Windsor Books.
- Williams, Larry. (1988). *Futures Trading*. New York: Windsor Books.
- Wolman, Benjamin, Ed. (1973). *Handbook of General Psychology.* Englewood Cliffs, NJ: Prentice-Hall.

投資理財 48

投資心理學

The Investor's Quotient: The Psychology of Successful Investing in Commodities & Stocks

作　　者：傑克・伯恩斯坦（Jake Bernstein）
譯　　者：陳重亨
責任編輯：瞿中蓮
發 行 人：邱永漢
總 編 輯：楊　森
主　　編：瞿中蓮
出 版 者：財訊出版社股份有限公司
台北市南京東路一段52號7樓
訂購服務專線：(02)2511-1107
訂購傳真：(02)2536-5836
郵撥：11539610財訊出版社
電腦排版：帛格有限公司
製版印刷：沈氏藝術印刷股份有限公司
總 經 銷：聯豐書報社
台北市重慶北路一段83巷43號
電話：(02)2556-9711
登 記 證：行政院新聞局版台業字第3822號
初版一刷：2002年6月
定　　價：350元

ISBN ：957-8390-68-8

國家圖書館出版品預行編目資料

投資心理學／傑克・伯恩斯坦（Jake Bernstein）作；陳重亨譯.-- 初版.　-- 臺北市：財訊.
2002[民91]
面；　公分.--（投資理財系列：48）
譯自：The Investor's Quotient: The Psychology of Successful Investing in Commodities & Stocks
ISBN 957-8390-68-8（平裝）

1. 投資—心理方面

563.5014　　　　91008349